でんでんむし

3.11 東日本大震災を伝える
〜ケースメソッドで防災教育を〜

穂屋下 茂　監修

五絃舎

著　　　者：	穗屋下 茂, 中村 隆敏, 米満 潔, 古賀 崇朗, 河道 威
	久家 淳子
編　　　集：	穗屋下 茂, 米満 潔, 古賀 崇朗
文字起こし：	穗屋下 茂
シナリオ作成＆感想等提供：	糸山 ゆう, 谷口 紋音, 岡野 光輝
	遠藤 大輔, 権藤 ゆり
写 真 協 力：	米満 潔, 古賀 崇朗, 糸山 ゆう, 谷口 紋音, 岡野 光輝
	遠藤 大輔, 権藤 ゆり
図作成協力：	永渓 晃二, 古賀 絵美, 福崎 優子

【でんでんむし】

でんでん むしむし かたつむり
お前のあたまは どこにある
・・・
ふと童謡が頭をよぎった
かたつむりの動きはゆっくりである
約40億年前に生物が出現した
ゆっくりゆっくり進化を繰り返しながら
人類が誕生した
その間にも，絶えず地球は大小の変動を繰り返した
千年に一度の巨大津波はその一コマに過ぎない
人は地球から逃げ出すことはできない
自然を受け入れるしかないのである
「この出来事を忘れてはならない」と云いながら
もう忘れてしまった人もいる
それでもいい
それでもいいが，警鐘を鳴らすのを止めてはいけない
学習の場を借りてゆっくり確実に伝えていく
現在から未来へ「伝えていく」
でんでんむしの如くである

はじめに

　2011年3月11日，東北地方太平洋沖地震は東日本の太平洋側沿岸に未曾有の大災害をもたらした。3.11東日本大震災である。この被災地や被災者は，未だほとんど癒されていない。そのような状況の中，「デジタル表現技術者養成プログラム」の修了研究の一環として東日本大震災をテーマにしたドキュメンタリー作品を制作することになった。「デジタル表現技術者養成プログラム」は，佐賀大学の全学部の学生を対象とする特定の教育プログラムである。学生が所属する学部で学ぶ専門的な知識やスキルに加えデジタル表現能力やクリエート能力を身につけさせ，グローバル社会で活躍できる人材を輩出したいという狙いを持って開講している。このプログラムの受講学生は，静止画，動画，アニメーションなど，各種のデジタルコンテンツに関する知識と制作スキルを学んでいる。

　大震災の日から3年以上経った，2014年5月と8月に福島県，宮城県，岩手県の被災地を訪れた。5月に訪問した際に，年を経るほど災害の爪痕を見るのは難しくなり，復興の様子や新しい街並みに日本の将来性を見るような形になるのではないかと思われた。そこで，8月の訪問では，現地での撮影や取材に加えて，語り部の方々に現地を案内していただきながら震災直後から現在までの話をしていただいた。現状を知れば知るほど，語り部の方々の話や現地での取材を通して得られた東日本大震災の被災状況を，ドキュメンタリー作品や防災教育教材を作成して，日本中の学校，大学等の教育に役立てたいという思いがだんだん強くなった。そして，その内容を後世に伝えるべく，語り部の方々の話を書き起こし，わかりやすく整理して，本として発行することにした。

　宮城県や岩手県の都市の中には，津波で町が消滅してしまったところもある。一部の都市では，更地となった低平地を嵩上げしたり，山を削ったり，大規模

な高台開発を行い，新しい都市造りを始めたり，漁港や水産加工場などを復旧して稼働させ始めたりと，復興が始まっていた。

　福島県では，地震や津波による被害だけでなく，福島第一原子力発電所が事故を起こしたことにより，福島の浜通り地域から中通り地域まで放射能汚染が広がり，住民を苦しめていた。仮設住宅，強制避難地域，帰宅困難地域，自主避難地域など，現実の厳しさを知るほど心が痛んだ。

　私たちは，新聞やTV番組等を通して被災地のことを知っているようで，本当はよく知らないし，実感をもって捉えていない。しかし，被災地の現状を見て，いろんなことを聞いて，感じることができれば，震災や被災地についての理解が深まり防災の捉え方が変わる。被災地を訪ね，現状を見て，聞いて，実際に感じたものを防災教育に活かすために，ドキュメンタリー作品の他に，防災教育教材も制作することを試みた。

　今，大学に限らず，小・中学校，高等学校においても，大災害などの有事の場合に，個人がどのような行動をすべきか，主体的に考えさせる教育が求められている。教える側が一方的に指示を与える教育でなく，何が正しいのかについて学習者らが自ら問題を発見し解決していく教育が求められているのである。

　本企画を実施するまでにも，東日本大震災についてはテレビに釘付けになったり，度々インターネットや新聞で情報を得ていた。それにも関わらず，観ていた被災現場がどこなのか，ほとんど理解していなかった。被災地に取材に行くことになり，それを念頭に置いてインターネット上の動画をあらためて見直しはじめた。すると，少しずつ東北地方の太平洋沿岸の地形や，いわき市，広野町，南相馬市，相馬市，仙台空港，松島，女川町，三陸町，気仙沼市，陸前高田市といった都市の位置関係が分ってきて，あの日テレビで観ていた町がここだったのかとあらためて認識できた。

　最近，テレビ番組で災害に関する様々な問題がテーマとして取り上げられているが，ドキュメンタリー作品の制作を進めていく過程でも同様に問題点が浮かび上がってくる。そのたびに，行く前にもっと調べておくべきだったと悔いることも多かった。

第 1 章では，被災地を訪ねて聞いた重要な点やテレビ番組や新聞等で感じていた事柄をまとめた。第 2 章では，学生によるドキュメンタリー作品のシナリオを紹介した。これからドキュメンタリー映像を学ぶ人々の参考になることを望む。第 3 章では気仙沼市，陸前高田市，いわき市，南相馬市，広野町の語り部の方々，さらに福島市の市民の方に聞いた話をほぼそのまま紹介した。もし，被災地を訪ねる機会があれば，是非行く前に一読していただきたい。被災地で見るべき視点等の参考になると思われる。第 4 章ではケースメソッドに利用可能なケース教材を紹介している。これらが，防災教育や危機管理教育に役立てば幸いである。

　なお，地名は震災後，被害状況に応じて変更された場合もあり，建物の名称等も時間が経つにつれて変更になっている場合も考えられる。新旧名称が混在していることをご容赦いただきたい。

2015 年 10 月

監修者

目　次

はじめに
第1章　東日本大震災被災地を訪ねて ——3
1.1　ロケハン（1回目視察）（古賀 崇朗） ——4
(1) 福島県福島市（5月22日） ——4
(2) 福島県相馬市，南相馬市，飯舘村（5月23日） ——5
(3) 宮城県雄勝町，女川町，石巻市（5月24日） ——6
1.2　ドキュメンタリー教材作成に向けて（2回目視察） ——7
(1) 福島県福島市（8月24日） ——7
(2) 福島県広野町（8月25日） ——8
(3) 福島県いわき市（8月25日） ——9
(4) 福島県飯舘村（8月26日） ——9
(5) 福島県南相馬市（8月26日） ——10
(6) 宮城県気仙沼市（8月27日） ——10
(7) 岩手県陸前高田市（8月28日） ——11
(8) 気仙沼市から南三陸町へ（8月28日） ——12
1.3　巨大津波 ——13
(1) 過去の津波 ——13
(2) 津波の性質 ——15
(3) 津波の力 ——16
トピック：津波からの避難における先人たちの教訓 ——16
1.4　津波避難に伴う危機一髪と惨劇 ——17
(1) 陸前高田市立気仙中学校 ——18

(2) 石巻市立大川小学校の例 ———————————— 18
　　　(3) 気仙沼向洋高校 ———————————————— 19
　　　(4) 階上地区の悲劇 ———————————————— 19
　　　(5) 消防団員の殉職 ———————————————— 20
　1.5　復興と遺構の保存 ———————————————— 20
　　　(1) 人口の流失と仕事 ——————————————— 20
　　　(2) 防潮堤の建設 ———————————————— 21
　　　(3) 高台と嵩上げ工事 —————————————— 21
　　　(4) 震災遺構の保存 ——————————————— 22
　　　(5) 伝えることの困難さと記憶の風化 ————————— 23
　　　(6) 全国の学生たちへのメッセージ —————————— 24
　1.6　福島第一原子力発電所の事故 —————————————— 26
　　　(1) 原発事故発生と避難区域 ———————————— 26
　　　(2) 続く人々の不安な状況 ————————————— 27
　1.7　福島市の除染 (米満 潔) ———————————————— 29
　　　(1) 福島市内の民家 ——————————————— 29
　　　(2) 公園 ——————————————————— 30
　　　(3) 田んぼ —————————————————— 30
　　　(4) 信夫山公園 ————————————————— 31
　　　(5) 除染土集積地 ———————————————— 32
　　　(6) 除染情報プラザ ——————————————— 32
　引用・参考文献資料 ————————————————————— 34

第2章　教材作成と学生の成長 ———————————————— 37
　2.1　学生が作成したドキュメンタリー作品 ——————————— 37
　2.2　ドキュメンタリーの構成とシナリオ (河道 威) ——————— 38
　　　(1) 第1章　千年に一度の巨大津波 —————————— 38
　　　(2) 第2章　福島第一原発事故の影響 ————————— 46
　　　(3) 第3章　被災地で生きる ———————————— 52

(4) 第4章　復興 ————————————————————————— 58
　(5) 番外編　ドキュメンタリー制作に挑む学生を追う ——————— 65
2.3　作品の各章を担当した学生の感想など ————————————— 75
　(1) 雨の中でも撮影決行（岡野 光輝）————————————————— 75
　(2) 伝える難しさを実感（遠藤 大輔）————————————————— 76
　(3) 何度も見直すことで気付く（權藤 ゆり）————————————— 77
　(4) 見て実感したことを伝える（谷口 紋音）————————————— 78
　(5) 東日本大震災に触れて（糸山 ゆう）—————————————— 80
2.4　学生の成長を感じて（久家 淳子）————————————————— 81
2.5　実践知としてのドキュメンタリー制作（中村 隆敏）——————— 84
　　2.5.1　映像リテラシー ——————————————————————— 84
　　2.5.2　インフォーマルな学習環境 —————————————————— 86
　　2.5.3　集中的フロー体験とメタ認知力の育成 ———————————— 86
　　2.5.4　ドキュメンタリー教材の特徴 ————————————————— 87
引用・参考文献資料 —————————————————————————— 89

第3章　語り部たちの証言 ———————————————————— 91
3.1　気仙沼市編（語り部：臼井 亮さん）———————————————— 93
3.2　陸前高田市編（語り部：實吉 義正さん）————————————— 143
3.3　いわき市平薄磯地区編（語り部：遠藤 貴司さん）———————— 189
3.4　南相馬市編（語り部：神田 薫さん）———————————————— 205
3.5　広野町編（語り部：秋田 英博さん）———————————————— 227
3.6　福島市内の民家を訪ねて ———————————————————— 259
引用・参考文献資料 —————————————————————————— 274

第4章　ケースメソッドとその利用方法 ———————————— 275
4.1　協同学習とケースメソッド ———————————————————— 275
4.2　ティーチング・ノート —————————————————————— 279
4.3　主体的学びの場の構築 —————————————————————— 280

4.4　ケースメソッドを使った主体的学びの実践 ———————— *283*
引用・参考文献資料 ———————————————————— *286*

あとがき ———————————————————————————— *287*

でんでんむし

3.11 東日本大地震を伝える
～ケースメソッドで防災教育を～

第1章　東日本大震災被災地を訪ねて

　2011年3月11日午後2時46分に三陸沖を震源とする大地震が発生した。地震により発生した巨大津波は，太平洋に面した岩手県，宮城県，福島県，茨城県，千葉県の沿岸部を襲った。沿岸部にある町の中には壊滅状態となったところもある。この地震と津波で亡くなった方は，19,000名にのぼる。さらに福島第一原子力発電所で建屋や原子炉が破壊される事故が発生し，放射性物質が漏えいした。これを「東日本大震災」と呼ぶ。

　筆者らは，佐賀大学の特別教育プログラム「デジタル表現技術者養成プログラム[1]」第5期生の修了研究のテーマの一つとして，東日本大震災を題材にすることにした。震災から3年以上過ぎてはいたが，未曽有の大災害に襲われた場所を見て，住民の話を聞いて，ドキュメンタリー作品をチームとして制作するために，被災地を訪ねることにした。また，ドキュメンタリー作品を制作するとともに，ケースメソッド型防災教育教材も制作することにした。

　2014年8月に学生を連れて被災地の状況を収録するに当たり，同年5月にロケハン（視察）を兼ねて教員・職員のみで被災地を訪ねた。その時は，被災地を訪れて見て感じとる以外に情報は得られなかった。8月に向けた事前準備としてインターネットで情報を収集する中で，ガイドや語り部の存在を知った[2)-4)]。そこで，それらの方々に事前に連絡をとり，ガイドと語り部としての語りを依頼した。このような準備を整え，8月に学生4名と大学院生1名，教員・職員4名，総勢9名で，あらためて被災地を訪ねた。被災地の海岸にいくと，瓦礫の撤去はほぼ終わっているものの，壊れた堤防や鉄橋，道路などが依然として残っているところも多く，驚きと悲しみをもって収録を進めた。本章は，被災地を訪ねて見たり聞いたりしたことやテレビ・新聞・インターネット等を通じて感じていた事柄をまとめて紹介したものである。

1.1 ロケハン（1回目視察）

2014年5月22日（木）〜5月24日（土）にかけて，映像教材制作のロケーションハンティング（ロケハン）*のため，被災地を訪れた。インターネット上に情報が溢れ，自分が訪れたことのない遠く離れた地域の情報を容易に得ることができる現代であっても，事前の現地調査なしに，いきなり現地でスムーズに取材活動を行うことは困難である。そこで，5月下旬にデジタル表現技術者養成プログラムを担当する教員2名，職員2名の計4名による現地でのロケハンを実施した。それは，現地の方の意見も取り入れながら情報を収集し，取材する候補地の下見を行い，撮影に適した場所や方法，そして移動にかかる時間など事前に調査し，8月の視察の際に学生と取材する場所や必要な機材を選定するためである。

(1) 福島県福島市（5月22日）

最初に，長野暹佐賀大学名誉教授の紹介を受けて，事前に取材の協力をお願いしていた福島市内の一般家庭を訪ねた。そこでは，福島第一原子力発電所での水素爆発後の会津若松市や新潟県への避難時の様子や苦労，福島市へ帰宅後の苦労，子育てへの影響，庭の除染作業や放射能の測定などの具体的な体験談を伺うことができた。

事前調査の最初の段階で，現地の方の貴重な話を聞けた意義は大きく，あらためて学生達に話をしてもらいたいと強く思い，学生達による再度の取材を依頼した。この学生達による取材内容は第3章で述べる。

この取材後，福島市内の町中を通る際に，汚染土を集積したビニール袋が目に付きはじめた。福島第一原子力発電所から約50 km離れた福島駅近辺でも，日常生活の中に見えない放射能との戦いがあることをいきなり痛感させられた。

---

*ロケハンとは，映画やテレビの制作において，主に屋外のロケ地を探すことを指す和製英語である

(2) 福島県相馬市，南相馬市，飯舘村（5月23日）

2日目は福島市から太平洋側の浜通り方面へ移動し，相馬市にある松川浦漁港を訪れた。津波による被害の総額は，漁協全体で約23億円に上ったという[5]。

ただ，この漁港には，真新しい倉庫が整然と立ち並んでいた（写真1）。その一方で，沿岸部では塩害からか，松の木の立ち枯れが目立った。

相馬市の市街地から，海岸線に近い県道74号線を南下した。相馬市沿岸部の平野は，津波によって堤防や道路が破壊され，住宅の多くが流され，壊滅的な打撃を受けていた。

磯部に入って間もなく，沿岸部での瓦礫処理と復興工事の現場が見られた（写真2）。人影はなく，トラックのみが忙しそうに行き交っていた。さらに南下した古磯部の海岸線では港湾や海岸の工事が行われていた（写真3）。

さらに，南下して南相馬市に入った。震災後3年経った原町火力発電所近辺の沿岸地域（南相馬市鹿島区南海老）を取材した。この地域は，既に更地になっており，一面にシロツメクサが覆い茂っていたが，残ったブロック塀や道路標識から，一帯が元々住宅地だったことが伺えた（写真4）。

南相馬市から福島市へ戻る途中，飯舘村を通過した。飯舘村は東京電力福島第一原子力発電所の事故による放射能の影響により，全域が避難指示区域に指定されている[6]。そしてその避難指示区域は，放射線量に応じて，帰還困難区域，居住制限区域及び避難指示解除準備区域に分かれている。村内では至る所に放射線モニタ

写真1　真新しい倉庫（松川浦漁港）

写真2　磯部の瓦礫処理と復興現場

写真3　古磯部港湾海岸の工事

写真4　住宅地跡一面にシロツメクサが覆い茂っている

リングポストが立っていて，定期的に警察や村民によるパトロールが行われている。少し山奥に入ると大規模な除染作業が行われており，そのための作業車と防護服に身を包んだ作業員しか人がおらず，人気のない民家や学校の姿が印象的であった。

(3) 宮城県雄勝町，女川町，石巻市（5月24日）

事前視察の最終日である3日目は，最初に硯の名産地である宮城県石巻市雄勝町を訪れた。道沿いには津波による塩害で枯れた杉が目立ち，雄勝湾からかなり高い位置まで津波が押し寄せたことが，震災から3年以上経った後でも容易に想像できる状態であった（写真5）。そして至る所に名産品である硯やその破片が残っていた。

写真5　津波塩害により立ち枯れた杉と破損したままのガードレール

雄勝町から南下し，御前湾を通り，宮城県女川町へとやってきた。我々の目の前に，津波により横倒しになった建物（江島共済会館）が飛び込んできた。江島共済会館は横倒しのままの姿で残されており，近づいて中の様子が確認できるようになっていた（写真6）（2014年12月に解体される）。テレビの映像では見ていたが，実際に間近で見てみると，鉄骨4階建ての大きい建物が横倒しになり十数m流されたことに，あらためて津波のエネルギーの強さを感じさせられた。女川町やその近辺も嵩上げが行われており，トラックが頻繁に出入りしていた。

写真6　津波により横倒しになった建物（江島共済会館【現在，解体済】）

女川町から石巻市に向かう，女川バイパス沿いに，女川の復興商店街（きぼうのかね商店街）があり（写真7），郵便局や銀行などの支店も並んでいた。

（古賀　崇朗）

写真7　きぼうのかね商店街

1.2 ドキュメンタリー教材作成に向けて（2回目視察）

2014年8月23日（土）〜8月28日（木）に，教員1名，職員3名，大学院生1名，学生4名の計9名で福島県の福島市，広野町，いわき市，飯舘村，南相馬市，宮城県の気仙沼市，南三陸町，岩手県の陸前高田市を訪ねた。

特定の教育プログラム「デジタル表現技術者養成プログラム」の修了研究のテーマの一つとして，学生による東日本大震災地を題材にしたドキュメンタリー作品の制作と，防災教育で利用できるケースメソッド型教育教材を制作することが目的である。大学院生は取材や収録を通して学生の考えや行動がどのように変化するかを記録し，自身の研究材料とすることが目的である。教員・職員は学生や大学院生の健康及び安全管理を行い，さらに収録などを補佐した。

福島市では日常の暮らしについてインタビューし，広野町，いわき市，南相馬市，気仙沼市，陸前高田市では語り部の方々に被災地の話や案内をお願いした。その語りはビデオカメラで全て収録し，映像中の音声を文字に書き起こして，映像と文字の両方を記録として後世に残すことにした。学生のドキュメンタリー作品のシナリオは第2章を，語り部の記録の詳細は第3章を，読んでいただくことにして，ここでは各地域の取材概略などを記述する。

(1) 福島県福島市（8月24日）

福島県は，リンゴ，サクランボ，桃，梨，ブドウ，イチゴなど日本有数の果物の産地として有名である。しかし，2011年3月12日の福島第一原子力発電所[7]の事故による放射能汚染で，それは一変した。避難生活や福島産の農産物というだけで敬遠される風評被害で，県民の方々が大変苦しい思いをされていることが日々報道された。避難区域は，大きく強制避難区域と自主避難区域に分かれている。強制避難区域は，さらに帰還困難区域，居住制限区域，避難指示解除準備区域に分かれる[8]。

福島市は，福島第一原子力発電所から約50 km離れているが，地震・津波

によって引き起こされた福島第一原子力発電所のメルトダウンや水素爆発が起きた時の風向きにより，放射能汚染された．

5月のロケハンの際と同じお宅に今回は学生を連れて訪問し，あらためて「放射能汚染に対する意識，福島市の汚染状況と除染作業，自主避難の苦悩，自主避難を終えて福島の自宅に戻ったときのご近所さんの反応，子どもの遊び場，食べ物の汚染検査と食生活，市民の被ばく検査などの日常の生活」について話を聞いた．また，放射能汚染に関する情報の錯綜から有事における広報のあり方，避難に対する援助資金のあり方，原発事故に伴う損害賠償問題，そしてこれからの生活についてもお話ししていただいた（3.6節参照）．

(2) 福島県広野町（8月25日）

福島第一原子力発電所から約20 km，第二原子力発電所から約10 kmの場所にある，広野町工業団地の富士フイルムファインケミカルズ株式会社広野工場[9]の秋田英博さんを訪ねた（写真8）．秋田さんは広野町消防団の副団長も務めておられ，風評に流されない正しい認識を伝えるために語り部をされていた．

広野町の海岸は津波被害を受けたが，広野町工業団地は高台にあり，津波の直接の被害は無かった．ところが，放射能汚染を受けたことにより，工場の再稼働は大変危ぶまれた．しかし，広野役場と工業団地の連携により，15社の内，13社が再稼働にこぎつけた．

写真8 秋田さんに放射能被害を蒙った会社の再稼働について聞く

秋田さんには，「広野町工業団地の場所，富士フイルムファインケミカルズ株式会社が果たした役割，広野町工業団地の災害状況，会社撤退せずの決断，災害の時の状況，工場の再稼働に向けて，福島第一原発へ出入り，従業員への配慮，徹底した除染作業，広野町・楢葉町と共に復興を目指して」などを話していただいた．事故を起こした福島第一原子力発電所から約20 kmしか離れていないのに，工場を再稼働させた手法と経験は，非常に貴重かつ有益で，福島の再生に向けて大きな役割を果たすことに期

(3) 福島県いわき市（8月25日）

いわき市は，福島県の南部に位置している。沿岸部は，津波により大きな被害があった。いわき市にある株式会社かねまん本舗の専務取締役の遠藤貴司さんに，いわき市の平薄磯地区を案内していただいた。遠藤さんは，地元の消防団員でもある。平薄磯地区へ移動しながら平豊間地区や平薄磯地区の災害の様子を伺った。町が壊滅し，多くの犠牲者を出した平薄磯地区を案内してもらい，津波の様子，避難生活とこれから，仕事について話していただいた。また，映画「喜びも悲しみも幾歳月」の舞台となり，また美空ひばりの歌「みだれ髪」でも有名な塩屋埼灯台に登り[10]，豊間地区の被害状況についても話していただいた（写真9）(3.3節参照)。

写真9　塩屋埼灯台で豊間海水浴場の災害時の話を聞く

(4) 福島県飯舘村（8月26日）

飯舘村[11]は，福島市と南相馬市を結ぶ県道22号線の途中にある。福島第一原子力発電所から離れているのに，風の向きで原発事故による放射能汚染が酷く，強制避難地域になっており，通行はできても住むことはできない状況であった。県道から飯舘村役場の方に向かって行くと，除染作業関係者以外の人通りはほとんどなく，荒廃した田畑，手入れがされていない庭や玄関先の民家，除染作業ででてきた汚染土を詰めた黒いビニール袋が集積してある田畑が目についた（写真10）。県道22号線を福島市の方へ行くと，除染作業が終わり除染した土の代わりに山土が入れられている田んぼが見られるようになった。ただ，除染作業が行われたものの，稲は作って

写真10　除染中の田んぼ（飯舘村）

いなかった（写真11）。テレビのニュースなどでは，前のように稲作ができる田んぼにするには十数年かかること，また風評被害の影響も大きいことなど，農業や酪農業の再建は非常に厳しいと報道されていた。

写真11　除染された田畑

(5) 福島県南相馬市（8月26日）

南相馬市は，双葉町に隣接している。南相馬市は「相馬野馬追」[12]が有名である。南相馬市観光ボランティアガイドの神田薫さんに，津波被害のあった南相馬市の沿岸部全域を案内していただいた。ルートは原町区にある「道の駅南

写真12　雨の中での収録

相馬」から国道6号線を南へ移動して小高区へ向かい，小高区から原町区を経由して鹿島区に向かい，道の駅南相馬に戻った。福島第一原子力発電所をみることはできなかったが，そこから約10kmのところまで近づいた。小高区は強制避難区域で，宿泊することはできない。そのため，広大な田んぼは草が生い茂っていた。南相馬市では，あいにく雨の中での収録となった（写真12）。

原町区太田川や小高区小高川の津波被害地域，大悲山石仏（小高区にある日本三大磨崖仏の一つ），小高区井田川の干拓地，原町区の萱浜，北泉海浜公園跡，東北電力原町火力発電所，鹿島区の鹿島の一本松，みちのく鹿島球場を案内された。行く先々で，被害状況や死者・行方不明者数などを語っていただいた。最後の「みちのく鹿島球場」のバックネット裏では，指定された避難場所で犠牲者を出したこと，異常な地震の揺れから津波が到達するまで40分もあったのに，自己判断でより安全なところに避難しなかったことを非常に悔やんでおられた（3.4節参照）。

(6) 宮城県気仙沼市（8月27日）

気仙沼市に着くと，まず津波の被災状況を展示してあるリアス・アーク美術

館を訪ねた（写真13）。そこには，気仙沼市の多くの災害現場写真や瓦礫と化した洗濯機などがそのまま展示してあった[13)]。

その後，気仙沼市魚市場で臼井亮さんと待合せ，気仙沼市の被災地を案内していただいた。臼井さんは，一般社団法人気仙沼観光コンベンション協会事務局次長兼総務企画課長である。

写真13　リアス・アーク美術館

気仙沼市魚市場の災害状況や復興状況，魚市場の水揚げ量などを伺った。県の合同庁舎だった場所に移動し，防潮堤建設と観光の問題，石油備蓄タンクの炎上による津波火災について話していただいた。

写真14　安波山で質疑応答

県道26号線から国道45号線を通り，階上（はしかみ）地区に向かった。そこでは，気仙沼向洋高校に登校していた生徒で犠牲者がいなかったこと，逆にその向かいの波路上杉ノ下（はじかみ）の高台では100名近くの犠牲者を出してしまったことなどを聞いた。鹿折（ししおり）地区に移動し，嵩上げしている工事現場を見学した。その後，安波山（あんばさん）公園から気仙沼市内を眺めながら，廻った場所や建設中の災害公営住宅の確認を行った。気仙沼商港岸壁フェリー発着所では，臼井さんが目の当たりにした津波の状況を説明していただいた。それぞれの行った場所で，学生との質疑応答も弾んだ（写真14）。

翌朝，陸前高田市に行く前に，気仙沼市魚市場に立ち寄った。早朝ではなかったので市場での活気あるセリは見られなかったが，カツオの水揚げの様子を見学できた（3.1節参照）。

(7) 岩手県陸前高田市（8月28日）

陸前高田市では，陸前高田市観光物産協会副会長である實吉義正さんに案内していただいた。實吉さんは，「道の駅高田松原」の職員だったそうで，わずかの時間差で人の生死が決まったことを強調されていた（写真15）。

陸前高田市は津波により町全体がほぼ消滅し，死者・行方不明者も多いなど被害が非常に大きかったところである。また，現在，嵩上げ用の土を運ぶ巨大なベルトコンベアが，消失した町全体に張り巡らされており，まさに復興工事が推進されている町でもある（写真16）。

写真15　道の駅高田松原で

　「道の駅高田松原」の建物を見ながら，今回の津波の状況について，この100年間の津波の記録や津波の原理や性質（高さ，速度，力）の基本的なことから説明していただいた。

写真16　張り巡らされたベルトコンベア

　気仙川河口に移動し，「気仙中学校の奇跡，先人の教訓（『津波の二度逃げ』，『高さで逃げろ』，『川沿いには逃げるな』，『津波てんでんこ』），奇跡の一本松」などについて話していただいた。その後，陸前高田市の住宅密集地（昔の街並み）だった場所に移動して，「災害時の火葬場の不足，避難所として最低最悪であることを露呈した学校の体育館や市民会館の悲劇，復興工事に伴う土地の権利にかかわる問題，メインストリートと山際の住民の悲劇，社会教育文化センターと陸前高田市最大の避難場所の悲劇，メッセージ『天国のお母さんへ』，先人たちの教訓（高台に住むことの意義）」などについて話を伺った（3.2節参照）。

(8) 気仙沼市から南三陸町へ（8月28日）

　気仙沼市から南三陸町へ宮城県の海岸線の道路を南下した。JRの線路跡を利用してBRT（バス高速輸送システム）が走っていた（写真17）。瓦礫撤去はほぼ終わっているものの，壊れた堤防，鉄橋，水門などが処々に手付かずの状態で残っていた（写真18,19）。南三陸町志津川には防災対策庁舎の跡があり（写真20），震災遺構として

写真17　JR気仙沼線の線路だったバス専用レーンを通るBRT車両

残すべきか，それとも壊すべきか今も住民や県などの間で議論がされている。最後に，仮設店舗の「さんさん商店街」を訪ねた（写真21）。

1.3 巨大津波

写真18　壊れたままの水門

東日本大震災の甚大な被害は，我が国の津波避難対策に抜本的な見直しを迫った。それは東北地方太平洋沿岸地域が，過去の津波被害の経験により，我が国の中でも津波に対する避難の意識が高く，行政も対策の努力をしてきた地域であるにもかかわらず，19,000名を超える命が津波に奪われたという事実を突きつけられたからである。

写真19　壊れたままの鉄道
　　　　気仙沼線清水浜付近

(1) 過去の津波

2011年3月11日，三陸沖を震源とする巨大地震（マグニチュード9）により発生した大津波が太平洋沿岸部（青森県，岩手県，宮城県，福島県，茨城県，千葉県）を襲った。千年に一度の津波とも云われ，津波の高さは10〜17mに及んだとも言われている[14]。

写真20　南三陸町志津川防災対策
　　　　庁舎の跡

東北地方の太平洋沿岸は，津波に度々襲われている。明治以降でも大きな津波が3回来ている[15]。1896年（明治29年）の明治三陸地震は津波地震といわれ，死者・行方不明者は約

写真21　仮設店舗「さんさん商店街」

22,000名，1933年（昭和8年）の昭和三陸地震は死者・行方不明者は約3,000名であった。

1960年（昭和35年）チリ地震（マグニチュード9クラス）による津波は，地震発生から約22時間半後に，17,000km離れた三陸海岸沿岸を中心に襲来し，死者・行方不明者は1,000名以上と，日本の各地に被害をもたらした。チリ地震のときの津波は，覚えている人はたくさんいるそうである。このときの津波の高さが数mだったことが基準となり，東北沿岸の都市は標高の低い海の方へ発展していき，今回の大惨事に至ったのである。

　東日本大震災の津波は，未曽有の巨大津波と思われた。しかし，歴史学者，地質学者たちが調査を進めたところ，400年前，伊達正宗や徳川家康の時代に，東日本大震災津波に匹敵する巨大津波(慶長の津波：慶長16年)があったことを，先人たちが記録として残していることが分った。それは，地層の堆積物からも裏付けられていたのである。先人たちは古文書や言い伝えでも警鐘を鳴らしていた。堆積物の広域調査の結果では，巨大津波の再来間隔は450～800年程度と推定されている研究結果もあるようである[16)-17)]。

　徳川家康の側近がまとめた古文書「駿府政事録」には海岸から8km離れた千貫山（阿武隈川を河口から8km遡った地域）の麓まで，漁師の船を運んだと記録されている。また地元にも，千貫神社まで津波が来たという言い伝えがあるそうである。

　福島第一原子力発電所の設計時も，慶長の津波の情報はあったがそれは考慮されず，その後のチリ地震の津波に対応できるように設計され，国から認可されたとのことである。100年余りの科学の発達による科学データへの依存度が増すことにより，古文書や言い伝えがおろそかにされた。今となっては，近代の科学の波にのまれた浅はかな行為だったことが悔やまれる。現在，防潮堤をむやみに高くして，自然の脅威と向き合おうとしていることは，さらに大きな災害を招く恐れがある。人間は自然を克服することはできない。人間は自然といかにうまく付き合っていくべきかを教えることが，根本的な防災教育のあり方であろう。

(2) 津波の性質

　2004年にスマトラ地震（マグニチュード9.1）によって発生した大津波は，例外と思われ，日本でも巨大津波が起こるとは予測していなかった。そのため，我々は津波の性質をあまり深く考えたことはない。そこで，Webページなどを検索しながら復習してみよう[18]。

図1　高波のイメージ

　津波は，波といえども波長が非常に長い波である。そのため，風などによって起こる普通の波のイメージと異なる。普通の波の間隔はせいぜい10秒前後で，距離にすると150m前後である（図1）のに対し，津波の波長は2分〜1時間前後で距離にすると最大100kmにもなる。つまり，津波は海水が大きな水の塊となって押し寄せてくるものである。今回，陸前高田では，

図2　津波のイメージ

図3　高潮のイメージ

3時21分に第1波がきて，4時までの間に5〜6回，高さ10m以上の津波（水の塊）が押し寄せた（図2）。波の間隔は約6〜8分である。

　台風や発達した低気圧により波浪（高波やうねり）が発生して，海面の高さがいつもより数mほど高くなる現象を高潮[19]（図3）という。それに比べ，津波は海面が著しく上昇して「水の塊」となって押し寄せてくる。さらに押し寄せた水は引き波として海に戻っていくので，津波に襲われた海岸は大きな災害を被ることになる。実験によると，深さ30cmの水流でも，流速が時速40kmになると人は立っていられないという結果もある。

　また，津波の速度は時速40〜300kmとばらついている。平均速度は距離を発生から到達までの時間で割った値である。今回，3時21分に第1波がきて，4時までの間に5回から6回波が押し寄せた。それから計算すると東日本大震災の津波は時速40〜50kmである。昭和35年に，日本から見て地球の反対側で起こったチリ地震で発生した津波は，三陸海岸に朝4時頃に着いた[20]。約22時間半後に，

約17,000 km離れた三陸海岸沿岸を中心に襲来したことから，単純計算上は時速700 kmを超える。津波は新幹線以上の速度で押し寄せてきたのである。

図4　駆け上がる津波のイメージ

今回の震災で津波の高さは10〜12 mでも，数倍の高さにあった家が流されている。これは海に向かって広がるV字形になっている地形では，奥に行くほど陸地の幅が狭くなるため，湾口から入った水のエネルギーは行きどころがなくなり，最後には上に向かっていくためである。また，津波は障害の少ない川を遡上する。

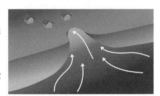

図5　駆け上がる津波のイメージ

そのため津波の高さが10 mでも，その数倍の高さ（海抜）にある家が流されることもある。つまり海岸の地形だとか，半島の出っ張り具合だとか，震源地との角度だとか，それによって波の力や方向は異なる（図4，図5）。

(3) 津波の力

今回の巨大津波に襲われた町で，津波が引いた後に残った建物というのは，鉄筋コンクリートの建物が大半であった。しかし，まともな鉄筋コンクリートの建物は少ない。鉄筋が入った壁にも穴が開いている（写真22）。津波は1回きて終わりじゃなく，時速40〜50 kmで行ったり来たりする。最初に木造の建物が全部破壊され，柱だとか梁がバラバラになる。それが波に乗って時速40〜50 kmでコンクリートにぶつかることで，壁に穴が開いてしまうのである。

写真22　穴の開いたコンクリートの壁

トピック：津波からの避難における先人たちの教訓

主体的な避難行動を取る姿勢を醸成する防災教育を推進するためには，行政，

学校，地域の連携による体系立った防災教育が必要である。昔から云われてきていることに，次のような教訓がある（3.2 節より引用）。

① 『二度逃げ』：一度高いところへ逃げて，もしかしたらもっと高い波が来るかもしれないということで，もう一度さらに高いところへ逃げるのを二度逃げという。
② 『川沿いには逃げるな』：津波は障害物の少ない川を遡上する。川沿いに避難すると危ない。今回も気仙川を 8 km 遡上した。上った津波の高さは 10 m を越えている。当然，川の両端の堤防から水が溢れる。
③ 『距離ではなく高さで逃げろ』：人間は心理的に来るものから逃れたいので，遠くへ行こうとする。近くの高いところ，山やビルなどに逃げろということ。
④ 『津波てんでんこ』：津波が来たら，取る物も取り敢えず，肉親にも構わずに，各自てんでんばらばらに一人で高台へと逃げろ。「自分の命は自分で守れ」ということ。

これらのことは，日ごろから意識しておかなければいけない。特に，避難訓練の折，避難場所や避難経路などの選択に注意しておかなければならない。今回，津波が発生してから到達するまで約 40 分あったにもかかわらず逃げ遅れた方たちがいる。一度避難していたのに「鍵を忘れた」と戻ったり，逃げようとしない老人の説得に時間がかかったり，「山に逃げて怪我させたら大変」と思ったりと様々な理由で，弱者だけでなく，若い人たちの多くの命も奪われた。

1.4　津波避難に伴う危機一髪と惨劇

東日本大震災の大津波に関する話は，聞いただけでも考えさせられるケースが多々あった。危機一髪で犠牲者を出さずに乗り切った例，日頃から避難訓練を行って，その通りに行動して犠牲者を出した例など，教訓として伝えるべきであろう。想定外では済まされない。

(1) 陸前高田市立気仙中学校 (写真23)

気仙中学校は，海に面しており，屋上まで津波が襲った。3階建ての校舎で屋上まで水没した。「なぜ，こんな海のそばに学校」というほど，津波のことは全く考えられずに建設された。しかしながら，この学校は一人の犠牲者も出していない。この中学校の校長の今回の決断力と判断力は素晴しかった。

写真23　陸前高田市立気仙中学校

最も素晴しかった判断力は何かというと，教育委員会の決めた避難マニュアルを彼女は捨てたことである。どこの地域でも，教育委員会が学校の避難マニュアルを策定している。一般に教育委員会の避難マニュアルには，児童生徒を校庭に集めて点呼を取って，保護者に引き渡した後，指示を待てと記載されている。

しかし，校長はこんなに海が近く低いところで点呼なんか取っている余裕はないと判断し，子供たちを高いところに避難させた。そして，さらにもっと高いとこへ避難させた。はじめに避難した場所は津波にのみ込まれた。もし，より高いところに避難していなかったら，恐らく全員が犠牲になったかもしれない。だから，そういうときの人の咄嗟の決断力，判断力は人の命を左右する (3.2節より引用)。

(2) 石巻市立大川小学校の例

宮城県石巻市の大川小学校では，先生方の避難誘導のあり方に問題があったのではないかと裁判になっている。学校の後ろはすぐ山だった。しかし，学校では山に避難しなかった。なんで山に避難しなかったかというと，先生方の中に，「これだけ大きな地震が来たから，山に行ってまた地震がきて木が倒れたら，子供たちが危ない」ということで山にいかなかった。それで，どうしよう，こうしようと50分間校庭で悩んで，最後に選んだ方法が，「市が決めた避難場所に行けば安全だろう」ってことで，北上川河口の川沿いを通って海の方にある町の避難所に向かった。結果として，途中で多くの犠牲者を出した。70名が死亡し4名が依然として行方不明のままとなっている。遺族の一部は東日本大震災

で避難が遅れた原因が明らかになっていないと，学校側を裁判所に訴えることを表明している。また，遺族が石巻市などに損害賠償を請求する裁判が始まった[21]。

写真24　気仙沼向洋高校

(3) 気仙沼向洋高校（写真24）

　三方を海に囲まれた宮城県気仙沼市階上地区にある気仙沼向洋高校は，津波が4階の床上10 cmくらいまで来た。当日学校にいた170名の生徒は近くの地福寺に逃げ，そこも危ないということでさらに国道の方へ走って行った。走っている途中で，津波が襲った。しかし，道路は地福寺より高くなっていたので，全員助かった。地福寺は天井まで津波がきたとのことであった。高校に残った先生たちと工事関係者はまず高校の3階に逃げ，さらに大事な書類を4階に上げた。さらに，人は4階でなく屋上に逃げて助かった（3.1節より引用）。

(4) 階上地区の悲劇

　気仙沼市階上地区は三方を海に囲まれた地域である。行政は避難場所を慎重に検討して指示していた。気仙沼向洋高校の目の前に位置する波路上杉ノ下高台（標高13m）はその避難場所である。そこに避難する訓練を実施していたにもかかわらず，そこには津波が四方から押し寄せた。津波が来るまでの時間は20〜30分くらいあったので，もっと安全な場所に逃げられたはずである[22]。

　明治の津波でも大丈夫だったと思っていたのが一番悪かった。住民に安心情報を与えてしまったのである。政府調査機関によれば，2003年には30年以内に約99％の確率で，茨城県沖を震源とする大津波が発生するかもしれないという予測のもとに，詳細な防災マップがつくられていたとのことである。ただ想定された津波の高さは8 mであった。

　行政はどうしても防潮堤などの施設整備を重要視する傾向がある。それで住民も安心する。しかし，どんなに施設を整備しても，想定外の高さの津波には対処できない。高台に避難することの意識は重要である。波路上杉ノ下の自治

会では，行政と住民が一緒になって防災意識を高めるために防災の勉強会をやっていた。しかし，安心情報を与えてしまったために，住民は津波が来るまで避難しなかった。震災後，気仙沼市はこの一帯を津波災害危険区域に指定した。今後防潮堤を整備しても津波を防ぎきれないとして住宅の建設を禁止したとのことである。

(5) 消防団員の殉職

陸前高田市では今回51名の消防団員が犠牲になった。そのうち，34名が殉職した。20代から50代前半の若い人である。なぜ，若い消防団員が34名も殉職したかというと，消防団としての業務を遂行していたためである。延々と築かれた防潮堤には，樋門・水門がたくさんついている。警報が出ると，これを閉めるのは消防団が行うべき業務だった。だから，警報が出て樋門・水門を閉めている最中に津波がきた。今年の4月になって，陸前高田市の消防団の規定がはじめて変わった。それまでは，消防団の規定には「撤退せよ」という言葉はなかった。それが，この震災による悲劇を経験することにより，「津波到達が予想できる15分前には，全ての業務を放棄して撤退せよ」との言葉がはじめて規定に盛り込まれた（3.2節より引用）。

以上のような教訓や反省材料，さらに中央防災会議「防災対策推進検討会議」[23]の津波避難行動の分析や津波避難対策などの検討意見を参考にしながら，今後の防災教育はどうあるべきか，住民一人ひとりが考えていく環境づくりが重要であると思われる。

1.5 復興と遺構の保存

(1) 人口の流出と仕事

被災地は，高台造成や道路整備，防潮堤，災害公営住宅などの建設ラッシュで復興バブルを迎えている。しかし，人手不足が大きな悩みで水産業や農業の

復興は難しい局面を迎えている。

　福島県では新しい仕事として，黒い袋とショベルカーに象徴される除染関係の大手ゼネコンによる仕事がある。土木建設関係では，地元はもともと賃金が安いので，大手ゼネコンなどの賃金が高いところに流れてしまいがちで，市内の復興が思うように進んでいない。そのため災害公営住宅もなかなか完成せず，そのため仮設住宅から移転ができず，仮設住宅期限は2年から5年に延長された。

　また，土木建設関係に人をとられているので，賃金が安い飲食店などは人がなかなか集まらず，時給を少々高くしても集まらない。地元の水産関係の工場ができているので就職先はたくさんあり，求人の倍率は2倍程度とすごく高い。しかし，若い人はどうしても水産業とか汚れる作業を嫌うのでなかなか難しい。

(2) 防潮堤の建設

　宮城県気仙沼市沿岸には7mを超える高さの防潮堤の建設が始まった。これらの防潮堤は東北3県にまたがり，100年に1度の高さの波から，町を守るために造られる。しかし，耐久年数は80年しかない。しかも総工費は1兆円かかる。

　ほとんどの市民は防潮堤の建設に反対している。主な理由は，気仙沼市は海に基づく漁業と観光の町であり，日常生活の一部だった海が見えなくなるのは大きな損失に繋がるからである。80年間しか保たない防潮堤に1兆円もの税金を使うのか，他のところに使うべきなのではという声も多くあがっているそうである（3.1節より引用）。同様に意見は，陸前高田市にもあるようであった。

　宮城県女川町では，安全な防潮堤を建設すると今迄の町の敷地が無くなるために，異常に高い防潮堤建設を止め，高台造成を行って，そこに住宅地を移すことで解決しようとしている[24]。

(3) 高台と嵩上げ工事

　岩手県陸前高田市は，町全体が工事現場のような状態であった。津波によって，ほとんどの建物が破壊され，町が壊滅的な状況にあった。今は，瓦礫撤去

作業もほとんど終わり，山を削って高台を造り，削った土を盛って町全体を嵩上げする計画を推進していた。

130億円かけて作られたベルトコンベア群が，町全体を覆うように張り巡らされていた。東京湾のベイブリッジのような素晴らしい吊り橋が国道をまたぐようにかかっている。夜になるとライトアップされる。まさに「希望の架け橋」である。ただし，渡るのは人ではなく土だ。このベルトコンベア群により，トラックだけでは10年かかる作業も，1年半にまで短縮されるそうである。

今，行政は山を削って造成した高台と嵩上げした土地に，住宅地や商店街を造りたいという意向で計画を進めている。しかし，既に商店街の人たちは別のところに移住している。また住民の高齢化も進行している。果たして，高台に造った商店街に人々が戻ってくるかどうか不安な面もあるとのことであった（3.2節より引用）。

以上に挙げた大規模な復興作業を4年間の集中型予算で実施するのは厳しい。数年の試行錯誤が必要な場合も多々ある。シコウ（思考と試行）が不十分なままの即断は，予算額も大きいために，取り返しがつかなくなるのではないかとも危惧された。

(4) 震災遺構の保存

被害を蒙った多くの建物などは取り壊されている。震災遺構を残すには多額の維持費や補強費が必要である。

【気仙沼市】

宮城県立気仙沼向洋高等学校。あの日170名もの生徒が登校していた。しかし，この高校は4階まで津波が達したにもかかわらず，犠牲者はゼロであった。校舎は震災を伝えるものとして残す計画が進んでいる。

男山本店は110年前に建てられた酒屋で，もともとは3階立て鉄筋コンクリートの建物で，津波により1階と2階部分は流され3階だけが残った（写

真25)。

【陸前高田市】

　奇跡の一本松として全国的に有名になった陸前高田の一本松は，高田松原の約7万本の松の内1本だけ残ったものである。しかし，液状化現象で塩水が湧いて枯れたため，これをモニュメントにして残すことになった（写真26）。これを造るのに 15,000 万円かかった。

　「道の駅高田松原」の建物は松原近くの二等辺三角形の形をした建物である。海水浴中に津波注意予報が出た場合の一時避難所になっていた。「道の駅高田松原 TAPIC（タピック）45」の小さなブルーの文字が波の通過点であり津波の高さは 15 m 35 cm であった（写真15参照）。

　陸前高田市立気仙中学校は校長の判断で，二度逃げして犠牲者ゼロであった。

　メインストリートの3階建ての建物は個人所有の建物である。亡くなった家族のために屋上まで水につかるほど高い津波が来た証を後世に残すことにした（写真27）。

写真25　男山（3階部分：国の文化財）

写真26　奇跡の一本松とベルトコンベアと嵩上げ地とユースホステル

写真27　震災遺構として残そうとしている個人所有の建物（中央奥）

(5) 伝えることの困難さと記憶の風化

　震災の記憶を未来へどのように伝えるかは大きな問題である。人はすぐに忘れる。時間経過に伴う記憶の風化により震災について全然意識しなくなる。

　1933年（昭和8年）の昭和三陸地震による死者不明者は約3,000名。この81年前の被災の状況も忘れてしまっていた。後世に伝えるための石碑も多数あったが，その周りは草が生い茂っていたり，住民もあることは知っていても

書かれている文字を読んだことがなかったりと，これらの石碑によって，大津波への防災意識は十分に植えつけられなかったのだ。死者不明者3,000名の大震災でも，教訓として伝えることの難しさを物語っていると言えよう[25]。

　避難訓練でも，数年前の巨大津波の教訓が活かされない。「車で逃げるな」と言っているのに，車で避難して渋滞を引き起こしてしまう現実。巨大津波の大震災から，3年以上経って，テレビや新聞，インターネットから情報を得ている我々は，時折思い出しつつも，日常生活の中では忘れてしまいがちである。大変な震災経験をした臼井さんも，「震災から1年間は自分の家で逃げる準備，リュックサックにいろいろ入れていたが，今はしていない」と言っていた。もちろん，忘れたわけではないが，切迫した気持ちから解放されているのである。準備している人もだんだん少なくなっている。まさに風化の始まりである。町が復興し，津波の爪痕が見えなくなれば，風化はさらに拍車がかかるだろう。

　震災の話に興味あっても，復興が進み新しい建物が建っていくと，当時の事が分からなくなってくる。伝え方が非常に難しくなってくる。例えば，気仙沼市鹿折地区に打ち上げられた漁船「第18共徳丸」。注目を集めていたこの船は撤去された。その後，そこを訪れる人は10分の1以下に激減した。写真だけでは伝えるのは難しい。

　一方，人は忘れることも重要である。過去を引きずることは人を不幸せにすることがある。新しい展開を求め，そこで生きていく勇気も必要である。

(6) 全国の学生たちへのメッセージ

　(広野町：秋田英博さん) 有事の際ね，普通の生活をしているときには何も問題なかったことが発生します。これから何が起こるかわかんない。特に年寄りの話はよく聞いておくこと。昔の言い伝えとか，こういう事があったとか。じゃ自分はどうしようとか。有事になった場合には，みんなパニックになります。会社でも決め事していたんですけど，避難訓練とかね，そんなこと役に立ちません。みんな自分の事，自分の家族の事が心配です。有事の際，事が起こった時に人間性が一番良く分かります。火事でも起きたらどうやって逃げたらよ

いのかと．まずは非常口，トイレを確認して．7階8階に泊まったら逃げられないでしょ．火事が起こると煙でやられちゃうんですよ．常時，電車に乗ったりしたときに，時々考えるべきですよね．何かあったらと想定していた方がよいですよ．その時の対応ができるかできないかですよね．それは，いつも頭の中で訓練しておくべきだといつも思っています．

（いわき市：遠藤貴司さん）この被災地に来て，見ていただいて，いや大変だったねとか，ひどかったねー」じゃなくて．必ずその地域で集中豪雨とか竜巻とか，いろんな災害があると思うんですね．だから，ここに来て，何かの災害があると，こんな風になりますよと．持ち帰っていただいて，町の中で話をもんでいただいて，こういう時にはこうしましょうとか対策をたてて，次の災害に備えて欲しいですね．

命がなくなったらそれまでですよ．お金なんか無くなったっていいのですよ．身体があればまた働いてお金を稼げばいくらでも稼げるんで．町の小さい子や老人の方もみんな，手を引っ張って避難できるような仕組みを作っていただければ，人の命がなくなることはないと思うので．ここだけ伝えたいと思うのです．

実際，この町で中学校，小学校あって，子どもたちが1名も犠牲者がいなかったですよ．これは町の消防団がいち早く出て，中学生は校舎に残っていたのを，みんな小学校に避難させたんですね．小学生はちょうど下校時間だったんですけど，津波が来る前に全員高台に避難させたんですよ．そういうのがあるので，防災対策だけはいろいろやっていた方が損はないと思いますね．

（気仙沼市：臼井　亮さん）まず，来ていただくって言うのがすごく大きいと思います．感謝しているのと，あと，この話を皆さんにどうか伝えて欲しいっていうのはありますよね．実際自分たちの目で見たものを，皆さんの所に持って帰ってどういう風に伝えていくかっていうのがやはり大事かなって思いますね．すごく離れているじゃないですか．だからなかなか実感が湧かなかったかなと思ったんですけど，実際来てみて，ああこんなに被害，まあ3年経っているので何とも

言えないんですけども，そういうふうに学んでいただくってことだけで，私はありがたいなっていうのはありますよね。あとは伝えていくっていうか。

千年に一度なので，後もう来ないだろうという感覚がすごくあるんですよ。なので，震災からどんどん時間が経つと忘れていくので，逃げる準備もしていないですしね。「次来たらしょうがないな」っていう感覚があるんですよ。ただ何があるかわからないのである程度の準備はしておかないと。

日常の生活は一番大事なので，防災対策のサジ加減っていうのがあると思います。過剰な防災意識っていうのは，ちょっと日常生活するには支障が出て来る場合があると思います。

（陸前高田市：實吉義正さん） 我々は自然と共生している訳ですよね。ともすれば文明が発達し過ぎてね，自然に対する畏敬の念というのをどこかで忘れているのかな。我々は自然がないと生きていけない。自然はこういう風に時々牙むくわけですから，そういった時にどのように対処していけばいいのか，そういう時に文明をいかに守っていくことかなと思います。自然は大丈夫，大したことないよ，大きな津波は来るわけないと考えたから，こういう町づくりにしたわけでね。そういったことを大きく反省してみる必要あると思いますね。畏敬の念を抱けってよく言いますけど，畏敬の畏は「かしこむ」と読むんです。神主さんが祝詞をあげますよね。お祓いをするとき，その時，神に向かって「かしこみかしこみもうさく」というんですよ。畏敬というのは，かしこみさらに敬うという言葉がついているんだけれども，そういったことを我々はね，もう一回，そういったことを思い直していただければいいのかなと思います。自然豊かな国に生まれている訳ですから。

1.6 福島第一原子力発電所の事故

(1) 原発事故発生と避難区域

2011年3月11日午後2時46分に大地震が発生した。三陸沖を震源とす

る巨大津波が，東日本（東北）の太平洋沿岸部を襲った。そして，福島第一原子力発電所の1号機が12日午後3時36分頃，白煙をあげた。原子力発電所の安全神話が崩れた時であった。

　福島県は地理的条件から，浜通り，中通り，会津に分かれている。事故が発生してから2週間，放射性物質が漏れ，風向きにより，南西へ，北西へ，原発から50km離れた福島市にも放射性物質が降り注いだ。

　避難区域は，強制避難区域と自由避難区域に分かれ，強制避難区域は，さらに帰還困難区域，居住制限区域（年間の積算放射線区域　20mSv），避難指示解除準備区域に分けられる。

　原発事故から3年以上が経ってなお，避難生活を続ける福島県民は，避難指示区域からの避難者が約80,000名，自主避難者が約47,000名，県外への避難者が約45,000名である。

(2) 続く人々の不安な状況

　福島第一原発事故がもたらした災害による避難は，一般の災害による避難とは異なる形態である。原発事故によって，双葉町，浪江町，大熊町などの強制避難区域からの全町民が避難生活を余儀なくされている。住みなれた土地や家を放置したまま強制避難させられ，さらに仕事も失った人々。そして，明瞭な出口の見えない不安な日々の暮らしはこれからも続く。彼らの苦痛を安易に推し量ることはできない。しかし，新聞，テレビ，ホームページなど様々な形で伝えられている調査結果は，慣れない土地で人々はバラバラになりやすいこと，そしてそのような環境において，負の連鎖（負のスパイラル）が起こっていることを示している。このことは，痛ましい現実である。

　つながりの無さと孤独感は，人々の心を閉ざしてしまいかねない。増々塞ぎ込んで，周りの人とコミュニケーションがとれなくなる。原発事故による放射能汚染などで中傷を受けても，誰にも悩みを相談できなくなっていく。長期にわたると，自殺や孤独死につながる社会問題となってしまう。

　浪江町は原発の事故により全町民が避難生活を余儀なくされ，6,000名以上が

県外へ避難し，全国45都道府県でバラバラに暮らしている。長期にわたる「広域避難」において，将来に向け，どのようにして避難生活の質を高めながら，被災元コミュニティとのつながりも保ち続けて暮らしていくのか問題になっている。楽しい集会やレクレーションなどで役割や居場所があると，主体的になり生きがいが生れるはずである。しかし，町が復興支援員を配置して交流会をひらいても，負の連鎖を起こし始めた人々はなかなか集まらない現状がある[26]。

　誰でも歳をとると故郷が恋しくなる。土地が汚染され強制避難区域に住んでいた人々は，故郷をどうすればいいか分らない。なすすべもない。震災後，誰もいない町，灯りのない町になると，簡単には戻れない。特に，高齢になると病院に通うのも大事で，人の少ない土地で暮らすことはできなくなる。高齢になって借金して，店をやり直す気もない。最も先ず人がいないので再開するのは難しい。自宅は良い。一泊でもうれしい。そのように故郷を恋しがる気持ちは増長するのが人であろうが，現実的には，宿泊を希望した世帯は1割程度だったというニュースもあった。

　帰還するにしても，土地や家屋を完全に除染することは困難で，健康への不安を拭い去ることはできない。特に，若い人々は避難先にあらたに土地買った人，家を建てた人が多いとのことである。

　故郷から福島県内外へ避難して，いつか故郷へ戻りたいと思っても，故郷へは帰れない可能性が高い。移住が決まれば，支援手当が打ち切られる不安もある。2013年末，国は「早期帰還」を促す一方で，今後，長期にわたって帰還が難しいとされる地域の住民に対しては「移住」の支援を決定した。しかし，「帰還」か「移住」か，決められないでいる人々も多い。2014年1，2月の調査によれば，被災元の地域に戻りたい：約20％，避難先に定住したい：約25％，現時点で決まっていない：約35％であった。

1.7 福島市の除染

(1) 福島市内の民家

　福島市内のある民家の庭の片隅には，道路との境にある塀や生け垣に沿って，厚手のビニール袋に詰められた土がいくつも置かれていた（写真28）。これらは，避難生活から戻った後，自宅敷地内の表土を剥いで除染した際の土壌や石が詰められている袋だった。一角には，土壌を盛った小山がありブルーのシートで覆われていた。

写真28　庭の端に寄せられた汚染土

　それらの袋の約1ｍ上で測定した放射線量は，0.12 μSv/hだった。これは，年間 1.05 mSv の被ばく線量にあたるが，独立行政法人 放射線医学総合研究所の「放射線被ばくの早見図」[27]によると，この数値ならば生活には問題はないことになっている（図6）。

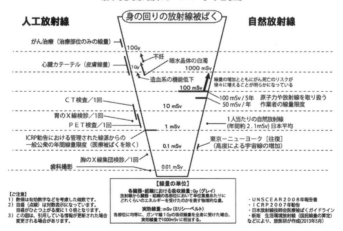

図6　独立行政法人　放射線医学総合研究所「放射線被ばくの早見図」
（文献27から出展）

袋に入っている土壌そのものに近づけて線量を測定すると，0.22μSv/h と 2 倍近くの値を示した（写真29）。これは，年間 1.93 mSv の被ばく線量である。この値でも，健康への影響はないといわれている。また，この年間の被ばく線量は，仮にこの袋やシートの上に 24 時間 365 日居続けたとした場合のものである。ただし，現実的にはそのような生活は送らないので，実際の生活での被ばく線量は基準の年間 1 mSv を下回ると思われる。

写真29　線量に問題はない

写真30　福島市内の閑静な公園

(2) 公園

午前 11 時くらいの公園には誰もいなかった。真夏の昼時なので，もともと人出が少ない時間帯なのかもしれないが，休日の公園に誰もいないのは，遊具がきれいな分，より強く寂しさを感じた。砂場には最近遊んだ形跡が残っていたが，遊具の周りに草も生えているから，遊びに

写真31　放射線モニタリングポスト

来る人は少なそうであった（写真30）。公園の入り口にモニタリングポストが設置されていた（写真31）。示していた数値は 0.106μSv/h であった。

(3) 田んぼ

公園の近くには小学校があり，通学路の横には田んぼがあった。いずれの田んぼも，草刈りなどの手入れや管理は行われているようだが，稲などの作物が耕作されている様子はなかった。公園から少し離れた場所に，耕作されていない大きめの田んぼがあった。先ほどの田んぼに比べると草刈りなどの手入れがされていないようで，収穫時に地面に落ちたであろうモミから成長して生き続けている稲や，ツユクサなどが茂っていた。いわゆる，耕作放棄地になりつつ

あるような田んぼと思われた（写真32）。

道路の傍の水路で線量を測定すると，線量は地面から約 0.5 m の高さで，0.88 μSv/h であった。いわゆる，ホットスポットである。このような状況になった理由は，表土が剥ぎ取られていないことに加え，他の土地より地面が低いという田んぼの構造上の理由で，雨水などで他所から被ばくした土壌や落ち葉などが流れて滞留したことが考えられるそうである。

写真32　耕作していない田んぼ

(4) 信夫山公園

スマートフォンでの検索で "信夫山公園[28]" という場所が見つかった。Wikipedia によれば「信夫山一帯は公園として整備されており，南側斜面には福島市街地に向け第1展望台，さらにその上側に第2展望台，西側には烏ヶ崎という山頂があり，近年整備が行われウッドデッキの展望台が設けられている。『となりのトトロ』主題曲 "さんぽ" のモデルとなった場所」とあったので，福島市街地に向いていて標高が高いという第2展望台の方へ行った。車を信夫山公園第2展望台駐車場に止めて，そこから第2展望台まで，整備された歩道を10分ほど歩いて登った（写真33）。

写真33　信夫山公園へ

遊歩道として整備されているとはいえ，"さんぽ" のモデルとなった場所だけあって，急な坂道や階段に砂利道もあり，真昼の高い気温の中，カメラや三脚を抱えての行程では，展望台に到着するころには皆汗だくになってしまった。

途中，落ち葉が堆積している場所の地表面で線量を測定したところ，0.46 μSv/h であった（写真34）。かなり高い数値である。やはり，落ち葉は腐食してなくなっても，落ち葉などに付

写真34　信夫山公園の林の線量

着した放射性物質は，そのまま残留しているのであろう。第二展望台にある案内板と同様のアングルで撮影した（写真35）。右手奥がJR福島駅方向（南）にあたり，阿武隈川の向こうの山の麓は渡利地区である。

写真35　信夫山からみた福島市街

(5) 除染土集積地

福島市内で，除染のため取り除かれた土壌を集積している場所に出会った。かなりの量が集積されているようで，黒い袋が城壁のように積み上げられていた。

集積地に隣接する建物への入口につづく坂道を上ってみたところ，想像以上の袋が集積されていた。袋のいくつかは口が閉ざされておらず，土壌がこぼれたり，草が生えたりしていた。

写真36　集積された汚染土の入ったビニール袋

袋に書かれた数値のS-XXXは管理用の番号，0.15や0.24という数値は線量（μSv/h）を表しているものと推測された（写真36）。

写真37　除染情報プラザ

(6) 除染情報プラザ[29)]

JR福島駅近くの商業ビルの1階にある除染情報プラザに伺った（写真37）。除染情報プラザは，環境省の施設で，除染や放射線に関する最新の情報を伝える拠点として設置された施設である。

写真38　子供向けの紙芝居

内部を撮影する許可を得て，展示を見て回った。より多くの方々に最新の情報を知ってもらえるように，子供向の紙芝居（写真38）や，中高生用のパンフレットが用意されていた。実際に放射線を測定するブース（写真39）や，パネルや

映像あるいはパソコンなどを利用したわかりやすい展示の他，被ばく早見表などのパネルが展示されていた（写真40）。

特に，充実していた展示は，除染に関するものであった。除染の方法や効果や除染ででた土壌の処理について，模型や映像で説明されていた（写真41）。また，放射線測定器も展示してあった（写真42）。実際に除染ででた土壌を入れる袋(除去物収納袋)の実物も展示されていた。袋は，想像以上に頑丈な構造をしていた。

福島県内の除染の計画や進行状況を紹介するブースも設置されていた。9月からは，除染情報プラザのスペースを広げて，福島県内の各市町村の除染に関する情報を，これまで以上に提供できるようになるとのことであった。この除染情報プラザの一角に，「きっかけバス」の記録があった。その中に，佐賀大学の学生を中心としたグループの活動も掲載されていた[30]。

（米満 潔）

写真39　放射線を測定するブース

写真40　被ばく早見表

写真41　除染のやり方

写真42　放射線測定器

引用・参考文献資料

1）デジタル表現技術者養成プログラム：
http://net.pd.saga-u.ac.jp/digi-pre/
2）福島県ガイド・語り部総合案内：
http://www.tif.ne.jp/omotenasi/hamadori/cat-kataribe.html
3）震災復興語り部（気仙沼観光コンベンション協会）：
http://www.kesennuma-kanko.jp/guide.html
4）未来へ語り継ぐ陸前高田〜陸前高田観光ガイド〜（陸前高田市観光物産協会）：
http://www.3riku.jp/kanko/kanko-guide/kanko-guide.html
5）東日本大震災 被災地の復旧・復興に向けて（農林水産省ホームページ：aft 2014年2月号）：http://www.maff.go.jp/j/pr/aff/1402/mf_news_00.html
6）飯舘村―震災遺構の飯舘村を伝える情報サイト―：
http://www.vill.iitate.fukushima.jp/saigai/?p=11892
7）福島第一原発力発電所（東京電力）：
http://www.tepco.co.jp/nu/f1-np/press_f1/2014/2014-j.html
8）東電福島原発事故―福島原発・放射能に関する最新情報―：
http://www.kantei.go.jp/saigai/anzen.html
9）富士フイルムファインケミカルズ株式会社：
http://fffc.fujifilm.co.jp/
10）塩屋埼灯台（ウィキペディア）：
http://ja.wikipedia.org/wiki/%E5%A1%A9%E5%B1%8B%E5%9F%BC%E7%81%AF%E5%8F%B0
11）NHK ワールドプレミアム，福島県飯舘村：被災地からの声
2014年8月13日（水）放送 26分
12）「相馬野馬追祭り」公式サイト：http://www6.ocn.ne.jp/~nomaoi/
13）リアス・アーク美術館，東日本大震災の記憶と津波の災害史：
http://rias-ark.sakura.ne.jp/2/sinsai/
14）東日本大震災で確認された津波の高さ：
http://www2.ttcn.ne.jp/honkawa/4363b.html
15）歴史的な津波の一覧：http://ja.wikipedia.org/wiki/
16）駿府政事録：慶長16年（1611年）8月〜元和2年（1616年）までの，駿府城における漢文で記した政治録・日記。全9巻。
17）クローズアップ東北，「400年間前からの警鐘〜慶長の津波・研究最前線〜」
2014年7月14日放送（9月6日（土）再放送） 26分
18）「普通の波と津波の違い」「高さ50cmの津波の威力」：
https://www.youtube.com/watch?v=CFyHZHjOZZI

19) 高潮発生のメカニズム（国土交通省）：
http://www.mlit.go.jp/river/pamphlet_jirei/kaigan/kaigandukuri/takashio/1mecha/01-2.htm
20) 1960年に発生した歴史上最大級といわれるチリ地震：
http://matome.naver.jp/odai/2139642205267365101
21) NHKスペシャル東日本大震災▽悲劇にどう向き合うのか〜大川小・4年目の遺族 -:
http://www.nhk.or.jp/special/detail/2014/0725/
22) 明日へ ―支えあおう― 証言記録 東日本大震災32,「宮城県気仙沼市 〜杉ノ下高台の戒め〜」, 2014年8月31日（日）放送 49分
23) 内閣府 防災情報のページ：
http://www.bousai.go.jp/jishin/tsunami/hinan/index.html
24) 復興への道をひた走る―「商人の町」女川の挑戦：
http://politas.jp/features/4/article/335
25) 明日へ―支えあおう― 復興レポート,「震災の記憶を未来につなぐ〜宮城県・気仙沼市〜」, 2014年8月24日（日）放送49分
26) 明日へ―支えあおう― 復興レポート,「二つの"故郷"を生きる〜福島・広域避難者〜」, 2014年7月20日（日）放送 51分
27) 「放射線被ばくの早見図」 独立行政法人 放射線医学総合研究所
28) 信夫山 http://ja.wikipedia.org/wiki/%E4%BF%A1%E5%A4%AB%E5%B1%B1
29) 除染情報プラザ：http://josen-plaza.env.go.jp/
30) きっかけバス佐賀：
https://www.youtube.com/channel/UC1nk9kdydhhp5yGBvHN-GUQ

第2章　教材作成と学生の成長

2.1　学生が作成したドキュメンタリー作品

　ドキュメンタリー（documentary）とは，テレビ番組などのノンフィクションの記録映像で，「取材対象に演出を加えることなく，ありのままに記録された素材映像を編集してまとめた映像作品」である．ドキュメンタリーに似たものに報道があり，いずれも社会問題を取り上げることが多い．報道は客観性や中立性を優先する．それに対してドキュメンタリーは，制作者の主観や世界観を前面に押し出し，事実や事象を解説するというより，人の心の動きを重視して事実や事象及びそれらが抱える課題などを制作者の主観的な見方に沿ってリアルに描き出す．

　デジタル表現技術者養成プログラムの学生たちは，彼らの修了研究として3.11東日本大震災被災地を取材した際に得られた情報や映像を基に，防災教育教材として利用できるようなドキュメンタリーを制作することになった．東日本大震災で被った東北地方の損害は計り知れない．しかし，人々は絶望のどん底から必死に立ち上がってきており，そこには人の生き方を学ぶものが多い．学生が，実際に被災地に行って，見て，聞いて，感じたことを，ドキュメンタリー作品にすることを試みた．デジタル表現技術者養成プログラムの授業で習った動画や静止画の編集スキルを活かしながら，オムニバス形式でグループで一つの作品になるように制作を試みた．

　ドキュメンタリーにおいて，ナレーションは制作者の意図を展開する重要な役割を果たす．そのため，映像にマッチした声質や表現能力を持ったナレーターが起用される．テレビ局などのドキュメンタリーには，アナウンサーや専門のナレー

ター，あるいは俳優や芸能人といった職業の人々が起用されている。しかし，ここでのドキュメンタリー制作は教育プログラムの一環であるので，ナレーターの体験をすることも重要視し，さらに学生の持ち味を生かすために，自分の作品のナレーションを自分の声で行って制作することを試みた。

2.2 ドキュメンタリーの構成とシナリオ

題目は，「ドキュメンタリー作品 2014年8月－東日本大震災被災地を訪ねて－」とし，「第1章　千年に一度の巨大津波」，「第2章　福島第一原発事故の影響」，「第3章　被災地で生きる」，「第4章　復興」の4つの章で構成した。各章は10分程度にした。さらに,学生らの行動をまとめた作品「番外編　ドキュメンタリー制作に挑む学生を追う」の制作を大学院生が担当した。それらのシナリオ（最終版）を次に示す。なお，ここに示すシナリオは，作品全体の統一感を出すために，また分りやすい教材にするために，学生が書いたオリジナルのシナリオに教員及び職員が加筆・修正したものである。

(河道　威)

(1) 第1章　千年に一度の巨大津波

時間／全体	シーンの長さ	(S)：シーン内容 (T)：テロップ　Q：質問	(NA)：ナレーション (話)：インタビュー
00:00	00:08	(S) グレーバック (T) 第1章　千年に一度の 　　巨大津波	
00:08	00:34	【プロローグ1】 (S) グレーバック　(音) 波の音 (T) 2011年3月11日14時46分 三陸沖を震源とする大きな地震が発生した その40分後，巨大津波が東北の東海岸部を襲った 沿岸から数キロ内部まで押し寄せ,何もかも飲み込みながら，多くの	

第2章 教材作成と学生の成長

		町を破壊し，多くの命を奪った千年に一度といわれる巨大津波であった	
00:42	00:12	【プロローグ2】 (T) それから約3年半経った2014年8月 私たちは被災地を訪ねた そこで，実際に見て，聞いて，感じたことを伝えるべくドキュメンタリー制作に挑んだ	
00:54	00:06	【タイトル】 (T) ドキュメンタリー作品 2014年8月 東日本大震災被災地を訪ねて 第1章 千年に一度の巨大津波	
01:00	00:15	【語り部・實吉さんの紹介】 (S) 写真：道の駅高田松原前で (S) 写真：気仙中学校（廃校）前で (T) 岩手県陸前高田市 (T) 陸前高田観光物産協会副会長 　　實吉 義正さん	(NA) 陸前高田観光物産協会の副会長の實吉（みよし）さんに，町の被災状況や津波の性質，災害時の先人の残した教訓について話を聞くことができました。
01:15	00:24	【消失前の陸前高田市の町の説明】 (S) ビデオカメラの映像 　　・實吉さんの話 (T) 實吉さんの話の内容	(話) この町はですね。津波に会う前はこんな風景ですね。ここ見ていただくとわかりますけども。この建物があった場所はここですね。ここがそうなんですけどね。そうするとこれが国道です。皆さんの左手の方には全部こんな町があったんですね。
01:39	00:04	(S) ビデオカメラの映像 　　・道の駅高田松原前 (T) 實吉さんの話の内容	(話) それが，今見ると何もかもなくなっていますから。
01:43	00:17	【東日本大震災の被害状況】 (S) 写真：ボランティアの人たちが作った花壇 (T) 東日本大震災の被害状況説明 死者（12都道県）15,890人	(NA) 東日本大震災では，およそ19,000名もの方々が亡くなりました。それは，3月11日の3時21分から4時までのわずか40分ほどの間のことです。

		行方不明者（6県）　2,589人 死者・行方不明者 18,479人 警察庁調べ（2015年2月末現在）	
02:00	00:23	【陸前高田市の被害状況】 (S) 写真：災害前の陸前高田の町 (S) 写真：陸前高田を第1波が襲う (S) 写真：津波が引いて瓦礫の山 (S) 写真：津波によって破壊されたホール	(NA) 陸前高田市の犠牲者は，1,763名，そのうち207名が未だ行方不明です。近隣の市や町から仕事に来ていた人，買い物に来ていた人も入れると，あの日陸前高田市で亡くなられた方は，2,000名に近いと言われています。
02:23	00:24	(S) ビデオカメラの映像 ・實吉さんの話 (T) 實吉さんの話の内容	(話) こういうことは絶対経験したことがないですよ。火葬場が無いんだよね。地元の火葬場は自家発電でやっと1基だけ動いている。青森県，秋田県，山形県の火葬場も全部満員なんですよ。あの時は，東北地区の遺体が全部，とにかく東北地区の火葬場で順番待ちなんですよ。
02:47	00:05	【津波の状況】 (S) ビデオカメラの映像（音声無） ・陸前高田市風景	(NA) 実際の津波は，どのようなものだったのでしょうか？
02:52	00:27	(S) ビデオカメラの映像 ・實吉さんの話 (T) Q：巨大津波の様子について (T) 實吉さんの話の内容	(話) 今回の東日本大震災の地域のなかで，陸前高田市は津波の高さが一番高かったところです。一番高い場所で，17m60cmという波が来ていますね。あそこに「道の駅高田松原タピック（TAPIC）45」とブルーの文字が書いてありますね。あそこが，波の通過点（15m35cm）ですから。
03:19	00:26	【津波の性質1】 (S) ビデオカメラの映像 ・實吉さんの話 (S) 高波の3DCGアニメーション (T) 高波の場合 (S) 津波の3DCGアニメーション (T) 津波の場合	(話) 津波っていうと，波という字がついていますから，どこかで1回崩れるという風に想像されると思いますが，津波は崩れない。津波はあの高さの15m80cmの水の壁なんですね。向こうの山か

		(T) 實吉さんの話の内容	らこちらの山まで間の幅でそのまま進んでいくんですね。
03:45	00:20	(S) ビデオカメラの映像 　・實吉さんの話 (T) Q：津波の速度について (T) 實吉さんの話の内容	(話) 画面いっぱいに水が映るとスピード感がないんですよ。あの時どのくらいの速度で進んで来たかというとね，時速50kmを超えています。ですから，道路の真ん中あたりで，津波を見てから，走って逃げようたって絶対間に合わない。
04:05	00:06	(S) ビデオカメラの映像 　・津波で破壊された道の駅高田松原タピック45の建物	(NA) 津波は鉄筋コンクリートの壁に大きな穴をあけています。
04:11	00:48	(S) ビデオカメラの映像 　・實吉さんの話 (T) 實吉さんの話の内容	(話) 津波で何で鉄筋コンクリートの壁に穴があくかということですね。 実は，津波は1回来て終わりではないんですよ。今回も3時21分に第1波が来てですね，4時までの間に5回から6回，10m以上の波が来ているんですね。その波が全て時速40km，50kmで行ったり来たりしますから。最初に来た時に，ほとんどの木造の建物が全部破壊されますね。そうすると，柱だとか梁がバラバラになります。それが今度コンクリートにぶつかると，こういう風に壁に穴があくんですね。だから，建物が破壊されるというのは，水の力と木材など，そういったものがぶつかることによって穴があきます。
04:59	00:18	(S) ビデオカメラの映像 　・道の駅高田松原タピック45の建物の破壊状況	(NA) このように津波は，その高さだけでなく，速さによってさらに破壊力を増します。また，破壊された建物から出た木材が，何回も繰り返す津波に乗って，別の建物にぶつかり，被害を甚大にして

			いきます。
05:17	00:15	【津波の性質2】 (S) 写真：陸前高田の旧市街地 　　　　（物産センター） (S) 写真：高台の家 (T)「津波の高さは，40mにも達した・・・」	(NA) しかし，高さ10mと言われた津波が，時として標高20mや40mのところまで達したという記録が残っています。それはどういうことでしょうか？
05:32	00:32	(S) 駆け上がる津波の3DCGアニメーション (T) 駆け上がる津波 (S) 上に向かう津波の3DCGアニメーション (T) 上に向かう津波 (T) 實吉さんの話の内容	(話) 進んでくる途中に，坂や階段があると駆け上るんですね。15mの高さで来た波が20mの上を越えているということですね。津波は高さとか，それだけではないです。 狭くなると，水の力は上に向かうんですね。湾口が狭いと，波が低くても，集まった水は，そのエネルギーが全部上に向かうんですね。だから，津波の高さが10mでも40mの高さにある家が流されている。
06:04	00:16	(S) ビデオカメラの映像 　・南三陸町歌津の海岸 　・波に漂う海鳥	(NA) 津波の力は，半島の出っ張り具合や，震源地に向かった角度など，地形によって異なります。そのため，波が高いから被害が大きい，低いから被害が少ないとは一概には言えません。
06:20	00:19	【近世の三大津波】 (S) ビデオカメラの映像 　・實吉さんの話 (T) 近代の3大津波 ----------------------------------- 明治29年（1896年）三陸津波 昭和8年（1993年）三陸津波 昭和35年（1960年）チリ地震津波 (T) 實吉さんの話の内容	(話) 近世だけでも，大きな津波って3回来ていますから。一つは明治29年ですね。それから昭和8年ですね。それから，一番近かった津波は，昭和35年ですね。
06:39		(S) ビデオカメラの映像	(話) 昭和35年の津波はね，覚

	00:19	・實吉さんの話 (T) 實吉さんの話の内容	えている人はまだ沢山います。実は三陸津波ではないですね。どこで発生した津波かというと，チリで発生した，チリ地震津波って言われているのは，昭和35年(1960年)です。その津波なんですね。
06:58	00:12	【先人たちの教訓1】 (S) ビデオカメラの映像(音声無) 　・陸前高田市 希望の架け橋 (T) 先人たちが伝える教訓	(NA) 今までも東北地方に津波が来ていなかったわけではありません。先人たちが遺した教訓が今も伝えられています。
07:10	00:25	(S) ビデオカメラの映像 　・實吉さんの話 (T)「津波の二度逃げ」 (T) 實吉さんの話の内容	(話) 先人が遺した津波に対する教訓が残ってるんですよ。その一つが,「津波の二度逃げ」という言葉なんですね。「二度逃げ」というのは，1回高いところへ逃げても，もしかしてもっと高い波が来たら困るかもしれない，ということで上に逃げることを「二度逃げ」と言うんです。
07:35	00:26	【先人たちの教訓2】 (S) ビデオカメラの映像 　・實吉さんの話 (T)「川沿いには逃げるな」 (T) 實吉さんの話の内容	(話) それからもう一つはですね，「川沿いには逃げるな」と言われてますね。川沿いに避難すると，必ず津波が上りますよ。今回もこの川を8km上りました。上った高さは10mを越えているんですよ。はるかに堤防を越えていますよね。だから，川沿いには避難するなというのは，昔から言われてきたことなんですね。
08:01	00:29	【先人たちの教訓3】 (S) ビデオカメラの映像 　・實吉さんの話 (T)「距離でなく高さで逃げろ」 (T) 實吉さんの話の内容	(話) もう一つ，昔の人が遺した言葉というのは，津波の避難は，「距離ではなく高さで逃げろ」と言われている。人間はね，心理的に来るものから逃れたいからね，遠くへ行こう，遠くへ行こうとするんですね。何でもいいから高い

			とこへ行けっていうのが津波の逃げ方なんですね。
08:30	00:36	【先人たちの教訓４】 (S) ビデオカメラの映像 ・實吉さんの話 (T)「津波てんでんこ」 (T) 實吉さんの話の内容	(話) 実はね，この辺はもう一つの言われている言葉があるんですよ。津波は「てんでんこ」だという言葉がありましてね。「津波てんでんこ」というのは，「てんでんバラバラ」のてんでんなんです。津波の時は，私とあなたは知りませんから，勝手ですよ。これはね，非常には冷たい言葉ですけども。本当の意味はね，自分の命は自分で守れってことを言っているんですよ，「津波てんでんこ」は。
09:06	00:10	(S) ビデオカメラの映像（音声無） ・實吉さんの話している様子 ⇒ホワイトアウト	(NA) 避難の方法についてもう一度，一人ひとりが見つめ直す必要があるのではないでしょうか。
09:16	00:13	【津波火災】 (S) ビデオカメラの映像（音声無） ・安波山から見た気仙沼港 (T) ＜津波火災＞	(NA) 津波が来ると，壊れた家屋や車を火元とする火災が発生することも忘れてはなりません。これが，津波火災とよばれるものです。
09:29	00:19	(S) ビデオカメラの映像（音声無） ・気仙沼港の火災跡 (T) 気仙沼港沿岸の津波火災の跡 (S) ビデオカメラの映像（音声無） ・石油備蓄タンク跡 (T) 石油備蓄基地跡	(NA) 地震や津波によって道路が崩壊したり，建物の崩壊による瓦礫が道路を塞いでしまったりします。そのため，発生した火災の消火活動ができず，火災が大きく広がってしまいます。
09:48	00:08	(S) ビデオカメラの映像（音声無） ・鹿折地区の見学台からの風景 (T) 気仙沼市鹿折地区の見学台で	(NA) 気仙沼市は，漁業の町で，船の燃料を備蓄していたタンクのほとんどが流出したこともあり，多くの津波火災が発生しました。
09:56	00:25	【気仙沼市の津波火災の状況】 (S) ビデオカメラの映像 ・臼井さんの話 ・鹿折地区の風景 (T) 気仙沼観光コンベンション 　協会 臼井 亮さん	(話) この場所は，市内でも一番燃えた場所ですね。 あそこは造船所ですね。海もちょっと見えますよね。 造船所の前の海で船がぐるぐる

		(T) 臼井さんの話の内容	回って，それでさっきの油タンクも。
10:21	00:16	【避難について】 (S) ビデオカメラの映像 ・車窓から見る気仙沼市	(NA) 皆さんは，地震が発生して津波が来るまでの間，どのような行動をとりますか。東日本大震災では，地震発生後，津波はおよそ40分で沿岸まで到達しました。
10:37	00:20	(S) 写真：津波で壊れた波路上水門 (S) 写真：向洋高校前の道路際 (S) 写真：気仙沼向洋高等学校 (S) 写真：高校の西側の地福寺辺り (T) 気仙沼市階上地区	(NA) 今回の津波災害において，避難所の指定方法にも多くの問題が浮き彫りになりました。3方向を海に囲まれた気仙沼市の階上（はしかみ）地区は防災意識が高く，日ごろから避難訓練を実施していました。
10:57	00:26	(S) ビデオカメラの映像 ・臼井さんの話 (T) 臼井さんの話の内容	(話) 実は，ここ住宅が本当にたくさんあってですね。その方達が避難する自治会館があったんですよね。その自治会館が避難場所に指定されていたんですよ。ここの近くにあったんですけども。そこの自治会館が津波で流されたんですよ。避難場所だったのが。皆さんそこに逃げて来てたんですよ。信じていたというか，そこが避難場所だったので。
11:23	00:12	(S) 写真：杉ノ下高台	(NA) 杉ノ下高台は行政が指定した避難場所であったにも関わらず，避難所が津波に飲まれたために多くの人が亡くなりました。
11:35	00:06	(S) 写真：南相馬鹿島地区の海岸 (T) 南相馬市鹿島地区の海岸	(NA) 南相馬市鹿島地区もその一つでした。
11:41	00:12	【語り部・神田さんの話】 (S) ビデオカメラ映像 ・道の駅南相馬 (T) 南相馬市観光ボランティアガイド 神田 薫さん	(NA) 南相馬市で観光ボランティアをされている神田さんは，津波が発生してから到達するまでの時間が十分にあったにも関わらず，犠牲者が出たことを，とても悔やんでいます。

時間/全体	シーンの長さ	(S)：シーン内容 (T)：テロップ　Q：質問	(NA)：ナレーション (話)：インタビュー
11:53	00:37	(S) ビデオカメラの映像 　・神田さんの話 (T) みちのく鹿島球場 (T) 神田さんの話の内容	(話) 大きな地震が来たときは，大きな津波が来る。早く逃げろってな。今度の場合は，「大事な物持っていかなければならね」とか何とか言ってね，車さ考えながら積んで，「あっ，隣のじいちゃん，ばあちゃん連れていかねば」といった人が皆流されたんだって。40分あったのに。地震があってから，津波が来るまで。だから，逃げられたんだって。あれを持って行く，これを持って行くって，車に積んでね。遅れたのな，みんな。
12:30	00:21	【エピローグ】 (S) ビデオカメラの映像（音声無） 　・鹿島野球場から海岸を臨む風景	(NA) 災害に対して知識が必要であること，そして大災害に対してどのように向き合っていくのか，これからも，私たち一人ひとりが考えなければなりません。
12:51		⇒グレーへフェード	

(2) 第2章　福島第一原発事故の影響

時間/全体	シーンの長さ	(S)：シーン内容 (T)：テロップ　Q：質問	(NA)：ナレーション (話)：インタビュー
00:00	00:07	(S) グレーバック (T) 第2章　福島第一原発事故の影響	
00:07	00:08	【プロローグ】 (S) 写真：誰もいない小学校 　　　　（飯館村） (S) 写真：みちのく鹿島球場の壊れた窓 (音) シャッター音で写真を切替	
00:15	00:16	(S) 写真：鹿島地区の耕作していない田んぼ (S) 写真：草が生い茂る田んぼ	(NA) あの福島第一原発事故から3年半経った2014年8月，福島県の広野町，飯館村，南相馬，福

		（飯舘村）	島市を訪問しました。
00:31	00:13	（S）写真：草の生えた玄関先 　　　　（飯舘村） （S）写真：壊れたままの家 　　　　（小高地区）	（NA）人気のない町，草が生えた玄関，壊れたままの家，草ぼうぼうに荒れた田んぼ・・・。
00:44	00:24	（S）写真：汚染土の仮置き場となった田んぼ(飯舘村) （S）写真：除染後，汚染土がそのままの田んぼ(飯舘村) （S）写真：校庭の隅に置かれた汚染土（飯舘村） （S）写真：黒い袋（福島市の汚染土集積所） （S）写真：放射線量モニタリングポスト（小高地区） （S）写真：放射線量モニタリングポスト（飯舘村）	（NA）至る所に置かれた黒いビニール袋の山，そして太陽電池のついた放射線量モニタリングポスト・・・。 マイクロシーベルトという単位が，日常の生活に使われているのです。
01:08	00:07	【タイトル】 （T）ドキュメンタリー作品 2014年8月 東日本大震災被災地を訪ねて 第2章　福島第一原発事故の影響	
01:15	00:35	【富士フイルムファインケミカルズ株式会社・広野工場を訪問】 （S）ビデオカメラの映像 　・車窓から広野工場入口 （T）～富士フイルムファインケミカルズ株式会社～ 　・医療原薬などの製造を行っている 　・広野工場が福島原発から約20kmの位置 （S）ビデオカメラの映像（音声無） 　・秋田さんが解説している様子 （T）富士フイルムファインケミカルズ株式会社　秋田 英博さん	（NA）福島第一原発事故から月日が経った福島の今を取材するために，福島県広野町にある富士フイルムファインケミカルズ株式会社の秋田さんを訪ねました。 秋田さんに，震災後，福島の雇用がどのように変化したのか，また原発事故から今まで，どのような取組をされてきたのか，そして福島の人が，今，どのような状況に直面しているのかについて，話を聞きました。
01:50		（S）ビデオカメラの映像 　・秋田さんの話	（話）この広野町は第一原発から21km圏内にあるんですけども，

	00:42	(海側を向いて) (T) 秋田さんの話の内容	早くから帰還ができて工業団地が立ち上がってきました。隣町が楢葉町・富岡町となりますが，住民が住んではいけません，という地域になっています。 ちょうどそこの鉄塔から先が住んではいけません。お陰様で広野町の工業団地は15社あったんですけども，13社が立ち上がりました。早急に立ち上げました。そういう意味でも雇用の場があったということがあって，広野町の住民全てが戻ってきたわけではないですが，戻るきっかけにはなるということですね。
02:32 01:05		(S) ビデオカメラの映像 ・秋田さんの話 (山側を向いて) (T) 秋田さんの話の内容	(話)芝生とか全部張り替えてあります。道路も汚染していましたんで，全部道路の瓦礫を取ると置き場がないんですよ，工場全体が広いので。ここに3cmの上塗りをしたんですね，アスファルトでオーバーレイをして，遮蔽している。あと山，グランド，今ようやく草が出てきましたけど，5cmほど土を全部はぎ取っています。3μ Sv/hとか4μ Sv/hあった。 最初から正しい知識を持ったグループ会社がいたので，そこの知恵を借りながら進めた，ということで当社が助かって，当社が助かるんだったらみんな助けようと。放射線の専門会社がありますんで，富士グループで。そこが入りましたから，毎日のように入って，測定して除染して，測定して除染して，正確な情報を行政にも流していたと。それで広野町自体も非常に助かったということもありますね。

03:37		(S) ビデオカメラの映像 ・秋田さんの話 (T) 秋田さんの話の内容	(話) 家の中，部屋の中，工場の中をなんとか除染しないと，社員を工場の中に入れられないし，生産工場として成り立たないということで，工場の中をはじめ，この部屋もこういうガラス張りの隙間を通って中に全部入っています。実はカーペット全て交換しています。どうしても下に付いていますから。埃に付きましたから，全部。
	00:28		
04:05	00:23	(S) ビデオカメラの映像 ・秋田さんの話 (T) Q：原発事故以後の福島の雇用状況について (T) 秋田さんの話の内容	(話) 新しい生産工場を呼ぼうとしてもなかなかリスクがあるので，特別な大きいメリットがなければ絶対来ないと思いますので。技術者の方が何十名か来るだけで，地元の雇用の場には，廃炉関係の仕事になってしまうので難しいかなと。
04:28	00:20	(S) ビデオカメラの映像 ・秋田さんの話 (T) Q：福島原発の廃炉作業の現状について (T) 秋田さんの話の内容	(話) ここで働いている人は日本全国から集めて来ていますけど，どうしても線量浴び過ぎちゃうと，そこに入れないんですね。だから次から次と作業される方を変えているということで，技術者は少なくなってきているというのが現状です。
04:48	00:24	(S) ビデオカメラの映像 ・秋田さんの話 (T) Q：会社として今大切にしていること (T) 秋田さんの話の内容	(話) 輸送会社は，ものすごく教育しました。輸送会社自体のトラックが汚染しています。荷台が汚染していたら，折角きれいな製品が汚染されて行ってしまいますと。そこの荷台に上がるのには履き替えて。違う履物とか，荷台の清掃とか，そこまでやっています。未だにやっています。
05:12	00:13	(S) ビデオカメラの映像（音声無） ・秋田さんの話	(NA) また，従業員は津波で家を無くし，放射線で汚染されたということもあって，不安を抱えなが

			ら仕事をしているので，心のケアがとても重要だと強調されていました。
05:25	00:14	(S) ビデオカメラの映像 ・秋田さんの話 (T) Q：被災した従業員の心のケアについて (T) 秋田さんの話の内容	(話) カウンセリングを受けていただくということで，何とか聞いていただくことによってちょっとは安らぐのかなと。力を入れてやっていますよ。
05:39	00:14	(S) ビデオカメラの映像 ・秋田さんの話 (T) 秋田さんの話の内容	(話) 連携をしないと一人では生きられない。みんなで困ったときは連携しましょう，というのが一番大事かなと思うんですね。一人では生きられないんです。
05:53	00:30	【除染情報プラザ】 (S) ビデオカメラの映像 ・除染情報プラザの建物外観 ・除染情報プラザ看板 ・除染プラザ内の映像 ・新聞「福島の今」	(NA) 福島駅の傍に「除染情報プラザ」があります。 除染情報プラザは，福島第一原発の事故に関する資料が集められ，除染や放射線に関する最新の情報を伝える拠点となっています。今も，放射能や除染情報が集められ，福島県民の安全な生活に向けて情報が発信されています。
06:23	00:12	【福島市にお住まいの方の話】 (S) 写真：福島駅付近の除染中を示す看板 (S) ビデオカメラの映像 ・公園の放射線量モニタリング (T) ＜福島市は福島第一原発から約50km＞	(NA) 福島市は福島第一原発から，およそ50km離れています。
06:35	00:11	(S) ビデオカメラの映像 ・福島市の民家の玄関の横，庭	(NA) 福島市にお住まいの方に話を聞きました。お伺いしたお宅は，閑静な住宅街にある一戸建てのお住まいでした。
06:46	00:26	(S) ビデオカメラの映像 ・誰もいない公園の様子 (T) 誰もいない公園 (S) ビデオカメラの映像 玄関の三輪車	(NA) しかし，この町にも原発事故の影響がありました。 放射線は目に見えないので，分らないというのがあって，原発事故の影響が，健康や教育といっ

		子どもが家で遊ぶ様子 (T) 子供たちは家の中でしか遊べない	た面で，子どもの将来に関わってくることを親として心配されています。また，原発事故により近所との関係が変化したこともあったそうです。
07:12	01:00	(S) ビデオカメラの映像 ・市民の方の話 (T) 市民の方の話の内容	(話) 福島市でも生活していて，周りは「もう大丈夫だよね」って心配することにも疲れて，「皆，行政とかも大丈夫だと言っているし，大丈夫だよ」と言っている人と，何か言えないけど心配っていう人と，まだまだ心配だから福島市にはもう帰れないし，もう子どもが二十歳になるまで絶対帰って来ないと決めた人とか，同じ福島市内でもバラバラで，その答えが無いんですよね。だから，自己判断に任せられていて，そこで団結できないというか，住民間での溝っていうか，そんなのを感じたりしていますけど。
08:12	00:04	(S) ビデオカメラの映像 ・食卓の様子 (T) 原発事故後，食卓にも大きな影響が・・・	
08:16	00:33	(S) ビデオカメラの映像 ・市民の方の話 (S) 梅や豆の放射線測定結果 (T) 野菜等は時々放射線測定を依頼して確認！ (T) 市民の方の話の内容 ⇒ホワイトアウト	(話) 北海道のスイカに，山梨の桃に，とこういう悲しい現実なんですよね。私はもう60なんだけど，うちには畑もあるんで，畑のものを収穫して食べて，という生活をしてきているから，もういいやと思って食べてはいるんですけど，やっぱり若い人たちは，食べ物に関しては，一番注意をしているので，現実的にこういうのを食べているんですよね。

08:49	00:20	【エピローグ】 (S) ビデオカメラの映像 　・信夫山からみた福島市 (T)「原発事故の影響によって苦悩の日々が続いています。」	(NA) 原発事故により，多くの人の生活が一変しました。しかし，その中で懸命に生きようとする人々の強い姿が見えました。自然災害はどこで起こるかは，予測できません。福島で起こったことは，決して他人事ではありません。
09:09	00:18	(S) ビデオカメラの映像 　・耕作していない田んぼ 　　（福島市内） 　・花のアップ	(NA) 東日本大震災の津波は未曾有の巨大津波でした。しかし，400年前，伊達正宗や徳川家康の時代にも，東日本大震災の津波に匹敵する巨大津波があったという記録も残されているのです。
09:27	00:30	(S) ビデオカメラの映像 　・海岸の波，風景 (T) 福島県いわき市	(NA) しかしながら，福島第一原子力発電所は，100年に一度の津波に耐えられる，という前提で設計されていました。今回の事故は，「大災害を意識しながら，事故は起こり得ることを認めつつ，文明の発展に科学を使っていかなければならない」という人類への警告ともいえるでしょう。
09:57		⇒グレーへフェード	

(3) 第3章　被災地で生きる

時間／全体	シーンの長さ	(S)：シーン内容 (T)：テロップ　Q：質問	(NA)：ナレーション (話)：インタビュー
00:00	00:07	(S) グレーバック (T) 第3章　被災地で生きる	
00:07	00:12	【プロローグ】 (S) ビデオカメラの映像 　・海岸と海鳥 (T) 2011年3月11日14時46分 　　東北地方太平洋沖地震 発生	
00:19		(S) 写真：壊れた建物 (S) 写真：壊れたガードレール	(NA) 被災地で暮らしている人がいます。あの大震災で，大きな被

	00:28	(S) 写真：向洋高校（階上地区）	害を受けた場所で，人々が暮らしているということは，福岡にいる私にとって大きな驚きでした。現在，被災地で働く方々は，どのような仕事をして，生活をしているのでしょうか。
00:47	00:06	【タイトル】 (T) ドキュメンタリー作品 　　2014年8月 　　東日本大震災被災地を訪ねて 　　第3章　被災地で生きる	
00:53	00:12	(S) ビデオカメラの映像 　・安波山から見た気仙沼全景 (T) 宮城県気仙沼市	(NA) 宮城県気仙沼市。ここは震災が起こる前から水産業が盛んな街でした。
01:05	00:08	【気仙沼の水産業】 (S) 写真：気仙沼魚市場外観	(NA) 市内に住む6割の人が水産関係の仕事をしています。
01:13	00:20	(S) ビデオカメラの映像 　・魚市場の風景 　・カツオの水揚げ作業の様子 (T) カツオの水揚げ作業	(NA) 現在の魚市場の様子です。マグロ，カツオ，サンマは国内有数の水揚げ量を誇ります。市場の中を水揚げされた魚を積んだトラックが行き交います。
01:33	00:09	(S) 写真：シャークミュージアムの建物（看板）	(NA) 特産品としてフカヒレが有名で，朝になると市場の中はサメだらけになります。
01:42	00:21	(S) ビデオカメラの映像 　・臼井さんの話 　・魚市場の風景 (T) 気仙沼観光コンベンション 　　協会　臼井　亮さん (T) 臼井さんの話の内容	(話) 気仙沼の産業は水産業がメインなので，その水産業が始まらないと我々食べていけない，暮らしていけないので，先にこの魚市場の復旧をしました。この魚市場は東日本で多分，一番大きな魚市場です。向こうまでずっと続いているんですね。
02:03	00:15	【気仙沼の市街地の復興】 (S) ビデオカメラの映像 　・車窓から見る市街地 (T) 市街地の復興の様子	(NA) 街は，至る所で工事が行われていました。地面を嵩上げする盛り土に使う，土と砂利を積んだトラックが道路を行き交います。

02:18	00:14	(S) ビデオカメラの映像 ・臼井さんの話 (T) 臼井さんの話の内容	（話）今，工事をしているのは嵩上げをしているんですよ。全部ですから。まだまだ進んでないですけども，トラックと重機がものすごい数来ているんです。
02:32	00:17	(S) ビデオカメラの映像 ・鹿折地区の造成地 (T) 鹿折地区の嵩上げ工事	（NA）被災地で盛り土をしたり，住宅や工場を作ったりと，土木建設業に関わる人手は多く求められています。しかし，問題もあるようです。
02:49	00:30	(S) ビデオカメラの映像 ・臼井さんの話 (T) Q：土木作業に関する問題について (T) 臼井さんの話の内容	（話）人手不足で，結局水産業の復興もなんですけども，賃金が非常に安いんですよ，もともと気仙沼はですね。土木は，外部からきた大手がすると賃金が高いので，みんなそっちに流れちゃって，市内の復興がぜんぜん進んでいかない。工事も入札とかも，やはり予定金額にならないと入らないので，工事が遅れるんですよね。工事する業者さんがいないんです。
03:19	00:32	(S) ビデオカメラの映像 ・臼井さんの話 (S) 写真：安波山から見た気仙沼の災害復興住宅建設状況 (T) 臼井さんの話の内容 ⇒ホワイトアウト	（話）如実に表れているのは，災害公営住宅という住宅が仮設住宅の後に作られるんですけども，まだ完成してないんですよ。 仮設住宅の期限って，2年だったんですけれども，5年に延長されまして，誰一人出る人がいない，出られないんですね。その災害公営住宅に住みたいんですけども，ビルができていなくて，今一棟も建っていないんです。完成していないんですよ，工事の遅れなんですね。
03:51	00:14	(S) ビデオカメラの映像 ・飯館村の小学校 (T)「震災がもたらしたもう一つの災害」	（NA）一方で東日本大震災は，津波だけでなく，福島第一原子力発電所の事故により，放射線の被害ももたらしました。

		(S) 写真：除染作業中の田んぼ (T) 福島県相馬郡飯舘村	
04:05	00:23	(S) ビデオカメラの映像 ・車窓から見た街の様子 (T) 黒い袋…除染作業により地表から削り取られた，放射線に汚染された土が入れられている ⇒ホワイトアウト	(NA) 住民が避難を強いられた街に人影はありません。代わりに目にしたのは，ショベルカーなどの重機を使って除染作業をしている人たちの姿と，除染作業で出た土を詰めてあるたくさんの黒いビニール袋でした。
04:28	00:10	**【遠藤さんの話・いわき市の復興の現状】** (S) ビデオカメラの映像（音声無） ・遠藤さんの話 (T) 株式会社かねまん本舗 　　専務取締役　遠藤 貴司さん (T) 福島県いわき市	(NA) 福島県いわき市でお会いした遠藤さんは，震災前からかまぼこ会社を営んでいます。
04:38	00:24	(S) ビデオカメラの映像 ・遠藤さんの話 (T) Q：従業員の方について (T) 遠藤さんの話の内容	(話) 震災が起きてすぐ，どうする？と社長と話して，もう一度再建しようということで皆に話したら，ほとんどの方に戻ってきていただいて，今は震災前の従業員でやっていますね。中には定年で退職された方もいますけど，その他の方々は震災前と同じですね。
05:02	00:54	(S) ビデオカメラの映像 ・遠藤さんの話 (T) Q：被災地の労働力不足について (T) 遠藤さんの話の内容	(話) 今は，どこでも人は集まらないです。一番の要因は，復興バブルっていうんですか，建築関係がすごく忙しいんですよ。そこに全部人をとられているので，飲食店なんかも人集まってきませんし，その他も集まってこないですね。今，時給で1,500円出しても集まらない。 大手ゼネコンさんがみんな福島県なんですよ。向いているところが。除染に関しても，建築に関しても，復興に関しても。大手ゼネコンさんじゃないと人を集めるのは無理

		⇒ホワイトアウト	なんですね。町の大きい会社だからといって，人を集められるかというと，全く無理な状態で。だから大手さんが来て，全部割振り合っての人の確保だったりで，なんとか回っている状態なので。
05:56	00:09	【若者たちの就職状況】 (S) 写真：安波山から見た気仙沼 (T) 就職状況について	(NA) 私と同じような学生たちは，学校を卒業し被災地で就職できるのでしょうか。
06:05	00:52	(S) ビデオカメラの映像 　・臼井さんの話 (T) Q：就職状況について (T) 臼井さんの話の内容	(話) 今はですね，就職できる場所というのはたくさんあって，色んな支援で色んな工事とか，色んな水産関係で，工場が出来てきている所もあるんですけれども，実は求人の倍率は非常に高いんですよ。2倍以上ですね。選ばなければですよ。ただ，若い方達っていうのはどうしても水産業とか，要は汚れる作業ですよね，そういう所に就職っていうのはなかなか難しいですよね。もちろん辞める方もいますし。まあ，選んでる人も多いんですよね。ただ若い方達がずっと永久的にってなると，なかなか難しいのかな。
06:57	00:24	【気仙沼に来る人々】 (S) ビデオカメラの映像 　・臼井さんの話 (T) Q：この街に来る人々について (T) 臼井さんの話の内容	(話) 復興支援で来ていて，この街の人と会って，その人と仲良くなったりもあるんでしょうけれども，気仙沼を好きで，そうやって支援してくれる人はすごくありがたいです。そういう人は大事にしたいんですよね。
07:21		(S) ビデオカメラの映像 　・臼井さんの話 (T) Q：この街に来る人々について (T) 臼井さんの話の内容	(話) 外部から入ってくる支援の団体の方が気仙沼に住むっていうのが多いですよね。ボランティアの方が来て，気仙沼

	00:36		に来て,「ああ,いいな」って住み着いちゃうのは多いです。住所・住民票も全部移しちゃって。 学生も多いですよ。まあ,学生っていうか卒業生ですね。ただ地元の学生で何か,っていうとなかなかできないんですよ。 ですから若い方達の意見を取り入れるような街づくりというか,そういう仕組みっていうのが大事なんじゃないかな,と思うんですよね。
07:57	00:30	【「語り部」という仕事】 (S) ビデオカメラの映像 　・臼井さんの話 (T) Q:「語り部」という仕事について (T) 臼井さんの話の内容 ⇒ホワイトアウト	(話) 皆さんが来る見学というか,被災地のツアーとかも年々,もちろん減っていかざるを得ないんですよね。減っていかなくてはならないと思っています。いつまでもずっと続く訳じゃないですし。 私の語り部もどんどんスタイルが変わっていって,観光の話をしたりというふうに,徐々になっていかないといけない。今その時期に差し掛かっているんですよね。
08:27 08:58	00:31	【エピローグ】 (S) 写真:カツオの水揚げ作業 (S) 写真:校庭の黒いビニール袋 (S) ビデオカメラの映像 　・案内する臼井さん 　・工事の様子 ⇒グレーへフェード	(NA) 被災地を訪れて,震災前からあった仕事と震災が起きたことにより生まれた仕事,ボランティアの方々との出会い,そして未来に向けて取り除くべき不安など,復興に向けて考えるべき問題を認識することができました。

(4) 第4章 復興

時間/全体	シーンの長さ	(S)：シーン内容 (T)：テロップ	(NA)：ナレーション (話)：インタビュー
00:00	00:07	(S) グレーバック (T) 第4章　復興	
00:07	00:28	【プロローグ】 (S) 写真：南三陸の防災対策庁 (S) ビデオカメラの映像 　・瓦礫の撤去作業（気仙沼） (S) ビデオカメラの映像 　・トラック（階上地区）	(NA)「復興」，この言葉を聞いて思い浮かべる風景はどのようなものでしょうか。瓦礫の撤去，道路の整備，建物の再建。2014年8月，私たちは被災地を訪ね，復興の様子を伺い知ることができました。
00:35	00:06	【タイトル】 (T) ドキュメンタリー作品 　　2014年8月 　　東日本大震災被災地を訪ねて 　　第4章　復興	
00:41	00:29	【陸前高田市の復興の状況】 (S) ビデオカメラの映像 　・ベルトコンベアの映像 (T) 岩手県陸前高田市 (T) 嵩上げのために張り巡らされたベルトコンベア	(NA) 岩手県　陸前高田市。私たちがこの場所を訪れたとき，街全体が工事現場のような状態でした。津波によってほとんどの建物が破壊され，壊滅的な状況にあったこの街も，今は瓦礫撤去作業もほとんど終わり，山を削り，土を盛り，街全体の嵩上げをしているところでした。
01:10	00:23	(S) ビデオカメラの映像 　・實吉さんの話 (T) 陸前高田観光物産協会副会長 　　實吉 義正さん (S) 写真：希望の架け橋 (T) 希望の架け橋 (T) 實吉さんの話の内容	(話) これは，ベルトコンベアです。これはですね，この後行くところ通るとね，東京湾のベイブリッジのような素晴らしい吊り橋がかかっている。夜になるとライトアップされてね。「希望の架け橋」っていう名前がついていて，人が渡ってなくて土が渡る吊り橋なんですけどね。
01:33	00:13	(S) ビデオカメラの映像 　・ベルトコンベアの映像 (T) ベルトコンベアを導入するこ	(NA) 130億円かけて作られたベルトコンベア。トラックでは10年かかる作業も，1年半にまで短

		とにより，10年かかる作業が1年半に短縮	縮されます。
01:46	00:29	(S) 写真：工事中の高台（陸前高田） (T) 標高160mの山を40mまで削って高台を造成 (S) ビデオカメラの映像 　・車窓から見る造成地 　・造成地 (T) 實吉さんの話の内容 ⇒ホワイトアウト	(話) 今，行政の計画では，高台を造っているところに，昔と同じように，住宅を造って商店街を造りたい，という意向はあるようですけどね。 人々は生きていかなければならないですから，商店の人達だって，今，別のところにどんどん（店が）できているわけですよ。そうすると，流れが変わっていますからね。果たして，高台に造ったところにね，商店として戻って来るのかという，その辺のところはありますね。
02:15	00:33	【巨大防潮堤】 (S) ビデオカメラの映像 　・防潮堤工事現場 (S) 写真：防潮堤工事現場 (T) 宮城県気仙沼市 (T) 建設中の防潮堤 (T) ＜防潮堤の耐久年数は80年，総工費は1兆円＞	(NA) 宮城県 気仙沼市沿岸に建設中の防潮堤。最終的な高さは7mを超える計画です。この防潮堤は東北3県にまたがり，百年に一度の高さの津波から 町を守るために作られます。しかし，耐久年数は80年といわれています。しかも総工費として，1兆円もの税金が使われます。
02:48	00:14	(S) ビデオカメラの映像 　・白井さんの話 (T) 気仙沼観光コンベンション協会 白井 亮さん (T) 白井さんの話の内容	(話) 県知事が5，6回気仙沼に来たんですけど，住民とすごかったんですよ。それでも県知事は頑として，これは絶対建てると。
03:02	00:16	(S) ビデオカメラの映像（音声無） 　・白井さんの話 　・防潮堤工事現場	(NA) 県は防潮堤の建設を決めました。国からの補助金の関係で，早急に決める必要があったからです。しかし，ほとんどの市民は防潮堤の建設に反対しています。
03:18		(S) ビデオカメラの映像 　・白井さんの話 (T) 白井さんの話の内容	(話) 気仙沼の人たちは海と一緒に生きてきた。海からの恩恵を頂いて生きてきた我々が，やはり海

	00:25		が見えなくなるというのは，非常に何て言うんですかね，こう…日常生活の一部だった海が見えなくなるのは，非常に悲しいですが，これは計画がもう進んで，今工事を，まさにこれからやる状況なんです。
03:43	00:18	(S) 写真：防潮堤の高さを示す柱 　　防潮堤イメージを重ねる (T) 防潮堤建設後イメージ (S) ビデオカメラの映像（音声無） 　・臼井さんの話 ⇒ホワイトアウト	(NA) 海が見えなくなる，という意見の他にも，80年しか保たない防潮堤に1兆円もの税金を使うのか，他のところに使うべきなのではないのか，という声も多くあがっています。
04:01	00:36	【震災を伝えるために】 (S) ビデオカメラの映像 　・車窓から見た気仙沼向洋高校 (S) 写真：気仙沼向洋高校の外壁 (T)「伝えるために…」 (T) 気仙沼向洋高校	(NA) 宮城県立気仙沼向洋高等学校。地震があったあの日，170人もの生徒が登校していました。しかし，この校舎の4階まで津波が達したにも関わらず，犠牲者はいませんでした。震災を伝えるものとして，この校舎を残す計画が進んでいて，維持費や補強費がどれくらいかかるか，という調査が間もなく入ります。
04:37	00:15	(S) ビデオカメラの映像 　・臼井さんの話 (S) 写真：気仙沼向洋高校 (T) 臼井さんの話の内容	(話) 写真ではやっぱり伝わらないですよね。なので今一番したいのは，こういう建物は必ず，何とか形として震災当時のものを残して欲しいというのがあります。
04:52	00:34	(S) ビデオカメラの映像（音声無） 　・臼井さんの話（気仙沼港にて） 　・酒屋「男山」の建物 (T) 3階部分だけが残った 　　「男山」本社屋	(NA)「起こってしまったことは仕方ない。震災をプラスに変えていかなければならない」と臼井さんは話してくれました。そのために今やらなくてはいけないことは，震災当時の建物を残していくことだと言います。その一つがこの男山という110年前に建てられた酒屋の建物です。もともとは

			3階立て鉄筋コンクリートの建物でした。しかし，津波により，だるま落としのように1階と2階部分が流され，3階だけが残っています。
05:26	00:23	(S) ビデオカメラの映像 ・白井さんの話 (T) 白井さんの話の内容	(話) この1階と2階は流されて向うの方まで行ったんです。それを見てたんです，私。その上からちょうど抜けて来てるのを。なので（私が）最初に見た津波で壊れた建物と言うのは，この男山さんの1階と2階の部分です。
05:49	00:17	(S) ビデオカメラの映像 ・實吉さんの話 (T) 陸前高田の「奇跡の一本松」 (T) 實吉さんの話の内容	(話) これを何とか枯らさないようにしようって頑張ったんですけどね，なんのことはないですよ，根っこ掘ってみたら，液状化現象で塩水が湧いていた。枯れたんですね。枯れたら，これをモニュメントにして，残したいということで，残すことにしたんですけど。
06:06	00:18	(S) ビデオカメラの映像（音声無） ・實吉さんの話 ・「奇跡の一本松」	(NA) 震災後，全国的に有名になった陸前高田の一本松。被災地の復興の象徴としてここに残っています。枯れてしまったこの木を残すために，様々な加工がなされました。
06:24	00:17	(S) ビデオカメラの映像 ・實吉さんの話 (T) 實吉さんの話の内容	(話) これ造るのに1億5千万円かかったんですけどね。これは復興基金を使ったわけじゃなくて，全国から寄せられた，皆さん方からいただいたお金を使って1億5千万円かけたんですがね。
06:41	00:19	(S) ビデオカメラの映像（音声無） ・實吉さんの話	(NA) たくさんの寄付金により一本松は残されました。しかし，このように後世に震災遺構として残すための維持費や補強費を集められるのはとても稀なことで，多くの場合，それらは取り壊されてしまいます。

07:00	00:14	(S) ビデオカメラの映像 ・陸前高田メインストリート (T) 陸前高田の駅前メインストリート	(NA) ここは，もともと陸前高田のメインストリートだった場所です。賑わっていた商店街や住宅などの建物はほとんど流されてしまいました。
07:14	00:13	(S) ビデオカメラの映像 ・實吉さんの話（写真説明） (T) 實吉さんの話の内容	(話) あそこに３階建ての建物が残っていますよね。あれがね，これでいうとね，これが市役所，これが市民会館，この建物ですね。
07:27	00:08	(S) ビデオカメラの映像（音声無） ・實吉さんで説明	(NA) 残った数少ない建物のうち，ここは家族で経営していたパッケージのお店でした。
07:35	00:22	(S) ビデオカメラの映像 ・實吉さんの話 (S) 写真：米沢商会のビル (T) 實吉さんの話の内容	(話) 市民会館に逃げた両親と弟は亡くなったんですね。彼は，これだけの水が来たんだと後世に残したいということで，残すことにした。ただこれ，自分のお金で管理しなければなりませんから。壊すったって，自分で壊さなければならない。それは覚悟の上でね。
07:57	00:21	(S) ビデオカメラの映像（音声無） ・陸前高田の風景	(NA) 辛い経験をしながらも，伝えていくため，風化させないため，傷んだ建物の維持費を自ら負担し，後世に残そうとしている人もいます。しかし，その思いが人に伝わっていないこともあると言います。
08:18	00:25	(S) ビデオカメラの映像 ・實吉さんの話 ・道の駅に集まる人々 (S) 写真：一本松遠景 (T) 實吉さんの話の内容	(話) あまりに一本松が有名になったちゅうか。経済効果は当然ある訳ですから，それは有難いですね。ただ，どんどんこういう風に増えていきますとね，この間もあったのですが，松の前でピース，ピースと写真を撮っている訳ですね。それはね，家族を亡くした人なんかはね，見た時に，ちょっと違うんじゃないかな，と思うじゃないかと思いますよ。
08:43		(S) ビデオカメラの映像（音声無）	(NA) そして，残しておくことの

	00:53	・實吉さんの話 　（写真を見ながら） (T) 社会教育文化センターの 　　被災前の体育館 (T) 被災直後の体育館 (T) 体育館に隣接した中央公民館 　　の壁に書かれた 　　「お母さんへのメッセージ」	難しさは費用面だけではありません。被災した人たちや犠牲者の家族の方の気持ちも大きく影響します。市の中央公民館で働いていたお母さんに向けて二人の娘さんたちが母の日に送ったメッセージです。中央公民館の取り壊しが決まったとき、貴重な資料になるからとメッセージ部分だけ切り取り残しておこうという報道がなされました。しかし、二人は壁だけを残すならやめて欲しいと・・・。二人が残したかったのは、メッセージではなくお母さんが生きた証である中央公民館だったのです。
09:36	00:19	(S) ビデオカメラの映像 　・實吉さんの話 (T) 實吉さんの話の内容	(話) 良かれと思ってやっても、その遺族にとってはね、母が生きた場所、働いていた場所を残しておいて欲しかった、という思いはやっぱりあるんですね。そういったところを含めて、なかなか難しい問題がたくさん出てくるんですけれども。
09:55	00:16	(S) ビデオカメラの映像 　・臼井さんの話 (T) 気仙沼鹿折地区 (T) 臼井さんの話の内容	(話) この右側の土地が、「ししおり」、鹿に折るって書くんですけども、ここが火災が一番大きくて、船が打ち上がってた場所なんですよ。
10:11	00:12	(S) ビデオカメラの映像(音声無) 　・臼井さんの話 (T) 津波で打ち上げられた共徳丸	(NA) 津波で打ち上げられた漁船共徳丸。震災当時に注目を集めていた船は今はもうありません。
10:23	00:16	(S) ビデオカメラの映像 　・臼井さんの話 (T) 臼井さんの話の内容	(話) 結構、観光客と言うか、見る方が多く来てたんですよ、船を見に来る方が、去年の10月までは。ただ、船を撤去した瞬間から、ほとんど人が来なくなっちゃったんですよ、パッタリ。
10:39		(S) ビデオカメラの映像(音声無) 　・臼井さんの話 　・安波山から見た気仙沼市内	(NA) 長く気仙沼市に住む人たちは、悲惨な出来事を思い出すものを見ながら生きていくのは辛いか

	00:34		らと,被災した建物などを残すことに反対しています。
その一方で,子どもたちや若い世代の人たちの意見は,それらを残したい,というものでした。後世に伝えるため,これからの夢につなげるために残す必要があると,若い人たちは考えているようです。
		⇒ホワイトアウト	
11:13	00:34	【被災地からのメッセージ】
(S) ビデオカメラの映像
・實吉さんの話
(T) ～被災地からのメッセージ～
(T) 實吉さんの話の内容	(話)僕はこういうことをやりながらね,是非多くの人たちにこういったことを語り継いでいきたいというのが一つありますしね。いざというときには人の命をね,どうやったら守ることができるのか,少しでもそういったことに,役立っていただければいいのかなというのが僕がやっている一つの基本的なコンセプトですけどね。生き残った人が辛い気持ちを抱えますよね。(そういったことを)どこかで語り継いでいかないと,この後にも何か残しておいて欲しいな,というのがありますけどね。
11:47	01:09	(S) ビデオカメラの映像
・臼井さんの話
(T) ～被災地からのメッセージ～
(T) 臼井さんの話の内容	(話)まず来ていただくって言うのが,すごく大きいと思うんです。すごく感謝しているのと,後はこの話をどうにか皆さんに伝えて欲しい,っていうことははありますよね。実際自分たちの目で見たものを,後は皆さんの所に持ち帰って,どういう風に伝えていくかっていうのがやはり大事かなっていう風に思いますね。伝えていく。津波が無ければ,皆さんと会うことも無いじゃないですか。何かそれで,すごく親しくなった人って

第2章　教材作成と学生の成長

時間/全体	シーンの長さ	(S)：シーン内容 (T)：テロップ	(NA)：ナレーション (話)：インタビュー
		⇒ホワイトアウト	すごく多いんですよね，全国で。なので，亡くなった方も多いんですけれども，津波がなかったら，この街ってどうだったかな，っていうふうにすごく思いますよね。注目されましたからね，プラスに考えれば。プラス思考でいかないとダメだと思うんですよね。
12:56	01:03	【まとめ】 (S) ビデオカメラの映像（音声無） ・安波山から見た気仙沼市内 ・復興工事の様子 ・陸前高田「希望の架け橋」 ・陸前高田のベルトコンベア ・災害復興住宅遠景 ・陸前高田メインストリート	(NA) 地理的に日本は，毎年台風や豪雨に見舞われます。時に，火山噴火や地震，津波も発生します。その自然の力の前で人間の力は余りに小さいものです。科学を武器に自然に挑戦するだけではなく，自然の巨大な力を認めながら科学を使い，自然と上手に付き合っていくことが重要です。私たちは，このことをもっと知る必要があるのです。 今，大学生の私たちにできる大切なことは，被災地の今を知ること，そして，それを忘れないことだと思います。
13:59		⇒グレーへフェード	

(5) 番外編　ドキュメンタリー制作に挑む学生を追う

時間/全体	シーンの長さ	(S)：シーン内容 (T)：テロップ	(NA)：ナレーション (話)：インタビュー
00:00	00:07	(S) グレーバック (T) 番外編　ドキュメンタリー制作に挑む学生を追う	
00:07		【プロローグ】 (S) グレーバック (T) 佐賀大学デジタル表現技術者養成プログラムの 2014 年度の修了研究としてドキュメ	

	00:16	ンタリーを制作するため4人の学生たちは2014年8月に東日本大震災被災地を訪れた	
		(T) そのドキュメンタリー制作の取材に向かう学生たちの6日間を追った	
00:23		【タイトル】	
	00:07	(T) ドキュメンタリー作品 2014年8月 東日本大震災被災地を訪ねて 番外編　ドキュメンタリー制作に挑む学生を追う	
00:30		【初日】	
	00:17	(S) ビデオカメラの映像 ・福岡空港にバスで到着 (T) 2014年8月23日 福岡／福島初日	(NA) ドキュメンタリーを作成するため被災地に向かう学生。どのような心境なのでしょうか。
00:47	00:09	(S) ビデオカメラの映像 ・岡野光輝インタビュー (T) 佐賀大学文化教育学部2年 岡野 光輝 (T) インタビューの内容	(話) 自分の中でいろんな発見があったらいいなと思います。
00:58	00:17	(S) ビデオカメラの映像 ・遠藤大輔インタビュー (T) 佐賀大学理工学部2年 遠藤 大輔 (T) インタビューの内容	(話) テレビとかニュースとかでよく見るんですけど，生の人の声を聞いたことないので，直接的な感想が聞けたら，自分としては得るものがあるなと思います。
01:15	00:20	(S) ビデオカメラの映像 ・権藤ゆりインタビュー (T) 佐賀大学農学部2年 権藤 ゆり (T) インタビューの内容	(話) 不安ですけど，でも何もない分，吸収できることがたくさんあると思うので，それを自分がどう感じるかっていうのを楽しみにしています。
01:35	00:17	(S) ビデオカメラの映像 ・谷口紋音インタビュー (T) 佐賀大学農学部2年 谷口 紋音 (T) インタビューの内容	(話) 映像を撮るってことに関しても，被災地に行くってことに関しても，全部初めてのことばかりなので不安。何も分からないなってのが本音です。
01:52		(S) ビデオカメラの映像 ・飛行機からの景色	

	00:11	(T) 8月23日 　　福岡空港→仙台空港→福島市	
02:03	00:16	(S) ビデオカメラの映像 　　・ホテルでの打ち合わせ風景 (T) 福島市内のホテルで打ち合わせ ⇒ホワイトアウト	
02:19	00:13	【2日目】 (S) 東北三県地図	(NA) 今回は福島，宮城，岩手の沿岸部を中心に，出来るだけ多くの場所を6日間かけて巡りました。
02:32	00:04	(S) ビデオカメラの映像 　　・福島市の風景 　　　(地図を提示) (T) 8月24日　福島市	
02:36	00:06	(S) ビデオカメラの映像 　　・福島市の一般市民宅の庭 　　・玄関の滑り台 (T) 福島市内にお住いの方のお宅を訪問しお話を伺う	
02:42	00:21	(S) ビデオカメラの映像 　　・積み上げられた黒いビニール袋 　　・誰もいない公園 　　・耕作されていない田んぼ 　　・庭に置かれた汚染土 (T) 市民の方の話の内容	(話) 市内のあちらこちらで除染をやられています。この辺の地域は，線量がそんなに高くないということで，(除染作業は) 平成27年度以降って言われているんですよ。だから，(除染作業を) 独自でやるしかない，というような感じでやっています。
03:03	00:09	【3日目】 (S) ビデオカメラの映像 　　・車窓の風景 　　　(地図を提示) (T) 8月25日 　　福島県いわき市・広野町	(NA) 8月25日，この日は福島県いわき市と広野町へ向かいました。
03:12	00:07	(S) ビデオカメラの映像 　　・正門前の看板と建物 (T) 福島県広野町 　　富士フイルムファインケミカルズ	

		広野工場を訪問	
03:19	00:04	(S) ビデオカメラの映像（音声無） ・秋田さんの話 (T) 富士フイルムファイン 　ケミカルズ株式会社 　秋田 英博さん	
03:23	00:19	(S) ビデオカメラの映像 ・秋田さんの話（窓際で） (T) 秋田さんの話の内容	（話）全部，道路の瓦礫を取っちゃいますと，置き場がないんですよ，工場全体が広いので。ここに3cmの上塗りをして，アスファルトの上からオーバーレイして遮蔽している。
03:42	00:04	(S) ビデオカメラの映像 ・齋藤さんの話 　（広野町役場が見える海岸） (T) 広野町役場　齊藤 真人さん	
03:46	00:26	(S) ビデオカメラの映像 ・広野町役場遠景 ・齋藤さんの話 (T) 震災の時の広野町の状況について話を伺う (T) 齋藤さんの話の内容	（話）津波が来るぎりぎりまでは（職員）皆さんで，ここら辺の住民の方を避難させるために回っていたんですけど。結局，あそこは川から津波が上って来てしまって，元々ここら辺も家が建っていたんですけど。
04:12	00:04	(S) ビデオカメラの映像 ・遠藤さんの話 　（いわき市平薄磯地区） (T) 株式会社かねまん本舗 　専務取締役　遠藤 貴司さん	
04:16	00:37	(S) ビデオカメラの映像 ・遠藤さんの話 ・海岸の監視塔 ・海岸沿いの風景 ・海岸の瓦礫 ・高台から見る海岸線 (T) 震災の時の状況といわき市の今後についてお話を伺う (T) 遠藤さんの話の内容	（話）津波の高さは，最高で8mから9mくらいの波と聞いていますので，あの監視塔が6mくらいだと思うんですね。 これが30年後，40年後になったらどうするのと。そこの部分が一番，いわき市にとっては大事なことなのかなと思うんですね。これだけ良いロケーションがあるので，県外のお客さんを呼んで，いわき市を回って貰うのに海岸線が

			一番観光資源として良いのかなと思うんですよ。
04:53		【4日目】 (S) ビデオカメラの映像 ・車窓の風景 　　（地図を提示） ・飯舘村の小学校 (T) 8月26日 　　福島県飯舘村・南相馬市	(NA) 4日目は飯舘村と南相馬市，どちらも被害が大きな地域でした。
	00:07		
05:00		(S) ビデオカメラの映像 ・除染作業中の小学校 ・草ぼうぼうの広がる田んぼ ・放射線量モニタリングポスト (T) 飯舘村の現状を見て回る (T) 先生の話の内容	(話) 左側見てもらうと，前は田んぼですよ，全部ね。全部荒廃しているでしょう？手がつけられないんですね。
	00:21		
05:21		(S) ビデオカメラの映像 ・神田さんの話 (T) 南相馬市観光ボランティア 　　ガイド　神田 薫さん	
	00:04		
05:25		(S) ビデオカメラの映像 ・みちのく野球場周辺 (T) 震災の時の南相馬市の状況についてお話を伺う (T) 神田さんの話の内容	(話) 民家。その辺さね，家（うち）だったんですよ。この辺とね，70戸。 津波が20mって分かったのは，ここで分かったんです。これ（観覧席）を越したから。
	00:20		
05:45		(S) ビデオカメラの映像 ・福島市内ホテルでの振り返りの様子 (T) ホテルに帰って1日の振り返り	
	00:12		
05:57		(S) ビデオカメラの映像 ・岡野光輝インタビュー (T) インタビューの内容	(NA) ここまでを振り返り，感想や作品作りについて聞いてみました。 (話) やっぱり3年経った今も，まだ全然傷痕というのは残っているんだな，っていうのがありありと残っていたので。テレビを見ている人が知らなかったことを書こうかなと思っていたんですけど，実際行ってみると，テレビで観て
	00:48		

			いたことよりも，もっとはるかに超えるような，凄さというか，悲惨さがあったので。迫力というか，直に伝わるものを作りたいなと思いました。
06:45	00:31	(S) ビデオカメラの映像 ・遠藤大輔インタビュー (T) インタビューの内容	(話) 今日初めてそういう，実際に被害を受けた場所を見て，ちょっと思っていた以上に衝撃があって，本当に何にも無いんだなとすごく実感しました。（考えてきたことより）もうちょっと違ったテーマの方が，もっと作品としては，相手に与える影響がでかい作品が作れるんじゃないか，と思ったので。
07:16	00:25	(S) ビデオカメラの映像 ・権藤ゆりインタビュー (T) インタビューの内容	(話)「仕事」というテーマだったのですが，それから延びていったところに，被災地で働く人のことを知りたいな，という思いが出て来たのと，被災地の食についても興味が出て来たな，と思います。
07:41	00:32	(S) ビデオカメラの映像 ・谷口紋音インタビュー (T) インタビューの内容	(話) 人がいないというだけで，道路も家も荒廃している。全部が壊れているという風に見えなくても，もう時間が止まっているというか，壊れていくように見えてて，地元の佐賀大学の他の人たちは，それを何も知らない訳なので。それを伝えていかないといけないと思いますし，それ（現状）を現地の人達がどう感じているかというのも知りたいと思います。
08:13	00:08	【5日目】 (S) ビデオカメラの映像 ・気仙沼市場のカツオ選別風景 ・市場の様子 　（地図を提示） (T) 8月27日 宮城県気仙沼市	(NA) この日は漁業が盛んな宮城県気仙沼市を巡りました。
08:21		(S) ビデオカメラの映像	(話) 震災当日の夜は，海の上が

	00:18	・臼井さんの話 (T) 一般社団法人 気仙沼観光コンベンション協会 　　臼井 亮さん (T) 震災の時の気仙沼市の状況についてお話を伺う (T) 臼井さんの話の内容	燃えていたんですよ。山が燃えているっていうのはわかるんですけども，水が燃えてるわけですよ。表面が燃えて，それが津波となって押し寄せてきた。
08:39	00:16	(S) ビデオカメラの映像 ・案波山から見た気仙沼市内 ・臼井さんの案内 (T) 案波山でお話を聞く	
08:55	00:05	(S) ビデオカメラの映像 ・振り返りの様子 (T) 気仙沼市内のホテルで1日の振り返り	
09:00	00:18	(S) ビデオカメラの映像 ・岡野光輝インタビュー (T) インタビューの内容	(話) 教育というか，子ども達の知っているモノ（話）を聞いてみたいなと思ったり，そこもテーマとして盛り込んでいけたらいいかな。
09:18	00:16	(S) ビデオカメラの映像 ・遠藤大輔インタビュー (T) インタビューの内容	(話) 見ている人がちょっと「うわぁー」ってなるような作品に変えようかと。自分の考えを述べるよりも，問いかけるような作品にしようかと思いました。
09:34	00:24	(S) ビデオカメラの映像 ・権藤ゆりインタビュー (T) インタビューの内容	(話)（美術館には）普段だったら絶対考えられない写真があって，家に瓦礫が巻き付いている写真とかを見てどうしたらいいんだろうていうところですね，まだ。
09:58	00:37	(S) ビデオカメラの映像 ・谷口紋音インタビュー (T) インタビューの内容	(話) 全部見てきたモノというのは，現場に行っても，もう草が生えていて，津波が来た瞬間の跡ではないから，実感が湧かないというか。 (リアスアーク) 美術館には，洗濯機の残骸とか，車の残骸とか，錆びてしまったドラム缶とか，普段自分たちが知っているもの，見

			たことのあるものが，全く別のモノになってそこに展示されているっていうのはかなりびっくりして，ショッキングでした。
10:35	00:09	【6日目】 (S) ビデオカメラの映像 　・陸前高田のベルトコンベア 　・南三陸町の防災対策庁舎 　　（地図を提示） (T) 8月28日　岩手県陸前高田市・宮城県南三陸町	(NA) 最終日は陸前高田市，南三陸町を訪れました。
10:44	00:29	(S) ビデオカメラの映像 　・道の駅高田松原 　　タピック45の建物 　・實吉さんの話 (T) 陸前高田観光物産協会副会長 　實吉 義正さん (T) 震災の時の気仙沼市の状況についてお話を伺う (T) 實吉さんの話の内容	(話) 人間の運命の歯車っていうのは自分では回せない。1分差，2分差で命亡くした人，助かった人。30cmの高さで流された家，残った家。それは人が決められたものではないですね。今回，陸前高田市の犠牲者は1,763名ですね。そのうち207名が，未だ行方不明です。
11:13	00:23	(S) ビデオカメラの映像 　・南三陸町防災対策庁舎 (T) 南三陸町の現状を見て回る (T) 南三陸町防災対策庁舎 ⇒ホワイトアウト	
11:36	00:04	(S) ビデオカメラの映像 　・仙台空港での学生へのインタビュー (T) 仙台空港で最後のインタビュー	
11:40	00:50	(S) ビデオカメラの映像 　・岡野光輝インタビュー (T) インタビューの内容	(話) 最初は驚きの連続で，だんだん知っていく上で，「あ，これは自分だけのモノだけにしちゃいけないんだな」ってすごく感じましたね。 現地の人の言葉って言うのは，やっぱり，私にも凄い伝わるものがあったし，それはやっぱり，そのまま，見る人たちにも伝えてい

			きたいなって思いました。大学で今教師になろうと勉強をしているので，その現地の子ども達だったり，先生だったり話も今日聞けたので，その話についても少し盛り込んでいきたいと思っています。
12:30		(S) ビデオカメラの映像 　・遠藤大輔インタビュー (T) インタビューの内容	(話) 昔，街があったイメージすらできないような状況になっていて。昨日も凄かったんですけど，今日は更に別の世界に来ているような雰囲気になって。本当に，まだ爪痕が見えている部分もたくさんあって。やっぱりこっちに来て，地震の恐怖っていうか，その怖さっていうのを，すごく思い知らされたな，というのはありましたね。
	00:56		地震が起きる前は，やっぱり全然，地震の準備とかも侮っていた部分が人間にはある，ということを仰っていたので，それを見ている人に，ちょっとでも震災が起きる前に，事前にある程度準備して頂けるような，インパクトがあるような作品を創るようにしていきたいですね。
13:26		(S) ビデオカメラの映像 　・権藤ゆりインタビュー (T) インタビューの内容	(話) 本当にその場所その場所で抱えている問題が全然違って，それの問題に対しての意見も，全く人によっては全然違うというのを凄く感じて，そこをどうにか伝えられたらなと思うんですけど。
	00:53		(事前に) 働く人のことを (制作) したいなと思ってたんですけど，まだまだ考えます。映像をもう一回見直して，自分の中にちゃんとひっかかるモノを探したい。
14:19		(S) ビデオカメラの映像	(話) 日に日になんか衝撃度が増

	00:50	・谷口紋音インタビュー (T) インタビューの内容 ⇒ホワイトアウト	していったというか。何も無いからまた何か始まっているな，というのをすごく感じました。嵩上げのところとかも，あの大規模な工事を見ることは初めてだったので，なんか本当に，凄い出来事だったんだなと凄く実感しました。全然違う面で，震災について，これからどうしていくか，話してくださった語り部さんもいたし，震災当時の生々しい話というか，悲惨だった状況を教えてくれた語り部さんもいらっしゃったので，やっぱりそれぞれを活かした映像が作れたらいいのかなと思いました。
15:09 15:32	00:23	【エピローグ】 (S) 写真：陸前高田の追悼施設前で (S) 写真：大悲山薬師堂内 (S) 写真：ホテルでの打ち合わせ (S) 写真：安波山で皆一緒に ⇒ブラックアウト	(NA) 3年半経った今も，あちらこちらに建物や橋が破壊されたまま残されていました。それらを目の当たりにして自然の驚異を痛切に感じながら，学生に大きな変化をもたらした6日間の旅は終わりました。

2.3 作品の各章を担当した学生の感想など

(1) 雨の中でも撮影決行

　約1年間かけて，ドキュメンタリー制作にかかわることができて本当に良かった，これが私の率直な意見です。困難の連続であったのですが，終えてみてどれもが良い思い出になっています。

　デジタル表現技術者養成プログラムの修了研究のテーマ選択で，ドキュメンタリー制作のグループに入ったのですが，どのように作成すればよいかわからない状態でした。しかし，そのような状態であったからこそ，この1年が貴重な体験になったのだと実感しています。

　実際に東北に行き，取材した時に思わぬハプニングがありました。雨が降ってきたのです。カメラで撮影したり，語り部さんに質問したり，どんな作品にしたいかを構想しながら，さらに雨の対策しなければいけないことになり，てんやわんやでした。特に，みんなで分担して撮影したり，インタビューしたりというのは初めてであったために，雨という状況での撮影はとても難度が高いものでした。雨の状況では，レンズに水滴がついたり，強風が吹いたり，考えていなかったことばかり起きました。後から問題になったのは傘でした。編集する時に，映像の中で傘が強風にあおられてしまってちらちら見切れていたのです。撮影している時は，「ここの部分は絶対撮らないと！」と無我夢中で撮っていたために，傘まで気を配ることができませんでした。でもそんな状況で必死に撮ろうと奮闘したことは，今後のためになる貴重な体験でした。

　編集の時には，撮影したものをどのように作品にしていくかを考えるのも大変であったのですが，私が使う映像を探すのに非常に悩まされました。4人以上がカメラを持って撮影しているので，人によって撮っている映像が違っていました。そして，どの映像にするかの選び方で，見る人の印象が全然違うんだなということが編集をすることでよくわかりました。「こだわり」という言葉がこういうことなのかなと，今頃か！と思われるかもしれないですが，気づか

されました。

　最後に，この１年を通して，今までデジタル表現技術者養成プログラムで学んだことが，すごいことだったんだと気づかされました。カメラで映像を撮ったり，様々なソフトを用いて編集したり，めったにできることではないと思いました。これも今頃かよ！と言われそうです。これから，もっともっと勉強して，デジタル表現の技術を身につけたいと思います。

（岡野　光輝）

(2) 伝える難しさを実感

　私は東北の震災についてのドキュメンタリー作品を制作する中で多くのことに気づかされました。ドキュメンタリー作品を作ったのは初めてで，最初は手探り状態でした。東北に取材に行く前に何回か打ち合わせをしたのですが，私が住んでいるところから遠く離れたところで起こった大震災についてピンとこず，遠い世界の話のようで具体的に考えることができませんでした。テレビや新聞で被災地について見たり聞いたりしてこの話題に触れる機会はたくさんあったのですが，どこか他人事として考えてしまっていました。

　被災地を訪れたとき，震災から時間が経っていたのですが，自然災害の恐ろしさが伝わってきました。建物がなくなっている町をみながら，ふと私の周りで起こったらどうしようと思う気持ちが出てきました。当たり前だと思っていた，いつもの通りの生活が一瞬で奪われてしまう，そんなことを考えることは今回の経験をするまであまりありませんでした。

　取材の仕方も，実際にやってみてから念入りな下準備が大切だと気づかされました。編集をするときにもそのことを強く思いました。私が撮ってきた被災地の様子やインタビューのデータの中に，作りたい作品に合う映像がないことが多々あり苦労しました。先生やスタッフの方々が撮っていた写真や動画などのデータは編集の時とても助かりました。もう少し東北に行く前に，編集時に使いやすい映像の撮り方や作品に重みをもたせるための撮影場所などを勉強しておけばよかったなと反省しています。

作品の編集をするときのデータの選択には，編集全体の中でも特に時間を使いました。私は福島の原発事故をテーマした作品を作ったのですが，原発問題はとても難しい問題です。だから，私の原発に対する賛否を伝える作品というより，今の福島の現状を伝えて見る人に興味を持ってもらえる作品制作を意識しました。そのためにどの映像を使ったらいいのかを選択するのが一番大変でした。私が何を伝えたいのかがより分かるようにしたかったからです。

　最後に，今回このような機会をもらったことは，私にとってとてもプラスになりました。これからに生かしていきたいです。先生をはじめとしたスタッフの皆さんにはとても感謝しています。ありがとうございました。また，仲間との団結の大切さを改めて実感しました。一緒に取材した仲間にも感謝したいです。ありがとうございました。

（遠藤 大輔）

(3) 何度も見直すことで気付く

　2011年3月11日。私は福岡でいつもと変わらない時間を過ごしていました。家に帰ってテレビを見るとそこには思いもよらない映像が映し出されていました。映画でも見ているのかと錯覚してしまうような破壊的な映像でした。同じ日本で起こっていることだけれど，私が過ごしていた時間とのあまりのギャップに，起きている事態を信じられない気持ちでいっぱいになりました。

　今回私が修了研究としてこのテーマを選んだ最大の理由は，これまで私にとって遠い存在であった東北地方を取材できるからでした。よく，被災地に関して「実際に自分の目で見ないと分からない」，「まずは見てみること」という言葉を耳にしていたので学生生活のなかで訪れる機会をつくりたいと思っていました。そんな時に出会ったのがこのテーマでした。

　実際に訪れて思ったことは，「これが震災が起きて3年後の被災地なんだな」ということでした。着実に復興へと歩みだしている様子が見て取れる風景と，まだまだあの日のままと思われる風景が入り混じっていました。急速に街が変化していることは分かりました。きっと，再び訪れた時には街の様子は大きく

変わっているのだろうなと思い，絶対に再び訪れて変化した街を見たいという思いが芽生えました。また，まっさらな野原になっている一帯を見て，ここではどんな暮らしがされていたのだろう，どんな町並みだったのだろう，と思いを巡らせてみました。想像してはみるものの，建物が何もないこの風景からは，きっと想像しきれていないことがたくさんあるのだろうなという思いに達し，何とも言えない気持ちになりました。

　放射線の問題を抱える地域にも足を運ぶことができ，その様子を見ることができました。見えないけれども，そこに確かに存在する脅威。分かってはいるけれども，見えないために，そこに危惧すべきものがあるという事実をあまり感じられずにいました。見えないものを相手にするということはこんなにも不安で，不確かなものなのだと痛感しました。見えないものを相手にするということは，強い意志と確かな情報が必要で，並大抵のことではできないと感じました。また，震災前から行っていた仕事を震災前と同じようにしている方々の姿や，震災が起きたことにより必要になった仕事をする方々の姿を見て，そのどちらもが被災地の復興に欠かせないものだと感じました。

　佐賀に帰ってきてから，映像制作のため現地で撮影したものを何度も見返しました。現地へ行ってその様子を一度見るだけでなく，帰ってからもその様子に触れることができ，自分自身により深く印象付けることができたと思います。膨大な量のデータの中からどれを作品に使用するのか，選び抜く時には何から手を付けていいものかと悩みました。どれも被災地の様子であり，どれも皆さんに見ていただきたいと思ったからです。

　今回このような機会をいただき，とてもありがたく思っています。ぜひ再び東北地方を訪れて，変化した街並みを見るとともにその魅力をもっともっと感じたいです。

（権藤　ゆり）

(4) 見て実感したことを伝える

　大学3年生の夏，東北を取材できて本当に良かった。このテーマを選んだ理

由は震災について「何も知らない」と言いたくなかったからです。私は文化教育学部の学生で教員免許取得のため勉強してきました。だから，いつか学校の教員になった時のために知っておきたいと思い東北に行きました。

　8月末の東北の取材のため4月から資料を集めて読んだり，震災当時の映像や報道番組などの参考映像を見たりと準備を始めました。今思うと十分な準備ではありませんでしたが，少しは知識を得て現地に向かったつもりでした。それでも，東北を取材した6日間は常に衝撃を受け続けることになりました。

　東北取材初日，福島市内に到着したその時，街は至って普通でたくさんの人が生活していました。"被災地"という言葉が似合わない，見た目の印象は佐賀や九州の街とそう変わらないように見えました。案外普通だな…と思いながら取材に向かいました。

　しかし，実際に話を聞いてみると佐賀市とはまるで違う暮らしぶりに驚きました。常に放射線の計測器を持ち歩き，食べ物も地元のものを食べるにも気を使う，それも3年間ずっとそうやって生活されていたことを知りました。目に見えないものに対策を打たなければならないことの難しさが直接話を聞いたことで，生活のリアルさを感じました。そして，目に見えないものの恐怖を感じたのが居住困難地域に指定された飯舘村でした。最も印象に残っているのはこの場所です。人が一人もいない街の風景の異様さは忘れられません。道路も民家も雑草が伸び放題で畑も荒れていて，車もほとんど通らず，生き物の気配すら感じられないほど静かでした。前も後ろも右も左もどこを見ても誰もいない，今まで経験したことがなかった雰囲気には恐怖を感じました。

　気仙沼市では復興に関しての住民の価値観の違いを感じました。臼井さんのこれから観光地として復興したいという意見にはとても共感できました。しかし，そう思う人は多くないということで，復興に必要なのは政策だけではなく人々の気持ちも大きく関わることが分かりました。陸前高田市の街全体が工事現場のような風景も印象的でした。360度どこを見ても同じような土色の景色というのはテレビや写真では絶対に分からなかったことでした。

　実際に現地に取材に行ったことで，テレビ等のメディアを通じてだけでは分

からなかった地元の声やその場の空気を感じ取ることができました。しかし，私自身，映像や資料で情報を集めていたにも関わらず，現地で見て聞いて感じたことでやっと理解できた，といった感じでした。つまり，プロが作ったものですらすべてを伝えられる訳ではないことが分かっている上で，学生の私が伝えるための作品を作らなければいけない，これはかなりのプレッシャーでした。

　福島市，気仙沼市，陸前高田市，どの場所でも言われたことは，見て聞いて感じたこと，被災地の今を他の学生にも伝えてほしい，東北に来てほしいということでした。2014年の夏私が見て聞いて感じたことをできる限り伝えていこうと思います。

（谷口　紋音）

(5) 東日本大震災に触れて

　東日本大震災はその発生後に流れた映像を見て，何があったのか驚くことしかできませんでした。それまで，阪神淡路大震災や，中越沖地震などの映像を見た経験がありましたが，比べ物になりません。流れてくる映像の中では，巨大地震の直後に大津波，その後原子力発電所の事故による災害と，次々に未曾有の災害が起きていました。映像を見た後，私には何ができるか，考え，少し活動してきましたが，今回，縁があって実際に現地を訪れる機会に恵まれました。今回訪れることのできた場所は被災地の中でも被害の大きかった東北エリアで，私にとって見るもの聞くこと全てが未知の世界でした。

　その中で印象的だったものの一つが回復力です。今回の震災は次々と大きな災害が重なりました。その中で壊滅的ともいえる地域にもかかわらず一部では復興が大きく進んでいました。

　初日（2014年8月24日），私たちは空路で仙台空港に着陸しました。仙台空港は海のとても近くに位置しており，津波発生時には津波が押し寄せて飛行機が流されました。私も映像でその光景を何度もみました。そのような仙台空港はその後すぐに応急的に復活し，被災地支援の拠点空港として山形空港とともに機能しました。それだけではなく今となっては通常運行しているということ

も改めて考えると驚くべきことでした．更に，その後見学した沿岸地域でも，重要な施設は再建が優先的に進み，すでに終わっているところもありました．この回復力は日本の底力を目の当たりにした気がしました．

　もう一つは，地震と津波という自然災害の破壊力でした．私は 2005 年に福岡で発生した西方沖地震で震度 5 弱を経験しましたが，その何倍も大きな揺れを観測し，かつ，津波という全てを呑み込んでしまう災害も同時に発生した今回の災害は想像がつきませんでした．実際に復興が急がれる中の被災地域に行っても事の大きさに圧倒されてばかりで，正確には理解できていないかもしれません．今も傷跡が残っている地域を見るとそのエネルギーの大きさに圧倒されるばかりでした．当時の状況をアーカイブとして残しているリアス・アーク美術館はとても良い所でした．実物や写真，文章が豊富にあり，一つひとつがじっくり見てしまうものでした．

　最後に何よりも今回の 1 週間に及ぶ経験は文章でも口頭でも映像でも残念ながら，全てを伝えることはできないと感じたことが一番の驚きでした．出来る限り伝えたいと思って映像を撮っていたものの，今回の震災はその一端しか伝えきれないと思います．だからこそ，少しだけでもいいので，映像で伝えていき，いつか東北を訪れるきっかけになればと思いました．

（糸山　ゆう）

2.4　学生の成長を感じて

　デジタル表現技術者養成プログラムの受講生は，プログラムの集大成として修了研究作品を制作することになっている．2014 年 5 月，修了研究のグループが決定し，そのテーマが決まった．今もなお震災の大きな傷跡が残る被災地を訪問し，ドキュメンタリー作品を制作する．そのグループに参加が決まった学生 4 名は，定期的に集まり，東日本大震災について，資料学習として映像を見たり様々な情報を調べたり，それらについて意見交換するなどミーティングを行っていた．今回の福島訪問はドキュメンタリー作品制作の他，学生交流

ワークショップに参加することであった。

　学生交流ワークショップは大学間連携共同教育推進事業[1]のイベントで佐賀大学を含む8つの大学から総勢40名の学生が参加した。ワークショップは，各大学の自己紹介から始まった。佐賀大学の学生らは，佐賀大学のマスコットキャラクターであるカッチーくんのお面をつけ，佐賀特産品や自分たちが履修しているデジタル表現技術者養成プログラムについて紹介した（写真1）。

写真1　学生交流ワークショップの開会式で，佐賀大学を紹介

　このワークショップは，他大学の学生とで混成されたチームが寝食を共にしながら様々なグループワークを通して自らの「学び」を振り返り，今後のより良い「学び」を見いだすことを

写真2　ワークショップ最後のポスターセッションの様子

ねらいとしたものである。ワークショップ最終日は，この3日間の活動を通して自分自身を振り返り，ポスターにまとめ，学生ごとにポスターセッションを行った（写真2）。ワークショップの目的である今後のより良い学びを見いだすとともに自分の思いを人に「伝える」ことの難しさを感じていたように思われる。初めて顔を合わせた人たちの中で自分自身を見つめる。そしてお互いに理解しあうコミュニケーション能力を培っていく。

　このワークショップに参加して，4人の学生が異口同音に述べたことは濃密な時間を多くの学生と共有できたことが貴重な体験だったということである。ワークショップ終了後の学生感想では「一歩踏み出すことによって良い経験を得られることを実感した」，「他大学の学生に触れることによっていろいろな考え方を知ることができた」，「短期間に多くの刺激を受けて自分の中に多くの思いがあふれてきた」，「思いをうまく言葉にできるようになりたいと思った」，「伝える力が不足していると気づいた」，「続けること，持ち続けること，あきらめないことが大切だと思った」，「他者の目を通して新たな自分を発見し，他者の意見に耳を傾け

多くの事を考えることができた」など前向きな意見が多く聞かれた。

　学生交流ワークショップ開始前には福島市内の民家を訪問し，さらにワークショップ終了後は，福島県の飯舘村，南相馬市，岩手県の陸前高田市，宮城県の気仙沼市や南三陸町などを訪問し，ドキュメンタリー制作のための撮影・取材を行った。

　撮影中，学生たちの顔には，時々戸惑いの表情が見受けられた。それは事前に資料収集し学習した情報や知識を圧倒する「被災地の現状」を目の当たりにしたからであろう。事前の資料学習では感じられなかった圧倒的なリアリティがそこにはあった。何もかも無くなってしまったという視覚的なものだけではなく，においや音といった五感に訴える「生の情報」が，学生たちを刺激していたようであった。例えば，宮城県気仙沼市の気仙沼湾の入り口にある波路上杉ノ下高台の津波被災の状況を聞き，ただの丘になった高台を撮影しながら，学生たちは自分に何ができるのか不安に駆られたことと思う（写真3）。

写真3　気仙沼市波路上杉ノ下高台の悲劇を聞いて

　東日本被災地の取材のスケジュールは過密なものであった。昼食も車中でおにぎりなどを食べて済ませるなど，寸暇を惜しんで撮影，取材に臨んだ。ホテルに戻ってからもその日の反省や翌日の役割分担など夜遅くまで話し合う姿もあった。かなりハードなスケジュールにも関わらず，学生たちは一生懸命考え，出会う人たちの言葉，表情，目にする風景などを心に留めようとしていた。

　車中でのインタビュー，悪天候による撮影など，慣れないことや困難なことに遭遇しても学生はめげることなく精力的に取材をしていた。それは，実際に目にしたもの全てが佐賀を飛び立つ前の想像を凌駕していて，語り部によって訥々と語られる内容は学生の心を震わせていたように思われる。

　学生一人ひとり感じること思うことは様々であるが，多くのことを吸収しようとする姿勢から，その時，その場所で得られる感動を大切に受け止めていたように思われる。これは，デジタル表現技術者養成プログラムの他，福島市で

参加した学生交流ワークショップでの経験も大きく役立っていたと思う。

　その思いを持って佐賀に戻って作品制作が始まった。自分の中に生まれた熱い思い，伝えたいこと，そして撮影した素材を元に自分の表現に変換していく。その作業の中で学生たちは「伝える」難しさを学んでいた。取材をしている時も多くの方々の思いを，感じたことを伝えたいと思った。この思いが伝わるドキュメンタリー映像にまとめたい一心で，言葉を紡ぎ，膨大な映像に向き合い，何度も何度も映像を見直す地道な作業を行った。作品制作において技術的なこととは別に，短期間での取材や撮影のやり直しがきかない状況で，足りない情報，撮り逃してしまった映像など，失敗や後悔，それは大いに悩み表現することの難しさを痛感していた。それでも学生たちは意見を出し合い，修正を重ね作品を完成させた。これらの様々な経験，作品を作り出すことだけでなく，そこに至るまでの準備，出会いなど多くのことが学生を成長させたと思う。

（久家　淳子）

2.5　実践知としてのドキュメンタリー制作

　映画やドキュメンタリー，CM 等映像メディアは言語学，心理学，社会学の分野でも教材や研究の対象として広く扱われてきた。学校教育の中で感性や情操教育として映像メディアを教材，教具として用いることもあるが，映像を読み解く能力と共に実際にドキュメンタリーを制作することで，メディア教育の属性を持つことが可能になった。また，近年，映像を作成する活動そのものが教育的価値を持ち豊かな実践知を育むことが研究されている。今回の活動もその視点に立ち検証してみる。

2.5.1　映像リテラシー

　映像リテラシーには大きく分けて二つのリテラシーが存在する。一つ目は映像作品を鑑賞させ作品が意味していることを「読み解くこと」である。ここでは，ドキュメンタリー映像を読み解くための要領をいくつか提示する。

(1) テーマ

社会性，客観性，主観性，事実，演出方法，批判力，提言力など

(2) 撮影（Camera）

画面構成，フォーカス，ズーミング，手持ち，固定，画角など

(3) 取材対象（media target）

人物，組織，立場，関係性，社会性，性格など

(4) 録音（Sound）

言葉，BGM，主題曲，効果音，無音など

(5) 編集（Editing）

場面構成，映像効果，カット，テンポなど

　これらの要素は，映像言語とその技術背景を理解することでドキュメンタリーを情緒的に体験する受動的な見方から，映像表現の構造を見渡すことができ，映像を読み解く理性的で能動的なリテラシーを備えることを目的とする。

　二つ目のリテラシーは，グループを中心として個別にドキュメンタリーを制作し，発表するという長期プロジェクトの中で，映像を実際に「つくりあげること」である。この制作に携わることで学ぶ項目を列挙する。

(1) 協調性，コミュニケーション力

　物品を借りる，場所を借りる，約束をとりつける等，あらゆる場面における交渉力やチーム内で役割分担を行う協調性がもてる。

(2) 計画性

　企画から上映までの大まかな日程を計画し，活動時間内のタイムテーブルをつくり，効率のよい制作スケジュールを考えることができる。

(3) 自己理解・他者理解

　自分の感受性，嗜好，考え方などを客観的に捉え，他者の感受性，嗜好，考え方を客観的に捉えることができる。

(4) 話す，聞く，書く，読む力

　台本を執筆する，対象者に取材をする，台本のセリフを言う，周りの人の話を聞く力をつけることができる。

(5) 表現力

絵コンテを描く，撮影する，構成・編集をする，音声とBGMを検討する，それらを演出することができる。

(6) 課題，問題解決力

活動の段階で発生するトラブルや問題点に積極的に対処する力をつけることができる。

(7) 忍耐力，責任感

作品完成，上映までに自分の役割を全うする忍耐力や責任感を持つことができる。

(8) ICT機器活用能力

撮影用ビデオカメラ，編集用PC，ネット等ドキュメンタリー制作に必要な情報機器を道具として有効に使えるICT機器活用能力を持つことができる。

2.5.2 インフォーマルな学習環境

今回は複数の学生が参加し，プログラム型で多様な意見交換，問題発見，解決型の学習活動を行った。

このことは，遠征，合宿形式という非日常的な環境の中でドキュメンタリー制作を行うという活動目的を明確にした集団作業におけるインフォーマルな学習環境が生成されたと言えないだろうか。インフォーマル学習は近年，企業研修や体験学習として新たな実践知を獲得するための方策として注目されている。ドキュメンタリーを制作することは実践知を育むと考えられるが，本実践がグループ交流，合宿形式というインフォーマルな学習環境として与えられたことで，より強固な実践知育成に繋がったことが見て取れよう。

2.5.3 集中的フロー体験とメタ認知力の育成

フロー体験とは，ミハイル・チクセントミハイ（Michael Csikszentmihaly）によって名付けられ，ある活動が適度な挑戦のレベルを与え，活動を行う者がその挑戦に対して適度なスキルを持っている時に生じる，意識の集中と没入感

を感じる経験である。達成できる見通しのある課題と取り組み，明瞭な目標があり集中できる環境において直接的なフィードバックがある場合にフローという概念が学習活動と結び付く。宿泊体験，多様性理解，インフォーマルな学習環境はドキュメンタリー制作という明確な目標を持つことで自分のスキルを最大限に生かし，神経を研ぎすまし他者を理解することができた。これは，通常の学習ではできない経験である。今回の映像制作プログラムにおいて，学習活動は自己の成長であり，学習環境によって生じる集中的なフロー体験に基づくものであることが推測できる。

メタ認知能力とは，人間が自分自身を認識する場合において，自分の思考や行動そのものを対象として客観的に把握し認識することをいう。自己の認知活動（知覚，情動，記憶，思考など）を客観的に捉え評価した上で制御することであり，「認知を認知する」，あるいは「知っていることを知っている」ことを意味する。メタ認知は様々な形でみられ，学習や問題解決場面でいつどのような方略を用いるかといった知識や判断も含まれる。今回，ドキュメンタリー制作に関し，東北に赴く前の事前学習，合宿先での毎日の反省会，戻った後のビデオを見ての振り返り等，様々な場面で自分の行動を省察したことが伺える。

フィールドの生の情報を身体で感じ取り，映像を何回も見直すことで，従前の自分が何をしていたのか，そのための行動はどうであったのかをメタ認知として学習の方略を修正し，学習の効率を高めることができたといえる。

2.5.4　ドキュメンタリー教材の特徴

東日本大震災のあと，数日後から被災地をカメラで撮影した人たちはかなりの数にのぼる。しかし記録しようという意志に反して眼の前の現実を撮影することに躊躇してしまう。そのようなジレンマに立ち向かう人々を含め，たくさんの映像記録とドキュメンタリーがつくられた。それは正攻法のドキュメンタリー制作というよりも，想いが先にあり記録として撮影せざるを得なかった人々も多数いたはずだ。

ある時期を起点にこれだけの数のドキュメンタリーがつくられたことはあま

りないだろう。それは一般の人にも，撮ることで自分の抑えられない感情を昇華する作用があったことは事実である。それは，携帯電話やスマートフォンでのカメラ撮影が簡易化し，メディア自体が発達し，撮影記録の汎用性が見られるということだ。せんだいメディアテークが行っている「3がつ11にちをわすれないためにセンター」や「3.11定点観測写真アーカイブ」はまさにそのような記録と記憶を支援する市民ドキュメントして重要なプロジェクトとなっている。

今回のプロジェクトに参加した学生はどうだったろう。どの学生も基本的なカメラの扱い方や撮影方法はある程度学んでいたが，フィールドに出て調査，インタビュー，編集，上映作業までは困難さが見られた。それは当然のことであろう。事実を知らない状態で出発し，現地について予想をはるかに超える現実に対峙することによりプロットそのものの変更を余儀なくされている。準備不足，構成を組み立てる能力，撮影編集技術全てが満たされることは難しい。テーマの深堀りや主張が弱くなってしまっていることも否めない。

しかし，学生自身の変化を感じ取れる番外編を見ると，少しずつテーマを変更しながらも自分なりに言葉を選び，作品を作る上での重要性を意識していることが見てとれる。このことから，テーマを変更しながらも学生自ら自分自身の学びを振り返るメタ認知の様相を確認できる。

ドキュメンタリー作品の本質はドラマや報道番組と違い，取材対象を自らの主観で捉えることであるが，客観的な視点を忘れてはならない。また，取材がうまくいかず自分のプロットどおりに運ばないことも多い。ドキュメンタリーにも演出はあるし，編集によって視聴者を操作することもできる。そのようなメディアの特性も含めて総合的な学習が可能なことがドキュメンタリー教材の特徴であろう。

彼らが作った初めてのドキュメンタリーは技術的に稚拙であっても，対象に対する真摯さと学びの深さにおける実践知がしっかりと見てとれる。それぞれの研究や進路設計に関してもこの経験が必ず役にたつであろう。

(中村 隆敏)

引用・参考文献資料

1) 平成 24 年度文部科学省大学間連携共同教育推進事業「学士力養成のための共通基盤システムを活用した主体的学びの促進」: http://daigakukan-renkei.jp/b011/ (2015/1/23 アクセス)

【概略】

代表校:千歳科学技術大学

連携校:山梨大学,愛媛大学,佐賀大学,北星学園大学,創価大学,愛知大学,桜の聖母短期大学

連携機関:日本リメディアル教育学会,大学 e ラーニング協議会,日本情報科教育学会

事業概要:学士力における質保証に課題意識を持つ国立・私立,理系・文系,学部・短大の 8 大学と学協会が連携し,学士力に関わる共通基盤的な教育要素(教材・モデルシラバス・到達度テスト)を,クラウド上の共通基盤システム上に共有する。その上で,①各大学の入学段階の学生の学習や学習観特性を把握・共有し,各大学で実施すべき初年次系の学修支援プログラムや②社会の要請に呼応した共通の到達度テストに基づく弱点箇所を e ラーニングで主体的に学ぶキャリア系の共通の学修支援プログラムを実施する。③大学間の FD・SD を通じて各大学の特色ある教育方法も共有しながら質の高い教育プログラムを展開して,基盤的な知識・技能を上手に活用して自ら問題の解決にあたれる自律型人材の育成を目指す。さらに,一連の取組を学協会と協働して,他大学や地域社会で活用できる汎用性の高い学習内容や方法を構築し,ユニバーサル時代の日本の高等教育の質向上へ寄与する。

第 3 章　語り部たちの証言

　2014 年 8 月 23 日（土）〜 8 月 28 日（木）に，福島県の福島市，広野町，いわき市，飯舘村，南相馬市，宮城県の気仙沼市，南三陸町，岩手県の陸前高田市を訪ねた。

　目的は，特別教育プログラム「デジタル表現技術者養成プログラム」の修了研究のテーマの一つである東日本大震災被災地のドキュメンタリー作品と教育教材の制作のための取材である。取材は，教員 1 名，職員 3 名，大学院生 1 名，プログラム履修学生 4 名の計 9 名で行った。学生 4 名が中心となり取材を行い，大学院生は自身の研究対象として取材を通して変化する学生の様子を観察する目的も持っていた。教職員は，学生の健康及び安全管理を担当し，さらに取材等の補佐を行った。

　広野町，いわき市，南相馬市，気仙沼市，陸前高田市では，各地の語り部の方々にガイドを依頼し，震災に関する話を聞いた。また，巨大津波によって引き起こされた福島第一原子力発電所の事故により福島市から自主避難を経験し，福島市に戻ってからも，いつ終わるともしれない放射線被ばくの不安を抱えて生活しているお宅を訪問し，自主避難と市民生活の苦悩について話をしていただいた。語り部の方々や福島市で生活されている方の話や映像は全てデジタルビデオカメラで収録し，後日その映像から書き起こして文字として記録した。これらの映像や文字は，単にそれらを保存するだけでなく，修了研究のテーマでもあるドキュメンタリー作品の制作と防災のための教育教材として後世に残すことにした。

第 3 章　語り部たちの証言　93

3.1　気仙沼市編

　語り部：臼井　亮　さん
　　　　　一般社団法人　気仙沼観光コンベンション協会
　　　　　事務局次長兼総務企画課長
　収録日：2014 年 8 月 27 日

＊<u>アンダーライン部は，第 4 章表 1 のケースメソッド教材原稿に相当</u>

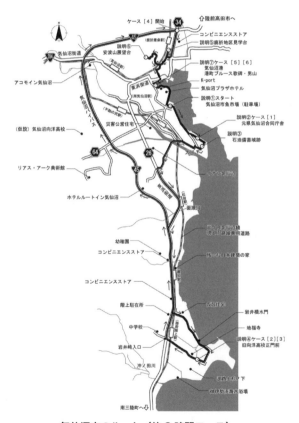

気仙沼市のルート（約 3 時間コース）

気仙沼市魚市場前駐車場→元県合同庁舎前→石油備蓄跡→
旧向洋高校正門前→鹿折地区見学台→安波山展望台→気仙沼港

【気仙沼市魚市場駐車場で】（説明①）

　こんにちは。私は気仙沼観光コンベンション協会の臼井です。気仙沼の震災と復興状況についてこれからご案内いたします。

　ここは気仙沼市魚市場ですね。（駐車場の西に向かって）この建物（写真1）は「海の市」という施設でして，東日本大震災の津波浸水がここまで来ましたっていうプレート表示がありますが，そこがだいたい海抜6ｍくらいです。市場にも，また市内の至るところにそういった表示があります。

写真1　海の市

　この駐車場は1ｍ嵩上げをしています（写真2）。この「海の市」という施設，実は東日本震災の前からあったんですけれども，2014年4月5日にリニューアルオープンしたんですね。元々天井はもっと高かったんですよ。今回の震災でここの地盤が1ｍ沈んでしまった状態のまま嵩上げをしたので天井が低くなったんですね。この辺りは100年前海だった場所です。向こうも右側も全部，海だったんですね。100年前に人の手を加えて，土を盛って埋め立てをした場所が全部津波で流されてしまった。向こうまでずーっと埋め立て地なんですね。学校を造るために山を切り開いて，その土を入れたんですけど，そこが地盤沈下しているんです。

写真2　気仙沼市魚市場の説明

写真3　気仙沼市魚市場

　（気仙沼市魚市場を向いて）左が魚市場になっています（写真3，4）。魚市場の屋上は，地震が起きて津波が来るぞとなった時には，この地域の人たちの避難場所になっているんですよ。

写真4　魚市場の屋上（約1,500人避難）

震災当日，約1,500人の方々がここに逃げてきたんです。それで津波が来るのを上から見ていたんですね。6mの高い津波がここを襲ったんです。（写真3のプレート表示を指して）あそこまで来ているんですね。

気仙沼では火災が発生したんですよ。火事が起きて，この辺り全て煙と火災に巻かれて，屋上から出ることができなかったんですね。1,500人の人たちは，夜中雪が降っている寒い中，ここの屋上で火災と津波をずっと見ていたんです。屋上は，ぎりぎり津波は来なかったんですね。ただ屋上にいた人たちは，「ここももうダメだ」と覚悟はしたそうです。中には携帯のメールで遺書（遺言）を書いたり，家族に手紙を書いたりして準備した人もいたそうですけれども，なんとかここにいた方たちは誰一人犠牲にならなかったんですね。1,500人の方たちは次の日にここから出ることができました。中には家族を失った方もたくさんいるんですけどね。

それで，魚市場は今，サメとカツオが旬ですね。気仙沼はサメですね。フカヒレのサメ。シャークミュージアムという施設もあるんですけども，フカヒレがすごく有名で朝になると市場の中，サメだらけになるんですね。すごいですよ。朝6時頃に来るとちょうど見られるんです。

今，魚市場の方，水揚げしたカツオを首都圏へ直ぐ出荷するために，作業しているんですね。気仙沼は，実は一本釣りのカツオの水揚げが17年連続で日本一なんですよ。17年間ずっと日本一を守っていて，今年も日本一になると18年連続で全国1位なんですね。皆さんのお口に入るのは四国とか宮崎とかで水揚げされるものでしょうけども，気仙沼港で水揚げされるカツオはかなり高値で取引されます。このことは余り知られていないんですね。

サンマも多いんですけど，9位とか10位なんですね。北海道が多いですね。サンマは間もなく漁が始まるんですけど，今年はなかなか獲れないんじゃないかという予想なんですね。9月下旬頃からサンマのシーズンになると，この魚市場は非常に活気付きます。朝はすごくトラックが行き交いますよ。

それで右側を見ていただくと，ところどころ建物の土台がありますね。ここにはたくさんの工場があったんです（写真5）。水産加工団地だったんです。魚市

場で水揚げした魚を加工する工場が右側にあったんですけど、コンクリートの建物だけ残して全て撤去されています。震災から3年以上経っていますからね。それで今、工事をしているのは嵩上げしているんですよ。ここでだいたい2mくらい嵩上げします。ここら全部ですから。まだまだ進んでないですけれども、トラックと重機がものすごい数来ているんです。

写真5　水産加工団地の跡　嵩上げ工事中

　実はこの土は、お隣の岩手県陸前高田市の土なんです。そこは町全体が津波で流されて街が全く消えてしまったんですね。そこで、町を高台に移転するために山を切り開いているんですけども、その切り開いた土を持って来ているんですね。ただそれだけでは足りないんです。この辺りは工場がたくさんある場所なんで、まだ低い方なんです。後から行きますけど、鹿折の方なんかは4mほど嵩上げしているんです。そこは何になるかというと宅地なんですね。宅地はより高く積むんです。

　この辺は魚市場の復旧が先だったんですね。なぜかというと、気仙沼の産業は水産業がメインなので、その水産業が始まらないと、我々食べていけない、暮らしていけないので、先にこの魚市場の復旧をしました。この魚市場は東日本で、多分一番大きな魚市場なんです。向こうまでずっと続いているんですね。

【車中で元県合同庁舎前に移動】

　この写真はこの右手を写したものなんです(写真6)。これは1ヶ月位経った後で、水がすごかったですよね。地盤沈下が起きたので、市場の方から水が流れ出て来るんですよ。建物はもう壊されているんですけれど、水浸しというか浸水がすごかったんですね。でもこれもまだ良い方で、大潮とか高潮になるともっと出るんですよ。

写真6　市場の横、加工場が立ち並んでいた。1ヶ月位経った後でも水びたしの道路

(魚市場駐車場を出て左に行き，海岸沿いに行く)

　ここは気仙沼の中でも一番被害が酷かった所です。人の被害というよりか，工場の被害ですね。この左右のトラックは全てカツオを積んだトラックで，出荷準備をしているんです。午後になると出荷はほとんどないんですけど，朝は早いんですよ。水揚げは6時とかなんで。

　左（海側）に青いタンクが見えるんですけども，この中にカツオを入れるんですね。それで氷を入れて工場に持って行って，あの白い発泡スチロールに箱詰めをして右側（内陸側）のトラックヤードのトラックに積んで直ぐ首都圏に出荷するんです。一部は冷凍するんですけども，ほとんどは生で出荷するんですよ。

　左側も更地になってトラックが停まっていますけど，ここも全部，向こうまで魚市場になるんですよ。それほど大きな魚市場なんですね。ちょうど右側も工場があった場所で今嵩上げしているんです。嵩上げしてその上に建てるんです。工事用トラックの往来が非常に激しいですけど，積んでいるのは全て，嵩上げするための土と砂利なんですよね。それで黒い土嚢は，海水が漏れて来ないように置いているんです。

　左の建物は震災当時のまま，3年半このままなんですよ。これは何かというと海水を浄化する施設なんですけども，今も動いてないですね。

　左側はすぐ海になっているんですけども，ここもコンクリートの岸壁があったんですよ。津波で全部，流されてしまったんですね。ここは復旧工事がずっと続いているんです。日々，道路の状況が変わっているんですね。私，1週間前に来たんですけども，結構変わっているんですよ。

【県の合同庁舎だった場所で】（説明②）

　（海の方を見ながら）ちょうどフェリーが来ているんですけど（写真7）。（大島を指して）ちょっと見づらいですけど，気仙沼大島という島がありまして，そこから来ているフェリーなんですね。

　地図で見ると（写真8），気仙沼の地形はこうなっていまして，今我々はこ

こにいるんですね。で、大島という島があります。これが東北で一番大きな有人の離島なんです。3,000人の方が住んでいるんです。そこと行き交うフェリーなんです。橋が架かっていないんで、車で行き交うことができないからフェリーに乗るしかないんです。震災の日、11艘あったフェリーが全部流されてしまったんで、島民3,000人の方が1ヶ月間、島から出ることができなかったんです。それでアメリカ軍が、ここに入ったんですね。トモダチ作戦という作戦をここでやったんです。

写真7　気仙沼と大島を結ぶフェリー

　大島は橋が架かってないんですけど、震災があったのでこれは良くないということで、急遽橋を架けることになりました。大島架橋という橋で、4年後には最短で結ばれます。ここに大島の橋が架かって、島民の方が車でも行き交うことができるようになります。皮肉なことに、震災があったので早く架かることになりました。震災が無かったらもっとかかっていたと思うんですね。大島から気仙沼まではだいたいフェリーで、25分で行き交うことができます。島民の方は1ヶ月間電気もガスも水道も全く

写真8　気仙沼の地形と津波の方向を説明

写真9　元県合同庁舎

ないという状況でぎりぎりの状態だったんですけども、アメリカ軍に助けられたんですね。
　（建物を指して）ここは東日本大震災の時の津波の高さを表示しているところがあるんですね、2階のちょうど天井辺り（写真9の矢印①）。だいたい6m近くですかね。ここには当日、200人くらいの方が逃げてきたんです。ここは震災前からあった場所です。県の合同庁舎だった場所で、ハローワークなんか

があった場所ですけれども，ここは取り壊さずに残されています。なぜかというと，気仙沼港で仕事をしている人がたくさんいるんですね。その方たちが逃げる場所になっているんです。津波避難ビル（矢印②）と書かれていますけれども。この辺りで高い建物というとこの建物と隣の建物しかないんですね。ですから万一また津波が来るぞとなった場合に逃げる場所として非常階段（矢印③）を新しく付けたんですね。ここから上って行ってくださいというのがこのビルです。

もう一つの津波避難ビルは，気仙沼漁協と看板がかかった灰色の建物です。これは何かというと，製氷工場なんですね（写真10）。氷を作る工場なんです。ここの下は作業スペースになっているんですけども，吹き抜けに敢えてしています。津波が来たときに波の勢いを逃がすために吹き抜けにしています。吹き抜けになっ

写真10　製氷工場（津波避難ビルに指定）

ている場所に上から黒いパイプみたいなのがある。あそこからトラックに氷を落とすんですね。氷をばあっと落として，そして魚市場に持って行って氷詰めの作業をするんです。ここは5階建ての工場なんですけども，一番上の屋上にシェルターがありまして，万一津波が来た場合，逃げてきた人たちが2週間くらいここで過ごせるくらいの備蓄がされているんですね。ここも津波避難ビルに指定されています。この2ヶ所がこの辺りでの避難場所です。ここは海を埋め立てたところなんで，こういう高い建物に逃げてくださいということです。

先ほど，ちょっと大島の話をしましたけど，実は大島があったので，気仙沼の津波の浸水域ってあまり奥まで行かなかったんですね。大島自体が防波堤の役割をしたんですね（写真8の図参照）。波がこう来て分散されたんですね。津波が来るまでに時間がかかったんです。ですから，この大島がなかったら，もっと奥の方まで津波が行っていたんじゃないかっていう話ですね。実はこの地域は，100年に1度必ず大きな地震と津波が来ているんですね。117年前，明

治29年（1896年）にもここを津波が襲ったんですけども。大島があったので浸水域がそれほど奥まで行かなかったという文献がちゃんと残っています。それが今回の津波は1,000年に1度ですからそれが実証されたわけですね。ここ大島は島が半分になりました。津波が山を越えたんですね。それくらい高い津波が来ました。大島があったので我々本土側，気仙沼はなんとか浸水域がそんなに奥の方まで行かなかったんですね。

【1】防潮堤建設の問題（元県合同庁舎前で）

かなり工事が進んでいまして，そちらが岸壁ですけど，岸壁も崩れたので復旧工事をしています（写真11）。ここに，防潮堤を建てるわけですね。計画の高さが，ちょうどあの鉄のポールに7.2m（写真12）っていう高さが書いてありますけども，ここに7.2mの壁ができるんです。海が見えなくなるわけですね。実は宮城県の県知事さんは，この7.2mの防潮堤を絶対建てると。人の命はもちろんそうなんですけども。この辺り，工場がたくさんできるわけですね。そうするとちょっとした津波で浸水した場合に，工場の機械とか設備がまたやられてしまうんです。この辺りの工場の社長さんは早く建てて欲しいって言っているんです。

写真11　岸壁の復旧工事

ただ，住民の8割は反対しているんですね。何故かというと海が見えなくなってしまいます。塀の中で暮らすようだと。防潮堤，被災地3県で1兆円ですからね。総工費が1兆円。これは皆さんの国民の税金です。国が建てます，この防潮堤は。

写真12　防潮堤の計画高

そんなにお金をかけて防潮堤を造ったところで命が助かるのかという話もあります。なぜかというと津波はだいたい8mくらいあるんですけど。7.2mの防潮堤を建てても越えて来るんですよね。ではなぜ7.2mという基準にし

たかというと，あくまでも100年に1度の高い津波を想定しての7.2 m なんです。1,000年に1度，東日本大震災は1,000年に1度の津波，それは想定していないんです。もちろん1,000年に1度のためにもっと大きな防潮堤を建てるとなると，お金もそうですが耐用年数というのもあります。防潮堤の耐用年数はだいたい80年なんだそうです。1,000年に1度のために80年ごとに建て替えていく必要性もあるのかということで，あくまでも100年に1度の津波に対応できるということで，今回建てることが決定したんですね。気仙沼市内だと総延長が約20 km なんですよ。大島はほとんど周りが防潮堤になります。

それで，防潮堤の問題が非常に大きく出ているんですけども，なぜ宮城県の県知事がそんなに急ぐかというと，早く計画を立てないと国からお金が出ないんです。遅くなると国の方では，「防潮堤は必要ないんですか。県と市でお金を出して建ててください」と。県も市もお金がないので，国に頼らざるを得ないので，この防潮堤を急いで建てるんですね。

県知事が5, 6回気仙沼に来たんですけど，住民とのやりとりすごかったんですよ。でもそれでも県知事はがんとして「これは絶対建てる」と。裏にはそういうことがあるわけですね。もちろん命は大切ですけども，やはりこの7.2 m の高さっていうのは，建ててみないとわかんないですけど，我々気仙沼の住民は海と一緒に生きてきた，海から恩恵もいただいて生きてきたので海が見えなくなるというのは，日常生活の一部だった海が見えなくなるのは非常に悲しいですが，これは計画がもう進んでいます。工事をまさにこれからやる状況なんですね。

ここは，道路が2車線あったんですが，防潮堤のために1車線潰したんですね（写真11参照）。2車線が1車線になったんです。防潮堤の上は一部道路になるところもありますが，大部分道路にならないですね。気仙沼市内だと5.4 m という防潮堤の高さのところもある。地域によって違うんですよ。海岸の方は5.4 m というのもあるんですけども，4.4 m の防潮堤を建てて，津波が来た場合に1 m くらい高くなる仕組みの防潮堤もあります。それは景観をある程度良くしようということですね。ここは違います。そのまま真っ直ぐ建て

られる防潮堤になります。

　7.2ｍというのは実は気仙沼市内でも低い方ですね。被災地で一番大きな防潮堤,スーパー防潮堤っていっているんですけども,これは気仙沼市（小泉地区）に建てられてこの倍なんですよ。14.7ｍの防潮堤が建てられます。もう想像できないくらいの高さになります。なぜそこまで必要かという問題もあるんです。そこの地域の14.7ｍの防潮堤って226億円かかるそうです。税金を使って果たして建てる必要があるのかという議論もあるんです。実際,そこの場所って人が住まないんですよ(高台移転で誰も住まない)。それなのに建てるんですね。そこは非常に難しい問題なんですけども,今の現状からすると気仙沼市内にはその高い防潮堤が建つということになっています。

　中には住民の力で防潮堤の高さを下げた場所もあるんですよ。大島なんですけども。海水浴場の後ろに5.4ｍの防潮堤が建つ予定になっていたんですよ。海水浴しながら後ろが防潮堤なんですね。砂浜の後ろが。これはどうしようということで住民が猛反対したんです。大島というのは観光地なんですよ。景観を大事にする所。観光で生活を成り立たせている方が多いんですけども,それで猛反対したらとうとう下がったんですね。ただ条件がありまして,下げる代わりに住宅は山の方にもっと移動してくださいという条件はのみました。でも防潮堤の高さは下げさせました。住民の力っていうのは大事ですね。

　代償はありますけど,凄く言い合って下げさせたんですね。そういう防潮堤の問題っていうのは,これからどんどん多分出てくると思うんですね。

　1兆円という金額で高い防潮堤を建てる必要性があるのかというと,やはり市民の人は違う所に使った方が良いのではないかと。ですから,我々からすれば,逆に国民の税金で防潮堤を建てて申し訳ないという気持ちを持っている方がたくさんいるんですね。違う所に使った方が良いんじゃないかということですね。

　もっと何か違う使い方があるんじゃないか,ということもあるんですね。巨大津波は防御しようがないと思うんですよ,建てても。結局,まず水が入ってしまったら滞留してしまいますからね。ここ新しく土地を嵩上げして工場建て

ても恐らく，また1,000年後には同じ繰り返しだと思うんですよ。自然の力は我々の想像以上のモノですからね。

　これは次の日に撮った，この辺りの地域の航空写真ですね（写真13）。ここが魚市場ですね。我々が今いるところがこの辺りなんですよ。この建物が県合同庁舎でしたけども，相当の浸水域なんです。なぜかというと，こちらの左側が海で，反対側は川が流れているんですね。津波が海と川の両側から来たんですね。この学校を造るために，ここを切り開いて，その土を持って来てここを埋め立てしたんです。気仙沼市内は非常に平野が少ないんですよ。見ていただくと海岸の近くに丘とか小高い山が多いので，こういう場所にしか工場とか建てられないので，

写真13　気仙沼の火災跡を説明

またここに工場を建てざるを得ないという状況になっています。

　火災も起きましたからね。見ていただくと山にちょっと木が枯れているところがあるんですけども，あそこは火災の跡なんですよ（写真7のフェリーの後ろの山肌）。3年経っているんですけど，木が生えてこないんですよ。燃えたところがこの辺りなんですよ。ちょうど正面，木が枯れている所が火災の跡として残っているんです。

【石油備蓄跡に移動】

　ここ（元県合同庁舎：写真9）も事務所として使われていまして，今年の4月から運輸局海事事務所が入っているんですよ。上の階から入っているんですね，下の階じゃなくて。

◇**震災のトラウマでここで働けないという人もいらっしゃるんですか？**

　いますよ，実際に。ここを職場としていた方は，やはり怖いということで，山の方の職場に移った人もいらっしゃるので，水産業に従事している方が少なくなっているんですよね。震災前と比べて工場が足りないので，やはり気仙沼

から離れる人が多いんですよ。それで人口の流出が非常に激しいんです。どんどん減っているんですね。震災で約1,000名の方が亡くなったんですけども，それからどんどん人口が減っています。仕事はあるんですけど，皆さん外に出ていく方が多いんですよね。

工場も2階建ての工場が多かったですね。ここは建築制限がかかっているので住宅は建てられないです。この緑の鉄柵も，震災当時のままになっているんですよ（写真14）。津波の力で倒されたんですよ。まだ被災した建物が残っているんです。正面ですね，カーテンがかかっている建物です（写真15）。

写真14　未だ壊れたままの鉄柵

写真15　壊れたままの建物

【気仙沼湾に面した石油備蓄跡】（説明③）

ちょうど正面が気仙沼大島ですね（写真16）。（対岸を指さして）まだ枯れているというか，火災の跡なんですよ（写真17）。火災の原因となった，船に積むガソリンとか重油とかの非常に大きな備蓄タンクがあったんですよ。馬鹿でかいタンクが23基ここにあったんです。これ，港町特有なんですけども。丸いタンク全部がこの敷地にあったんですが，津波で23基中22基が流されたんですね。海の上をどんぶらこどんぶらこ流れて行ったわけですよ。その間にガソリンとか重油が漏れまして。それに引火して火災が起きたんです。どうしても船の町なので，軽油とか重油を蓄えるタンクが必要なんです。

写真16　23基の重油等のタンクがあった敷地，その奥には気仙沼大島，焼けた山肌が見える

写真17　津波火災で焼けた山肌

ですから震災当日の夜は海面が燃えていたんですよ。山が燃えたというのはわかるんですけど，海が燃えたというわけですよ。海面が燃えて，それが津波と一緒になって押し寄せてきたんですね。まさに地獄絵図だった，そういうことですね。22基の大きなタンクから相当の量の油が漏れてしまったんですね。

【旧向洋高校まで車で移動（約20分）】

　この辺も全部，水産加工の工場だった所ですね。水産関係で働いている方は，市内で6割ですね。元々人口は7万人くらいですね。道路も舗装が津波で剥がれてそのままなんです。

◇家を再建できない土地の処理はどうされているんですか？
　土地とかですか。これは市が買い取ることになっているんです。
　ここはだいたい，2mちょっとの嵩上げなんですね。ただ向こうを見ていただくと，4m近いんですね。この正面ですね。そこは住宅になるんですよ（写真18）。嵩上げの負担は市と国ですね。
　この沿っている川は気仙沼大川です。この橋の欄干はやられていますね。この橋の川下にJR（気仙沼線）の線路があったんですけど，下の橋桁だけ残されて，上の線路は全部流されたんですね。JRの線路は海岸を走っている線路だったんですよ。気仙沼だと仙台市が近いんですけど，その足となる線路が流されちゃったんですね。

写真18　元JRの線路の付近を嵩上げ工事中

　（気仙沼大川の橋を渡る。左側の地帯を指さして）ここには水産加工団地ができるんですよ。今工事をしているんですね。
　トラックが非常に多いんですよ。往来が非常に激しいので交通事故が多いんですよ。気仙沼では，以前はほとんど交通事故で死亡する人いなかったんですけど，震災後トラックの往来が非常に激しくて，正面衝突したりして亡くな

ている方が急増していますね。そういうのも震災のあおりなんですね。

　土木業とか建築業とか，バブル景気のような感じですね。とにかく人が確保できないんですね，人手不足で。水産業の復興もそうなんですけれども，元々気仙沼は賃金が非常に安いんですよね。それで，土木などの外部から来た大手なんかは賃金が高いので，皆そっちに流れちゃって，市内の復興が全然進んでいかない。このトラックも土を積んでいます。右のトラックもみんな土を積んでいるんです。行き交う車はみんなトラックですよね。それでナンバーを見ると面白いんです。全国のナンバーなんですよ。沖縄っていうのもありましたね。

　住んでいる人たちの何割かは，そういう工事関係者なので住民数として増えてきています。ただ，季節労働者じゃないけど，時期が来れば出て行くということになりますね。

(県道26号線に合流した交差点を左折)

　全国からいろんな建設会社が来ているんですけど，地元の建設会社もバブルなんですよ。私もこの仕事をする前には建設会社にいたんですけども，公共工事が無くて1回潰れたんですよ。今はもうすごいですよ。ただ，工事の入札も予定金額にならないと不調なので，工事が遅れるんですよね。工事する業者さんがいないんですよ。それでどんどん工事が遅れていって，それでまた東京オリンピックがあって，「資材不足」という話もあるんですけど，実際それも起きているんですよ。資材の高騰とか，出稼ぎというか，皆さんそちらの方にいくんです。そうするとなかなかこちらに来ることがなくて，それが工事の遅れとなっているんですね。

　如実に現れているのは，やっぱり災害公営住宅という住宅が仮設住宅の後に造られるんですけども，まだ完成していないんですよ。仮設住宅から出る人がいないんですよ。仮設住宅の期限は2年だったんですけども，5年に延長されています。出るに出られない状態ですね。その災害公営住宅に住みたいんですけども，今現在一棟も完成していないんですよ。工事の遅れが原因なんですね。入札で決まらないんですよ。何回やっても不調に終わるんです。オリンピック関連などの工事の方が高いんですね。

気仙沼の場合ですと仮設住宅に住んでいる方が、この時期未だに1万人位いるんですね。仮設住宅から出ることが出来ないんです。仮設住宅って学校の校庭に造られているんですよ。建てる場所がないんです。気仙沼の場合、平野が少ないので、学校の校庭とか公園に仮設住宅を造っているんで、子どもたちが遊ぶ場所、部活する場所が全くない事態が起こっているんですね。

　それで、実際のところ、空地を見つけて、山の方を切り開いて学校とかの部活とかをしているんですね。それの対策とかいうのは無いですね。やはり被災者優先というか。

　ちょうど左が大島なんですよ。実は以前はここから大島を見ることができなかったんですよ。この道路の両端、建物がいっぱいあったんですね。景色が良くなったんです。ここは亡くなった方が多いんですね。今まで山だったんですが、今下って来たんです（旧気仙沼線松岩駅付近）。

　ここはずっと左右が住宅でした。住宅地の再建予定で盛り土しているんですね。あれは工事関係者の方たちの宿泊施設なんです（写真19）。自前で建てているんですよ。宿泊施設が足らない状況が今問題になっています。市内の宿泊施設は、気仙沼は結構多く70軒くらいあったんですけど、半分津波で流されちゃったんですね。実は宿泊施設もバブルが起きていまして、観光客よりも、こうした工事関係者が泊まる場所として半年間のスパンで押さえるわけですよ。そうすると宿泊施設は儲かるわけです。ただ業者さんとしてはお金がかかるので、ノウハウがある大手の建設会社はあのように自前で建物を建てた方が安くあがるわけです。

写真19　建設中の工事関係者の宿泊施設

　市内は渋滞が結構多くてですね。平日はこの道路は渋滞するかもしれませんね。トラックの量がホント半端じゃないですね。日曜日は休みなので少ないですけども。

(国道45号線と県道26号線の交差点を左折)

　気仙沼市はちょっと広いですね。市町村合併を繰り返してできた街なので、

北から南まで40〜50分かかるほど大きいんですね。この辺はちょっと高くなっているんで，津波の被害は全く無いんです。

私の家も被災してないんですね。気仙沼市で同じ市民なんですけど，津波来た所っていうのはごく一部なんですよ。その方たちを被災者と私は言っているんですけども，私は同じ市民なんですが，家も家族も無事だったので，私は被災していないと自分では思っているんです。格差は激しいですね。家も仕事も家族もなくされた方がいるんですね。同じ市民なんですけども，その方たちの差っていうのは痛感するところがありますよね。同じ町内会でも津波で流された場所と流されない場所とがあるんですね。そうなると片や仮設住宅，片や普通に家で暮らしている。自治会組織がもうバラバラなんですね。バラバラになって半分くらい解体しているんですよ。なんでウチの家だけ流されてあなたの家は流されなかったのという感じがあるんですよね。ホント，その境はちょっとしたことですよね。

津波で家を流された人には，国から補助金が出るんですね。全壊，半壊っていうのが2種類あります。全壊だと建物の規模にもよるんですけども，半壊になると半分になるんですよ。それで半壊と全壊の差って何だろうかというと，基準はあるんですけども，あとは調査員のサジ加減になりますかね。当時は全壊と半壊の差っていうのは大きかったんですよ。調査員が調べるんですけど。なんで私の家は半壊なんだって調査員に詰め寄っているんですよね。半壊した家も，ほとんどの場合使えないので，「なぜ，住めないのにって！」という感じですね。

どういうわけか，ここの家も残っているんですね（旧気仙沼線最知駅付近）。周りには建物があったんですけども，この家と向こうの家だけ津波が来たのに残っているんですよね。これがね，どういう訳かわからない。ここは津波の被害が酷かった場所なんです。

ここは家が無いんですけど，右側のちょっと高くなっている所の家は残っているんですね。ちょっとの差なんですよね。海に近いから流されている，この辺も全部。ここはだいたい5m近くは来ていますね。ここ，左はすぐ海で低

いんですね (長磯森)。

　白いガードレール，あれは線路だった場所なんですよ。今，線路じゃなくてですね，バスが通っているんですね。BRT (バス高速輸送システム) っていう赤いバス。バス専用道路で，バス一台しか通れないです。今日ちょっとすれ違うかわからないですが，最終的には被災したところの線路 (JR 気仙沼線) 全部をバス専用道路にする，JR の予定なんですよ。もう線路は作らないということですね。

　気仙沼市長は，当初は JR に鉄道の復旧をお願いしていたんですけど，全部で800億円かかると。JR が半分は持ちますから，半分は市町村で持ってくださいということに。お金がないので，このバスになったんですね。PR がすごいんですよ。BRT っていうバスで売り出していこうと。

(気仙沼警察署階上駐在所前の交差点を左折)

　ここは津波来てないんです。家残っているんですね。ちょっとだけなんですね。そして，これが BRT で遮断機もちゃんとあるんですね (元 JR 気仙沼線で今は BRT 専用道路：写真20)。バスが来ると (一般道側の) 信号が赤になって，(バス側の) 遮断機がバーンと上がってバスが通って行くんですね。本数が多いんですよね，一日何便も出ているんで。

　左が仮設住宅なんですよ (写真21)。この地域の仮設住宅なんで，ホントに仮設，プレハブなんですね。

　ここは気仙沼市階上（はしかみ）地区という，元々仙台藩の伊達政宗の塩田だった場所なんですよ。1,600年代以降，塩づくりが非常に有名なんですね。塩田がすごく多くあった場所で，今でも塩づくりやっているんですよ。非常に良質の塩が採れるということです。大石内蔵助の計らいで赤穂の塩の製法が気仙沼に伝えられたっていう話 (ストーリー) があるんですね，本当に。

　ここは漁港ですね，階上漁港という漁港です。

写真20　元 JR 気仙沼線は，現在 BRT

写真21　仮設住宅

もちろん，ここも津波の被害は酷かったんですけども。この建物っていうか，水門（岩井橋水門）の上の高さまで来ているんですよ（写真22）。この辺りは被害が酷かった所ですね。ここも水産加工の工場がほとんどだったんです。住宅もあったんです。

ここ，観光地なんですね。「潮吹き岩」って潮を吹く岩が奥の方にあるんですけども。ただ震災後，吹かなくなったんですね。多分地震で岩がちょっとずれたんでしょうね。

ここが気仙沼向洋高校という高校だったところです。今から正門側に行きます。船がひっくり返っています（写真23）が，これ津波の時のままですね。持ち主の方を知っているんですけども，どうなったんだろうって話していました。

ここ，中に入れないんですよ。実は，震災遺構として残そうとしているんですよ。で，間もなく調査が入るんですね。

写真22　津波で壊れた岩井橋水門

【旧気仙沼向洋高校の正門前の広場で】（説明④）
【2】気仙沼市階上地区の明暗

<u>ここは非常にシンボリックな場所なんですよ（写真24）。実際ここの校舎の中で亡くなった人っていないんです。ここにいた生徒は全員無事だったんです。</u>津波は4階の床上10cmくらいまで来ました。3階とかはもう窓ガラスとか無いんですね。（高校と反対方向の御伊勢浜を指して）すぐ向う側が海になっているんですね（写真23参照）。

<u>実は，3学年の生徒さんは卒業していたのでいなかったんですね。1学年と2学年の生徒さんたちは震災当日ここにいたんです。170名</u>

写真23　向洋高校前の道路際に

写真24　旧気仙沼向洋高校

がいたそうです。地震があって皆さん，驚いて校舎から飛び出して来たそうなんですね。それで校庭にみんな集まって来たんです。ちょうど手前の校舎は入学試験の準備に使われていたので，奥の校舎に皆さんいたそうです。そこから170人の生徒が全員出て来て。

　本来であれば，建物の3階に逃げるという避難計画だったんですけども，あまりにも地震が大き過ぎて皆さんびっくりして，校庭に飛び出して来たそうです。本来ならダメなんですけども。それから屋上に上げるっていうことが出来なかったそうなんです。腰を抜かす生徒さんがいたそうなんで，階段上れないっていうことで。

　避難計画が2つあって，津波と地震が来た場合は3階へ。もう一つ，火災が起きた場合の避難計画というのがあって，火災が起きた場合は奥のお寺へ（写真25）。塔が建っていますよね。左に地福寺っていうお寺があるんですけども，あそこに逃げる計画に切り替えたそうです。それで生徒170名は直ぐにそこに逃げたそうです。約10分で逃げたそうです。

　先生たちはほとんど残っていたそうです。あと工事関係者，ここの校舎を工事していたんですね。52名はまず3階に逃げたそうです。なぜ3階かというと117年前にあった明治の地震の時の津波の高さであれば，この高さにいれば大丈夫だっていう想定のもと，3階は大丈夫だっていうことで3階に逃げたそうです。

写真25　塔の左に地福寺

　生徒さんは，そこの地福寺っていう寺に逃げたそうですが，着いた瞬間にお寺の住職から「ここも絶対ダメですよ」，「津波の高さが6，7mっていう放送が流れていたので，ここもまずい」っていうことで，生徒さんたちは走って国道の方へ行ったんです。走っている途中で，ここを津波が襲ったんですよ。

　6，7mって聞いたんで「これはまずい」と，先生たちは1階の校長室にあった重要書類を入試の試験問題とかを1度3階に上げたそうです。しかし，「3階もダメだ」っていうことで，また3階から4階に上げたそうです。それが

良かったんですね。見ていただくと，3階は津波が来ているんですね。3階にはまだ軽自動車が突き刺さっているんですよ。今日は行けないんですけども。で，4階の床上10cmくらいまで津波が来ています。52名の皆さん方，4階でなく屋上に逃げたそうです。

ここから国道まで2kmくらい。走っている途中に津波が来たんですが，国道に行く途中って，津波が来てない場所なんですよ。ちょっと高くなっているんですね。それで，大丈夫だったんですけど。

実は午前中に，向洋高校の生徒さんのうち1学年の女生徒が何人か帰ったんですけども，一人が自宅で流されて亡くなっているんです。犠牲者は一人なんです。ただ，ここの校舎で亡くなった人は誰もいないので，これを残そうということで今から調査が入ります。どれだけお金をかけて直すか，維持費ですよね。どれくらいかかるかという調査が間もなく入ります。

校舎の左側の壁がめくれているんですよ。あれは，ここ（写真26の手前の空き地）にあった大きな水産加工工場，3階建ての水産加工の工場が津波に流されて，あそこにドーンとぶつかったんです。波がこっちから来たんですね。こうまっすぐ行ったんですよ。波がこの方向（御伊勢浜）から来たんですね。上から見ていたら黒い壁となって押し寄せてきたと。周りが住宅だったんですけど，住宅をのみ込みながら押し寄せて来たんです。ここにすごく大きな工場があって，そこに波がぶつかったんですね。それで多少勢いが弱まったんですが，その建物が押し流されて来て，校舎の角にぶつかった跡なんですよ。

ここはすぐには水が引かなかったんですが，ここに残っていた52人の先生たちは，次の日に歩いて帰られたそうです。瓦礫とか水がすごかったんですけども，家族が心配されているので，なんとか国道に出て帰ったんです。

【3】波路上杉ノ下地区の悲劇

実はこの周辺には住宅がたくさんあってですね，その方たちが避難する自治会館があったんですね（写真26の奥の丘）。その自治会館が避難場所に指定されていたんですよ。ここの近くにあったんですけども。そこの避難場所だった

自治会館が津波で流されたんですよ。皆さん，そこに逃げて来ていたんですよ。信じていたというか，まあ避難場所だったんで。その想定を超える津波が来たので，99名の方が亡くなったんですね。ちっちゃい子どももいたんですよ。私の知り合いで，女の子で3歳の子どもだったんですけども，その子もお婆ちゃんと一緒にここで犠牲になったんですね。そこには慰霊石碑があるんですが，気仙沼市内で人が亡くなった場所のうち，ここは一番犠牲者が多かった所だったんですね。

あの丘の電信柱は津波のとき倒れていますね（写真26）。新しく建てた建物が多いんですよね。あそこも多分，津波は来ていますね（写真27の丘）。直したんじゃないですかね。ここは全部民家でした。当時の状況を思い出せないんですけど，たくさんありましたね。

写真26 　向洋高校正門前の広場から，多くの避難者を出した波路上杉ノ下避難所のあった丘を臨む。丘の向こうは御伊勢浜海水浴場

平野なので逃げる場所が無いんですよ。海から近いのでここに逃げるしかないんですけども，さっき言った通り，避難場所に指定されていたのがあの丘の上にあった自治会館だったんですよ。みんなそっち行っちゃったんですよ。避難場所はここですよと指定していたので。そこに集った人たちは流されてしまってですね。ここにいれば大丈夫だということだったんですね。国道へは車で逃げないと無理ですね。それか，

写真27 　向洋高校前の空き地（以前，水産加工の工場があった）

この高校の校舎の屋上に逃げないとここの場所はもうだめですね。津波はここが一番高く来たんじゃないですかね。

向洋高校の建物はおそらく残すと思います。ここの生徒さんたちは別の建物，山の方に行っているんですけども，ここの校舎は震災遺構として気仙沼市では残す予定にはしているんですね。

奥の方を嵩上げ工事しているのでトラックがすごいんですよ（写真28）。

今日は，風が強いですね。涼しいというより寒いですよね。気仙沼は風がすごく強い土地なんですよ。よく風が吹くので，フカヒレを干したりするのに適しているんです。ですから，昔気仙沼市内って結構火災で何回か燃えているんですよ。何百年かに一回，街が大火事になって。風が吹くので燃えやすいんですよ。

写真28　絶え間なく土を運ぶトラック

ちょっと匂いがしませんか。これは油の匂いですよね。魚と何か混じり合ったような。時期によって，まだ匂いが残っていることがあるんですよね。震災の年なんか大変すごい匂いでしたね。

写真29　生徒たちが逃げて来た地福寺

【鹿折へ移動】

ここで誰も犠牲者がなかったっていうのは，震災遺構として残す理由にはなるんですけれども，これを見るのがいたたまれない人もいると思いますね。

ここが，生徒さんがまず逃げて来たお寺です（写真29）。津波はお寺の天井の上まで来ているんですね。で，この左右が住宅ですね。さっきの生徒さんたちは，この道路を走ったんですよ（写真30）。見た限り津波の被害は無いんですよ。不思議ですよね。ちょっと高くなっているんですね。ただその右下に田んぼがあるんですけど，そこは津波が来ているんです。奥も来ていますね。生徒さんたちがここを走っている間に校舎は津波に襲われていたんですね。

写真30　生徒が懸命に走った国道へ出る道

（岩井崎入口交差点を右折。国道45号線へ）

最終的に生徒さんたちは中学校に避難したんですね。中学校に避難した170人の生徒さんはそこでその日の夜を過ごしたそうです。心配して生徒さんを迎

えに来たお父さんお母さんというか，親御さんがいる方たちはその日は帰れたらしいんですけど。最後に帰った生徒さんは3日後だそうです。この地域は結構やられましたので，親御さんを亡くした生徒さんも多いみたいですね。

　ちなみに津波にあった田んぼは大丈夫ですね。まあ3年経っていますから。気仙沼は意外と，田んぼっていうのは少ないんですよね。農作物がほとんど採れないんですよね。海産物が多いんで，やっぱり土地柄なんでしょうね。平野が少ないので。急斜面で蕎麦を作ったりしていますね。

（国道45号線の気仙沼警察署階上駐在所前交差点付近）

　ここはさっきも通りましたけど，津波は来てないんですね。で，ちょっと低くなっているあの辺りの角はもうダメなんですよ。あのコンビニエンスストアの看板の辺り。そこから先は全部だめですね。

　この辺は津波が来ていますね。奥の方まで行っていますからね。コンクリートの建物はあまり被害が無いですね。避難するとしたら，コンクリートの高い建物ですね。ただ，町の中のコンクリートの高い建物は火災が発生した時を考えると，必ずしも安全ではなかったですね。気仙沼市内で，震災で亡くなった方のうち，水死は一番なんですが，焼死された方も多いですよね。気仙沼はたぶん被災地の中では火災による死者が一番大多かったと思います。やっぱり船の町特有ですかね。

　あの家（うち）は残っているんですね，あの右側の黒い瓦屋根のポツンと残っている家です（最知駅交差点付近の黒瓦の日本家屋）。で，聞くところによると，残った木造の建物は同じ方が建てたそうです。やはり土台か何かがしっかりしているんですかね。黒い瓦屋根で重みがあるんですよ。どっしりしているんですね，上が瓦なので。家が残った理由としては，そういうのが考えられますね。

　左奥に，カラフルな所，幼稚園があるんですけど。津波はあそこまで行っているんですよ。園児2名，ここで亡くなっているんですよ。これは帰る時に亡くなっているんです。あの場所にいたら良かったんですけど，お祖父ちゃんが「子どもが心配って」わざわざ幼稚園まで行って連れて帰ったんです。園長先生がここにいたら大丈夫だよって言っているのにもかかわらず，孫が心配

だって連れて帰ったんですね。

◇**気仙沼向洋高校の生徒さんたちは今どこで勉強しているんですか？**
　学校は山の方（気仙沼市九条）に，仮設のプレハブの学校を新たに造って授業をしていますので大丈夫ですね。前の近くではなく，全く違う所の山の方ですね。今走っている道路の左側の方に，プレハブの学校があるんです。
　ここのビジネスホテル「ルートイン」も新たに造ったんですね。工事関係者専用のホテルなんですね。ですから，市内には既存の地元の人たちの会社の経営するホテルと，外から参入してくるホテルがどんどん増えてきているんですね。それでこの復興が終わると引きあげるわけですよね。老人ホームにするという話もあるんですね。ちょっとわからない,後付けかもしれないですけどね。
　右側に山が見えますが，最終的にはあの山（安波山）に登りますから。途中まで車で行って一望できますので。
　津波はこの辺の高さまでは来てないです。川（大川）が流れているんですよ。川は逆流したので多少水が溢れ出た所はあったと思うんですけども。破壊するほどの威力はなかったんです，ここは全く山なので。
　で，先ほどリアス・アーク美術館に行ったっておっしゃっていましたが，こちら左ですね。美術館が山手で，こちらの反対側が海ですね。
　ここ十字路になっているんですけども（国道45号線と県道65号線の交差点），右側の信号ありますよね。あの辺りまで津波が来ているんですよね。高くはないんですけども。
　震災後，他の県とかに行った人は多いですね。仕事が無くて行くっていうのもありますし，後は親族とか頼って，一人暮らしの方たちは親族を頼って東京に行ったりとか多いですよね。それで人口がどんどん減っていきます。どこでもそうなんでしょうけど，若い人が少ないので，学校を卒業しても気仙沼にいるっていう子どもは少ないですね。
　町の再生は，やっぱり人ですね。人がいないとお金も回らないし，商店街もだめですね。観光は重要ですね。ですから宿泊施設も徐々にではありますけど，

観光客も取っていただかないと，工事関係者だけではいつか終わりますからね。
　このバイパス（気仙沼バイパス）は出来て30年は経っていますかね。だんだんここが発展して，中心になってきているんですよ。この右側はですね，元々30年位前は田んぼだったんですよ。住宅もほとんど建ってなかったんですね。平地で中心街に非常に近い便利な場所なんですね。ですからどんどん建物が建っていって，震災で流された病院とかがここに移って来ているんですよ。ユニクロとかツルハドラッグとかあるんです。ここは土地の単価が気仙沼市で一番高いですね。あっち（港付近の中心街）の方は安くなってきている。逆になってきているんですよ。皆さんが泊まるホテル「アコモイン気仙沼」はあの右側の辺りです。一番土地の価格が高い所に建っていますね。
　後で行きますが，私は津波が来た時，海岸にいました。海岸の方に観光物産センターって大きな3階建ての建物があって，大島行のフェリーが発着する場所なんですけども，私はそこにいました。津波が来る5分前までそこにいたんですよ。そこの場所が津波の避難ビルだったんですね。実は私，その物産センターの管理者をしていまして，逃げることができなかったんですよ。誰か避難して来るんじゃないかっていうことで，準備して待っていたんですけども，誰一人避難して来なかったんですよ。誰も避難して来るわけないですよ，6mの津波ですから。皆さん山の方に避難したわけです。それで一人ポツンとなって作業していたり慌てたりしていたので，放送も聞こえないんですよ。これはまずいということで5分前，後から5分前っていうのがわかったんですけども，近くの高台に神社（紫神社）があったんで良かったんですけど。そこに逃げて。逃げたのは私が最後，その地域では多分最後だと思うんですけどね。
　そこは結構，被害はありましたね。建物はほとんど流されたんですが，人の被害は少なかったです。人口は結構密集していたんですけど，7人しか亡くなってないんです。なぜかというと，逃げる場所，高台があったんですね。見るとわかりますが，海の近くにすぐ山があり，家が建っているんです。

(国道45号線から県道34号線を海辺へ)

【4】鹿折地区の共徳丸

　この右側の土地が，鹿折，鹿に折るって書くんですけども，ここが火災が一番大きくて船が打ち上がっていた場所なんですよ。ここは100年前まで海だったんですね。これは震災前で，結構住宅があったんですね（写真31）。共徳丸は，ここに打ち上げられたんですね（第18共徳丸：全長60m，総トン数は330トンもある大型巻き網漁船）。こういう風に住宅と水産加工場がたくさんありました。古かったですけども水産加工場が多かったんですね。この共徳丸が，港から約800mも離れた陸地に打ち上がっていたんです（写真32）。

写真31　鹿折地区の震災前後

写真32　今は撤去されてしまった共徳丸

　これは去年（2013年10月），震災から2年半で撤去されたんですよ。本当に陸地のど真ん中に打ち上がっていて，これを見に来る人たちがたくさんいたんですよ。これを残すっていう話もあったんですけども，非常に問題が根深くあってですね。市民の7割が反対したんですよ。

　観光客というか，船を見る方が多く来ていたんですよ，去年の10月までは。ただ船を撤去した瞬間から，ほとんど人が来なくなっちゃったんですよ，パッタリ。近くにコンビニエンスストアがあったんですね。気仙沼の中のコンビニエンスストアの中で一番売り上げがあったんですよ，10月までは。10月以降，全くダメになっちゃったんですよ。それくらい，やはり船の印象っていうのは強烈だったんですよ。

　私も残すことに賛成はしたんですけども，まさか市民の7割が反対するとは思いませんでしたね。思い出したくないっていうことですね。必要ないって感じですね。私は観光関係に従事しているからそう思うのかもしれませんけども，一般の住民の方はそういう風に思わない。あんな船いらないとか。逆に子どもたちの方が必要だって声が多かったですよ。高校生とか，中学生，小学生がやっ

ぱり残した方が良いという声がすごく多かったですね。子どもたちは，それを夢に繋げたりするんですよね。

　左手は復幸マルシェという仮設の商店街だった場所です（写真33）。移転したんですよ。9月1日から別の場所でやるんですね。なぜかというと，この場所は嵩上げが始まるんです。今奥の茶色くなっているところは嵩上げしているんです。

　右側をJRの線路が通っているんですよ。高くなっていますので，線路の奥は被害がほとんどないんですよ。ここも陸前高田市に行くバス（BRT）専用道路の工事が始まっています。これバス停ですけど，最終的にはバス停は向こうに移動しますからね。これは仮設のバス停です。

写真33　復幸マルシェという仮設の商店街（旧）

　これが例のコンビニエンスストアですね（写真34）。そして，ここも3.2m嵩上げして宅地になるんですよ。共徳丸があったのがちょうどこの右側です。で，人がそこにいますけど，これからそこの見学台に行きます。献花台と見学台があるんですよ。この街が一望できます。この間，半月前にできたばっかりなんですよ。

写真34　売上げ一番だったコンビニエンスストア

　それで復幸マルシェが今度，こちらに来るんですよ（写真35）。嵩上げで全く何にもかも無くなっちゃいますね。嵩上げして，次の津波に備えるということなんですけどね。なんかそんなに高く盛る必要あるのかなと思うんですけどね，正直なところ。

写真35　新しい復幸マルシェ

【鹿折の造成地の見学台で】（説明⑤）

　あの見学台，ちょうど津波の高さに造成して

写真36　献花台と見学台

いるんですよ（写真36）。実際登れますから登りましょう。気仙沼市内は，意外と大震災の献花台っていうのが無いんですよね。無かったんですよね。献花台なんてそんなに難しくないですよね。ただそういう意識が無かったっていうか，考えが至らなかったっていうか。ただ，一番大事だって思うんですけどね。

最終的な復興，まあ多分ゴールは無いと思うんですけど，建物が建って10年から15年，もっとかかるでしょうかね。さっき言った通り工事が遅れているんで，なかなか進まないんですね。ここも去年とほとんど変わらないですからね。土地が高くなったというくらいですかね。

考えてみると多分この高さですよね。住宅がここに建つんですよ。ちょっと想像できないですよね。この辺は4m嵩上げします。これ全部同じ高さにするだけでも何年もかかると思いますね（写真37）。

写真37　嵩上げ工事の様子

JRの線路の奥は建物，家なんかは残っているんです。津波は線路をちょっとは乗り越えたんですけども，そこまで大きくは行ってないんですよね（写真38）。住民は普通に暮らしているようですね。

写真38　JR線路より奥の被害は少なかった

（見学台に登って）

この場所は火災が一番ですね。市内でも一番燃えた場所なんで。あそこは造船所ですね。海もちょっと見えますよね（写真39）。津波が1回引いて，そしてまた第2波，3波と来たんですね。第2波が大きかったですね。第2波で亡くなられた人多いんではないですかね。後，引き波ですね。来た波で流されるのもあるんですけども，海に流された人はほとんど引き波ですよね。引き波の強さは寄せるときよりも強いんじゃないかと言われていますね。持っていかれますからね，全部。速いんですよ。あっとい

写真39　見学台から造船所と海を臨む

う間に引いて行くんですよ。それでそのまま流されちゃうというか，泳げる人も瓦礫を被せられてはもうダメですよね。

【学生との質疑応答】（写真40）
◇津波を見たとき，どのように感じましたか？

津波を見て，正直，気持ち的には，エッとしか思えないですよね。えっ，何なのこれって。体験したことないじゃないですか，津波っていうか地震も。もう，この世のものじゃないっていう感じですよね。

写真40　学生との質疑応答

逃げている時には，津波を見る余裕もなかったんですけども，音は聞こえました。何かこうざわついているっていうか，逃げている時は私しかいなくて，周りはシーンとしていたんですよ。自分の足音だけが聞こえるのと，何かこうざわざわ来ているような気配がして，必死に逃げたんです。後から聞いた話ではやはり海底が見えるくらい引いていたそうです。私は見ることができなかったんですけども。

◇現実で見たときよりも，後でニュースとかで見たときに実感が湧いてきたってことありましたか？

それはありますよね。ただニュースを見たのは何週間後だろう。2週間は電気も無かったので，全くテレビを観られなかったんですよ。それで，震災状況は自分の目で見た近くの所だけで，後から気仙沼がこうだったんだなというのは2週間か3週間後にわかったんですね。中には車のカーナビとかで見たりした人はいたんですけども，私は情報がほとんどラジオでしたから。気仙沼がどうなっているのかがわからないんですよ。

私，子どもが二人いて，下の子が被災したんですね。生きてはいますけども，1週間会えなかったんですよ。次の日から歩いて探したんですよ，ずっと。それで市内の状況がある程度わかったんですね。

大事な子どもですから，1週間経ってやっと会えたんですけども。幼稚園に行っていたんですね。で，幼稚園が，さっき海岸に行ったじゃないですか，高いビルがあったあの辺りにあったんですが，そこから避難して助かったんです。幼稚園は避難訓練を必ず，毎月1回やっていたんです。それが良かったんですね。震災の3日前に月1回の避難訓練をやったんですよ。3月8日かな。それを子どもから聞いていたので，大丈夫だなと助けに行かなかった。行かなかったのと管理者なので行けなかった。

◇実際の報道のテレビ番組を観たときに実際に現地で感じたものとのギャップはありますか？

　ありますね。テレビでは，もちろん一部しか報道はできないので，やっぱり我々住んでいる所の現状っていうのはテレビで映すよりももっと悲惨ですよね。

◇震災が起こる前って自分が経験してなかったら，準備しろとかって言われてもしないじゃないですか。起こった後にこういう準備はしとけば良かったなとか，家にこういうものを置いとけば良かったなとか思ったことはありますか？

　それはありますよね。全く経験したことがないので。あのとき一番困ったのは水かな。寒さは着ればいいんですけど，食べ物よりも絶対飲み物ですよ。水が困りましたね，非常に。準備するものとして，例えばこういったリュックサックにいろいろ詰めてというよりかは，水ですよね。水の確保でも自衛隊には助けられましたね。私の家は山の方にあって湧水が出ていたんですよ。それを沸かして飲みました。その湧水を何十回も汲んで来ました。私はすごく水が大事だと思うんですよ。準備している分には構わないですけども，震災から1年間は自分の家で準備したり，リュックサックにいろいろ詰めたりしたんですけども，今はしてないですね。それが現実なんですよ。人間なのでそういうのを忘れちゃう，しょうがないかなと思うんですけども。準備している人ってだんだん少なくなっている。これ，まさに風化ですよね。

◇地元の学生さんが復興のために何かやったことは？

　結構外部から入ってくる支援の方が気仙沼に住むっていうのが多いですよね。ボランティアの方が気仙沼に来て，「ああ，いいな」って，そのまま住み着いちゃうのも多いです。住民票も全部移しちゃって。学生も多いですよ。学生というか卒業生ですね。ただ地元の学生というと，なかなかできないというか，アイデアとかいろいろあるんですけども，聞く耳を私たちが持たないっていうのも一つあるのかなというのもありますよね。ですから若い方たちの意見を取り入れるっていう街づくりというか，そういう仕組みが大事なんじゃないかと思いますよね。

(安波山に移動)

【安波山で気仙沼市を眺めながら】（説明⑥）

　ここ安波山（写真41）は結構避難場所っていうか，避難して来た人たくさんいたんですよ。サンドウィッチマンがちょうどここにロケで来ていて。実は，私は午前中ロケで一緒だったんですよ。それで，ここで「じゃあバイバイ」って帰ったら，「海の市」で津波が来て，ここに

写真41　安波山公園案内図

逃げて来たんですね。サンドウィッチマンもここ気仙沼で3月11日の午後に地震に遭って，安波山の上で見ていたんですね。

　ここは避難場所になったんですよね。さっき話したんですけども，当時かなり多くの人々がここに逃げて来たんですよ。なぜここかというと，やっぱり市民の方たちにとって，この安波山って山，「安い」に「波」って書くんですけど，波を安らがせるって大漁祈願みたいなやつでシンボル的な山，239ｍって小さい山なんですけども，昔よくここに登っているんですよ。「安波山の日」って決めて，小学校の時に必ず5月何日に安波山に登るんですよ。そういうことで，市民の方たちの中に，逃げるのにここは大丈夫っていうのがあったと思うんですよね。ここがダメだったらもう全地域がダメですけどね。昔ながらに

そういうことがあったので、皆さんここに逃げて来たんですよね。

ここは市内が一望できる場所です。昔は建物がいっぱい建っていたので、夜景なんかも良かったんですけども。茶色い部分は土地を嵩上げしている部分ですね。見るとすぐわかると思います（写真42）。

写真42　気仙沼を臨む①

さっきの鹿折っていう所は見えないんですけども、気仙沼はまさにさっき見せたこれですよ（写真43）。こんな形ですよね。多少違うんですけど、ここに魚市場があって、川が流れていて、火災が起きて。で、正面が大島ですね。この川が大川ですね。それでちょっと見づらいかもしれないですけど、ここに小学校があったんですよ。

写真43　震災翌日の写真

今クレーンの向こうに大型ショッピングセンター「イオン気仙沼店」が見えますか（写真44）。あの赤い看板のイオン。その手前の川沿いにちょっとクレーンが立っていますよね。

写真44　気仙沼を臨む②

ちょっと見づらいかもしれないですけど、それが小学校だった所です。今高い建物が建っているのが災害公営住宅で、気仙沼で最初にできるものですね。仮設住宅を出た方たちが住む7階建てか8階建ての大きなビルで、300～400世帯が住める災害公営住宅が学校の跡地に建設されているんです。もちろん、川沿いには防潮堤も造られますけどね。

学校（南気仙沼小学校）は2階まで津波が来ました。山の方の学校に統廃合されてもう廃校になったんですが、私の上の子どもが当日その学校にいたんです。二人とも被災しているんです。

さっき通って来たのは左側の岸壁っていうか魚市場の向こうですね（写真42

参照)。それで階上の旧向洋高校がその向こうです（写真44参照）。ちょっと見づらいかもしれないですけど，湾があって正面に木が何本か，先ほど我々はあそこにいたんですよ。白い建物のあの辺りが旧向洋高校の建物がある場所なんですよ。

　ですから，階上地区は諸に津波が来ているんですね。でも，湾の奥は，このように湾が非常に入り組んでいるんで津波が来るまでにやはり時間がかかったんですね。リアス・アーク美術館はもっと右の山手です。気仙沼の町は，震災で建物が消失する前はもっときれいだったんですけどね。

　漁業の方は，全盛期の7割は復活していますけど，水揚げをしたくてもそれを加工する工場がないので，水揚げできないんですよ。普通に魚は獲れるんで揚げたいんですけども，それを次々に加工する工場を津波で無くしたので揚げられないんですよ。魚の量は変わらないんですけども，獲った後の処理ができない。ですから，フカヒレの原料になるサメの漁獲高もあるんですけども，加工する工場が無いので何ともならないっていうのが，現状なんですね。ですから早く嵩上げして工場を再開したい。もう3年も経っていますんでね。また同じ場所に建てる予定にはしているんですけどね。

　気仙沼は，左右，山が多いんですよね。海岸からすぐ山になっているんでね。これが人の命を助けた理由にもなるんですけど，平らな土地が少ない。住宅はこの辺りと奥が多いんですね。

　今ちょうど港に大島行のフェリーが来ているんですけども，そこに発着する場所があるんですよ。何艘か泊まっていますよね，湾の奥ですよ（写真42参照）。あの手前に駐車場があって車が停まっているんですけども。あそこに私が務めていた事務所があったんですね。私，津波の5分前までいたんです。今はもう建物は無いですけども。コンクリートの3階建てで2階の天井までは来たんですけども，3階は浸水しなかったんですね。残ったんですよ。だから逃げなくても助かったことは助かったんですね。事務所はこんなにグチャグチャになって（写真45）。机が天井に突き刺さったりとか，津波の勢いでこんなにグシャッとなったりしてね。私，次の日来て撮ったんです。

それで，市内の至る所で時計は津波が来た時間で止まっているんですよ。なので，この場所は何時に津波が来たのかわかるんですよ。多少到達時間の差があるんですよね。さっき行った階上の向洋高校とここまでの津波の来た時間は5分くらい違うんですね。見ていただくとわかるんですけど，外洋に面しているのと内湾にあるのとで，津波が来る時間が内湾の方がかかるんですよ。湾がジグザグになっているじゃないですか。もちろん大島もあったのでね。やっぱり5分の差っていうのは大事ですね，命を5分の差で分けちゃう。

今，出航していますね，あれマグロ船ですね。大島からのフェリーも到着しましたね（写真46）。

写真45　津波の翌日の物産センターの事務所

写真46　気仙沼港（マグロ船が出航，大島からのフェリーも到着）

【学生との質疑応答】

◇廃校になった学校はいっぱいあるんですか？

廃校になったのは一校だけですね。そこの南気仙沼小学校っていう学校が統廃合されて別な所に行った。山の方の学校と一緒になったんですけどね。

◇遠くなって通学は不便じゃないですか？

統合先の小学校はそれほど遠くないけど，気仙沼向洋高校っていう，さっき行った高校はあの場所からずっと山の方に学校が移転したんですね。ただそこはバイク通学ができるのでほとんどバイク通学かな。もちろんバスも通っています。

◇ここら辺は，危ないから廃校になるっていうことなんですか？

そうですね。もちろん学校も被災して建物もダメになった所もあるんですけど

も，子どもたちがいるには危ないっていうのも一つの理由ですよね。ただ危ないって言いながらも災害公営住宅って人が住む場所を造っているんですよね。それには防潮堤を建造しますし，嵩上げもしていますけどね。ただそういう場所にしか建てられない事情が気仙沼にはあって，さっき言ったように，土地が，平野が少ないので，そういう場所を利用するしかないんですよ。そこが気仙沼の良い所であって悪い所でもありますね。人の命はこの山で助けられたんですけども。平野が非常に少ないので津波が来た場所に，嵩上げして再度工場を建てざるを得ないんですよね。山を切り開くよりも魚市場の近くに加工工場を建てた方が便利で安いというのもありますね。

◇地震が起きた直後，津波が来るという情報はあまりなかったんですか？

　無いですね。津波警報とか注意報とかいうのはわかるんですけども，「大津波警報というのは何？」っていうレベルなんですよ。すごい津波なんだなあと思うんですけども，認識がないんですよ。大津波警報は今まで聞いたことが無いんですよ。

　それでこの辺りは，放送が流れたんですよね。でも聞こえないんですよ，放送が。私には聞こえなかったですね。サイレンと「6〜7mの津波」という放送が，場所によっては聞こえづらい所があるんですね。ラジオも良かったんですけど，ラジオはどうしても東北全体のことが中心で，小さな地域の事ばかりを伝えないですからね。気仙沼はどうのっていうのは直ぐ言わないので，やっぱり頼りになるのはその地域にある放送だったんですよね。やっぱり情報ですよね。最初から，地震があって大きな津波が来るって直ぐわかっていたら，もう少し助かる命もあったと思いますね。「大した津波じゃないや」と思って，家に戻って流されたりした人はたくさんいますよね。

◇他所から来て住み着く方ってこの町が好きになったからでしょうか？

　そうですね，ありがたいですよね。なんか復興支援で来て，この町の人と会って，その人と仲良くなってなんでしょうけど。やっぱり気仙沼が好きで，そう

やって支援してくれる人はすごくありがたいですよね。そういう人は大事にしたいんですよね。実はウチの職員にもいるんですけど。今年4月に入った職員で，島根出身なんですよ。震災後に，気仙沼にわざわざ来たんですよ。この町が好きだということで居着いちゃって，とうとうウチの事務所に就職して，もう帰らないっていうんですよ。すごくありがたいですよね。一生懸命ですよね。そういう人もいるんですよ。

◇そういう活動のために最初は来たんですか？

そうですね，それでこの町が好きになってずっといて，今一人で暮らしているんですけども，ほとんど島根には帰らないっていう。島根ですからね，全然こちらに土地勘はないんですけど，それで気仙沼市内はこうですよって勉強して，観光のお客さんに伝えているんですよ。それはすごくありがたいですよね。

◇ここに来て住み着いたっていうことだったんですけども，ここにいて就職できる状況があるということですか？

実はですね，今は就職できる場所っていうのはたくさんあって，いろんな支援で工事とか，水産関係とか工場が出来てきている所もあるんです。求人倍率もすごく高いんですよ。2倍以上ですね，選ばなければですよ。ただ，若い方たちっていうのはどうしても水産業とか，要するに汚れる作業ですよね，そういう所に就職っていうのはなかなか難しいんですよね。事務とかそういった仕事もあるんでしょうけど，力作業の部分が多いですね。就職する場所っていうか求人はすごくいっぱい出ているんです。これは震災後に多くなったんですけどね。もちろん辞める方もいますし，選んでいる人も多いですよね。ただ若い方たちがずっと永久的にとなるとなかなか難しい。非常に賃金が安いんですよ。水産関係っていうのは結構そうなんですよね。従業員を安く使うっていうのがずっと染みついてきているんですね。

◇安いってどのくらいですか？

　気仙沼では一般のアルバイトとかの平均が時給650円くらいです。最近はちょっと高くなって，700円位ですよね。ただそれでも人が来ないので，どんどん高くなってきてはいるんですけどね。今は若い人で船乗りになる人がほとんどいないので，外国から人を連れて来ているんですよ。若い人たちで船乗りになる人ってほとんどいないですね。

◇まだ東北に来たことがない人たちに送る映像を作ろうと思っているんですけども，その人たちに向かって，何かメッセージをお願いします。(写真47)

　まだ東北，もちろん気仙沼に来ていない方なんですけども，テレビでの報道がどんどん少なくなってきているというのはあるんですけども，ぜひ1度来ていただきたいと非常に思います。実際自分の目で見ていただかないと，この被災の状況はわからないです。全国各地で災害があります。我々もテレビで観ますけれども，ああこんなに大変なんだとしか思わないじゃないですか。やっぱり実際に現地に足を運ばないとわからないというのはあると思うので，ぜひ気仙沼に来ていただいて，自分の目で見て，自分でどうなのかということを感じ取って欲しいと思います。

写真47　学生との質疑応答

【気仙沼港に移動】

　下の方（港）に色んな建物が，被災当時のまま残っている場所が結構あるんですよ。でも建物が段々無くなってきていますよね。私，語り部をやって年に100回くらい話をしているんですけども，素材が無くて辛いんですよね。この写真を見てくださいって言っても，みんな「ああそうなんだ」といった感じなんですね。やっぱり実際自分の目で見て，「ああ，すごい」なって思わないと伝わらないんですよ。さっき，旧向洋高校に行ったんですけども，あの場所が

ないと伝える方もきついですよね。

◇語り部をされている方は他にもいらっしゃるんですか？
　気仙沼市では私たちの観光協会の方で立ち上げているだけで，事務局が私の方なんですけども，語り部の方は今40人位いますよ。私は語り部だけでなく協会の職員なのでいろんな対応をしますけども，実際にお店をやっている方とか，退職された方っていうのは多いですよね。神社の神主さんとか，元消防庁とか行政関係とか，お寿司屋さんの店主とか，被災された方たちがやっているんですよ。
　気仙沼では私たちの組織だけが受け入れしているので，去年一年間で700団体位来ていますからね。私だけで100団体位やっているので多いんですよ。ただ年々少なくなってくるとは思うんですけども。ただ今年は去年と同じペースできています。それだけまだ震災の話っていうのは興味あるのかなと思うんですけども，伝え方が非常に難しくなってきていますよね。素材というか伝えるものが少なくなってきているので，どういう形で伝えていけば良いのか日々勉強ですよね。復興が進んでいくと新しい建物が建っていき，当時の事が分からなくなってきているので伝え方が難しいですよね。
　写真だけではうまく伝えられないんですよね。折角気仙沼に来ているんであれば，その物を見せないと，というのがあるんです。例えば，あの船が有るのと無いのとでは，経済効果がすごく違うと思うんです。海岸から800mも流されて，運よく倒れないでドンと乗っかっちゃったから，保存するには最高に良かったんですけどね。船主が福島県いわき市の方なんですよ。宮城県気仙沼市の船主じゃない，地元の船じゃなかったというのもあるのかなと。また，維持費もかかって，その後になると誰が処分の費用を出すのかといった問題もありますからね。
　この安波山は一番案内したい所なんですよ。ただここは大型バスが入るにはちょっと厳しいんですよね。ですから，マイクロバスで少人数であれば，必ずここは案内するんですね。大型だと違う場所を選定するんですね。ここ，ほん

と一番良い場所ですけどね。ずっと見て回ってここに来て,「あそこがさっき説明した所ですよ」っていう風に説明しやすいんですよ。

◇語り部さんになろうと思ったきっかけは？

　私はですね，語り部になりたくてなったんじゃなくてですね。私は観光コンベンション協会っていう語り部をやっている組織の職員なんです。語り部の取りまとめをしているんです。なので，私がやらないわけにはいかないですね。語り部40人いるんですけど，皆さん仕事している人が多いので，今日はもちろん取材とかがあるので私なんですが，行けない場合は私たちが普通にバスに乗り込んで喋ったりすることが多いんですね。ただ，回数重ねていくと喋るのが気持ち良くなってくるんですよ。ホント，いろんな方たちが来ますからね。

◇いろんな方たちが来るということですが，その人たちの目的は？

　ウチの方で震災から1年半経った時に語り部をやり始めて，去年辺りは防災学習をしたいというのが多かったですよね。今年は子どもたちが多いんですよ，学習旅行の一環で。実は今日も午前中，北海道の学校を受け入れたんです，100名。そして一昨日もそうだったんだけれども，そういうのが多いですね。今年だけで37校来ていますからね。

　学習っていうと，コースに組みやすいんですよね。普通の修学旅行じゃなくて，そういった震災の話を聞くっていうのは非常にPTAにも話しやすい。

　ここは先ほど安波山から見た湾の奥です。ここはまともに6mくらいの津波が来た所です。高さを表示している所がどこかにあると思います。だけどここは湾の一番奥なので，津波が来るまで時間があったんですよ。

　ここは建物がいっぱいあったんですけども，今はほとんど無い。コンクリートの建物だけ残してほとんど無いですね。

【気仙沼港フェリー発着所で】(説明⑦)

　さっき階上の海岸（階上）にいたときよりも，ちょっと風が少ないというか，

無いですね。さっきいたのがあそこ（安波山の展望台）ですよ（写真48）。もうちょっと向こうに歩いて行きましょう。この辺りは商店街だったんですね。左側はずっと，昔からの商店街があった所です(写真49)。私がいた事務所が，ここの駐車場にドーンと海の前に建っていたんですよ。

写真48　安波山の展望台

桟橋の上の部分が津波で流されて，さっきの鹿折って向こうの方に流れて行っちゃったんですけども。あそこに立っているコンクリートの柱は，桟橋が津波で流されてしまった跡ですね（写真50）。

写真49　以前商店街・銀行があったところ

あれ学校なんですよ。気仙沼女子高校といって，上がかまぼこ形の体育館，下が校舎なんですよ（写真51：2015年6月解体）。あそこは生徒さんが少なくて3月で廃校になりました。この辺は土地が無い。見ていただくとわかるんですけど，まさにすぐ崖というか山というか，ここは津波から逃げやすい場所だったんです。

写真50　桟橋の跡

ここもかなり地盤が沈んでいて，70cm位ですかね。もっと高かったんです。ですから海水が溢れて来るんですよね。満潮の時は溢れて来そうですね。補修工事していたので大丈夫なんですけど，相当ギリギリなんですよ。

写真51　気仙沼女子高校

【5-1】遺構（港町ブルースの歌碑）

これは港町ブルースの歌碑ですね（写真52）。

これ，良く見ると手前（海側）に倒れているんですよ。横から見ると分かるんですけども。津波が来ているんで，本来なら山側に倒れなくちゃならないんですけども，やっぱりこれも引き波の力だと思うんです。海がこちらなので波の勢いは向こうなので，多少は向こうへ倒れたと思うんですけど。その後，向こうから引いていく波で，これがちょっと手前に倒れてしまった。

写真52　港町ブルースの歌碑

これはまさに引き波がどれ位強いかを示しています。

歌詞の「気仙沼」っていう文字を入れるために結構お金がかかったみたいですよ。最初は宮古と気仙沼，逆だったんですって。宮古が最後だったんですけども，気仙沼を最後にしたんですって。最後に気仙沼っていうと印象が残るんですね。震災前だとここの前に立つとセンサーが働いて，この唄が流れていたんですよ。今はもう津波で壊れています。

【5-2】遺構（男山）

私が逃げたのはあの山なんですよ（写真49の中央建物（病院）のうしろ：紫神社）。事務所がそこの駐車場にあって，この道路（写真49の手前）を通って，ずっと走って逃げたので，だいたい3，4分で逃げられたんですよ。

元々勤めていたところの事務所は向こうの駐車場ですね。そこから走って。海近いですからね。ただ場所的には非常に逃げやすい場所なんですよ。すぐそこにホテルもありますし，山もあるじゃないですか。だから避難する人たちはみんな山の方に避難すれば，もう高台ですからね。

一つ面白い建物があって，これ男山っていうお酒屋さんの建物なんですね。これ110年前に建てられたコンクリート製の建物なんですよ。当時としては非常に珍しい建物ですよね。これね，3階建てだったんですよ。これ3階の部分なんです（写真53）。1階と2階が達磨落としのようにスポンと抜けたんですよ。3階部分がそのまま落ちて来たんです。ほとんど傷んでないですね。

これ近くまで行くと当時の写真があるんです。あの下の看板の写真が震災前の写真です。1階が駐車場だったんですね。この1階と2階は流されて向こうの方まで行ったんです。私は山の上から，ちょうど抜けていくのを見ていたんです。なので，私が津波で壊れていくのを見た最初の建物というのはこの男山さんの1階と2階です。

写真53　男山（3階部分：国の文化財）

ここは木造の建物が多かったんですね。昔からの舟問屋さん，船会社さん，古い建物がたくさんあったんですけど，木造の建物は全部流されてしまって，こういうコンクリートの建物だけが残っている。これはもうずっと残すみたいですね。国の文化財に指定されているんですよ。

【6】犠牲者について

◇こちらで亡くなられた方はいらっしゃるんですか？

この地域で亡くなられた方は7人って言っていましたね。少ないですよね。ここも住宅がかなり多くあったんですけども，やっぱりこの山ですよね。この地形，逃げる場所があった。あと津波が来る時間が5分違う。地震が発生して40～50分ありましたからね。40分もあれば，逃げられますっていうのもありましたよね。

この場所を見ると思い出すんですけども，上に避難して津波が来るのを見ていたらやっぱり2階建ての木造の建物が流されて来たんですね。2階にお爺さんがいて，助けてって叫んでいるんですけど，誰一人として助けられないんですよ。その内に引き波が起きて，そのままずっとこっちに流されて行って。今でもここに来ると「助けてくれ」っていう声を思い出すんですよ。ゆっくりゆっくり流されて行くんですよね。その後どうなったか。ここに来るとあの声を思い出すんですよね。

瓦礫の間に挟まれて動けなくなった人を見て，「逃げて」って言うんですけど，

脱出できないでいる。その内に引き波が来て「助けて」って言われたんですけど，助けに行ったら絶対自分の命が無くなるというか，ダメになると思って行けなかったんです。だから，ここの場所に来ると，やっぱそういうのを思い出すんですよ。なぜ逃げなかったのかなと思うんですけどね。逃げられない状況だったなのかも知れないですけど。

　老人ホームに勤めていた友達がいて，3階建ての老人ホームで，2階の天井まで津波が来たんですね。避難誘導したんですけど，1階とか2階に寝たきりの老人とか車椅子の老人が30〜40人いて，津波が来るまでに3階に避難させたんですけど，何人かはもうしょうがないと思って，自分の命が危なかったので3階に，「ごめんね，お婆ちゃん」と言って逃げたって言うんですけど，やっぱりずっと悲鳴が耳にこびりついているって言っていますね。ただ，どうしようもないと思うんですよね。この近くの老人ホームでも50人位亡くなっているんですね。そこも避難訓練していたんですけど，全員避難させるのは難しいと思いますね。

【商店街の様子】

　ここは，商店がたくさんあった場所ですね(写真49参照)。ここ，銀行が多かったんですよ。銀行通りだったんですね。銀行が7軒位あって，実は私は次の日事務所が気になって来た時は，やっぱりお金が結構浮いていましたよ。

　事務所にあった金庫も盗まれましたね。これだけの有事の中で強奪が全然無かったことは無いですね。普通に物取りっていうのは起きていますよね。ただ日本は良い方なのかもしれない。2時46分の地震で，皆んな直ぐ避難したので，お金なんかそのままだったと思うんですよね。だから結構散乱していたんですよ。お札とかが浮いていたりしてすごかったんですよ。

　あとパチンコ屋さんもたくさんあったので。パチンコ屋さんもお金取り扱うじゃないですか。そのお金とか，個人の家のタンス預金とか。知り合いが何10万円も入れていたのが全部ダメになったとかいうのもありましたね。

　震災後海岸に残ったホテルはプラザホテルだけなんです（写真54）。私が逃

げた所は神社だったんですね。神社っていうのは高い所にあるんですね。そういう風にできているのかもしれないですけども。

　この背中と同じ「ホヤぼーや」っていう気仙沼の観光キャラクターの絵が飾ってある、あれが仮設商店街なんですね（写真55）。海鞘（尾索綱ホヤ目の原索動物の総称）のホヤからきているんですね（写真56）。これ、ゆるキャラグランプリで、一昨年全国で26位だったんです。東北で1位なんですよ。あまり知られていないんですけど、結構ファンが多いんですよ。刀がサンマで、ベルトがホタテ、マントがサメ皮なんです。意外と良いんですよ。

　結構、普通に復興バスの窓に付いていたりするんですよ。結構浸透しているんです。津波の高さ指すのに剣で「ここですよ」ってやっても許されるくらいに市民権を得ているキャラクターです。

写真54　高台にあったプラザホテルは災害にあっていない

【学生との質疑応答】

◇ご自分が今しなきゃいけないことって何ですか？

　今、しなきゃいけないことは、震災当時の建物とかをある程度残したいっていうのがありますね。語り部をやっていると、皆さんが自分の目で見て、私が喋らなくても分るようなものが欲しいですよね。さっきの旧向洋高校がまさにそうなんですね。写真だけではやっぱり伝わらないですよね。なので、今一番お願いしたいのは、何とか形として震災当時の建物を残して欲しいというのがあります。ですから旧向洋高校の建物は必ず残していただきたいなというのはありますね。皆さんが目で見て実感するってい

写真55　ホヤぼーやが描かれた仮設商店街の建物

写真56　銀製のホヤぼーやのフィギュア（リアス・アーク美術館で）

うのはすごく大事というか，それが一番わかりやすいんですよね。いくら説明しても，自分の目で見たものには勝てないので，やっぱりそういう震災当時の建物，例えば先ほどの男山さんの建物とかは，撤去するというか，壊したりするとかいうのは絶対ダメだいうことを訴えたいですよね。

さっきの共徳丸って船の場合もそうだったんですけど，もったいないというか，あった方が良かったっていうのは強く思うんですけど。でも非常に難しい問題ですよね。私は気仙沼市民なんですけど，ここの土地に住んでいる者じゃないので，何とも言えないんですよね。残して欲しいっていう，そういった問題は非常に難しいんですけどね。

◇臼井さんは言葉が全然訛ってない。もともとこちらの方ではないのでは？

いや，訛っているんです。あの，語り部もいろいろあって，わざとこの地域の方言で，訛って喋るようにするっていうのもあるんですよ。でも，今日はそんな感じじゃないので普通に喋っているんです。私は41年間ずっと気仙沼です。

◇被災地に関して，まだ大学生で時間がある時にやること，やって欲しいこと，やった方が良いかな，ということはありますか？

先ず，来ていただくっていうのがすごく大きいと思うんです。感謝しているのと，後この話を地域の皆さんにどうか伝えて欲しいっていうのはありますよね。実際自分たちの目で見たものを，皆さんの所に帰ってどういう風に伝えていくかっていうのがやはり大事かなって思いますね。佐賀はすごく遠く離れているじゃないですか。だからなかなか実感が湧かなかったかなと思ったんですけど，実際来て自分の目で見て，「ああこんなに被害が」と実感していただく。そういう感じで学んでいただくってことだけで私はありがたいなっていうのはありますよね。

巨大津波は，1,000年に1度なので，後もう来ないだろうという感覚がすごくあるんですよ。震災からどんどん時間が経つと忘れていくので，さっき言ったように逃げる準備もしていないですし，次来たらしょうがないなっていう感

覚があるんですよ。どうしようもないなっていう，諦めっていうか。ただ何があるかわからないのである程度の準備はしておくべきと思います。

　防災ばっかり言っちゃうとどうでしょう。日常の生活は一番大事なので，そのサジ加減っていうのもあると思います。過剰な防災意識っていうのは，ちょっと日常生活するには支障が出てくる場合があると思います。あまりにも報道が先行しているっていう部分はあると思います。

◇マスコミとかの報道で，こう思って欲しくないっていうことありますか？
　ありますよ。結構取材を受けるんですけど，結構カットされています。それはしょうがないことかもしれないですけど，要はマスコミ用の形として出されることが多いですよね，本位じゃないことを誘導されるとか。

　こういう報道がしたいっていう計画があって，私が喋ったのを掻い摘んで，住民はそう思っているんだなと仕立てられるっていうか，そういう取材っていうのはありますよね。例えば，共徳丸っていう船を，あれは絶対残すべきだっていう気持ちで来るマスコミがいるわけですよ。それで取材に答えるわけです。「残すのはやっぱり難しいですね」って言うと，残したいっていう方向に誘導されることはありますね。それはしょうがないかなって思うところもあるんですけど。真実って伝えるのはなかなか難しいですよね。伝える方も生活があるから，その方もそう思ってないんでしょうけど，会社の命令で言われているっていう部分のあるでしょうしね。そういうのはありますよね，非常に難しい問題ですね。

◇腹が立ったことはありますか？
　そこまでは無いですね。修学旅行で最近来た高校の生徒たちが，みんな話聞かないで寝ているんですよ。それで先生も注意しないんですよ。最初先生に会った時に，先生が「すみません，ウチの生徒はこういう風なんですみません」って言うだけで。被災地に来ただけなんですよ。その時は腹が立つというより残念でしたね。何のために来ているのか。それがすごく印象に残ってます。語り部やっていてそういうのはありますよね。

学校の生徒さんじゃなくて団体で来るお客さんで，酔っ払っている方たちもいたんですけど，なんかそれは許せるんですよね。観光で来ているんだなっていう，まあ観光協会の人間なんで。観光で来られるのは非常にありがたいので，そういうのは全然気にならないですね。陽気なので話しやすいというか。全く無視される場合が辛いですね。

　壊れた建物は，年々少なくなってきていますね。新しい建物がどんどん建っていくので今までの話は無かったようになると思いますよ。なので，見学っていうか被災地のツアーとかも，年々減っていかざるを得ないんですね。減っていかなくてはならないと思っています。いつまでも続くわけじゃないですし，私の語り部もどんどんスタイルが変わっていって，観光の話とかに変わっていかなくちゃならない。今がその時期に差し掛かっているんですよね。いつまでも語り部をやるつもりもないですし，やってはならないっていうか，そういう思いはありますよね。

【船から降りてくる学生たちを見て】

　復興支援関係の学生かな。たくさん来ているんですよ。いま夏休みじゃないですか。だから夏休み期間，支援に来る方が結構多いんですよ。ボランティアで来るんですね。それでいろいろ支援っていうのか，手伝いをしたりとかしてます。

◇ボランティアも最近，変わって来ているでしょうからね。

　そうなんですね。地域のNPO法人があって，いろんな地域の活動をしているんですよ。その方たちの手伝いをしたりしているんですね。今我々は早稲田大学の学生たちから4年間ずっと応援をいただいていて，いろんなイベントに来ていただいているんですね。そういう取り組みもしているんですよ，観光で。

◇若い人たちが小さいことでもそういった興味を持った方が良いってことですね！

　そうですね，いろんな場所に行くっていうのは大事だと思います。いろんな人と触れ合うというか，なんかこう，大津波が無ければ皆さんとこうして会うっ

てことも無かったわけじゃないですか。そういう風に思うと，それで親しくなった人って多いんです。亡くなった方も多いですけど，津波が無かったらこの街，どうだったかなってすごく思いますよね。津波で注目されましたからね。プラス思考でいかないとダメだと思うんですよね。

【気仙沼市魚市場へ移動】
　これ，冠水しているんですよね（写真49の道路向こう側の空き地）。銀行があったところです。溜まっている水は海水なんですね。下に管が通って溢れ出て来るんです。排水溝があって，まさに地盤沈下の影響が出ているんですよね。常にああいう状況なんですね。
　ここが気仙沼横丁っていって仮設の商店街で，ここにいる方たちは全て店舗が流された方たちが集まっている。ここも間もなく撤去しなくちゃならないんですよ。あと磯屋水産っていう隣にですね，まるい看板のK-portっていう，これですね，渡辺謙さんっていう俳優が建てたんですよ。良く来るんですよね，1ヶ月に1回位。気仙沼を結構気に入って復興支援で建てたっていうカフェです。

◇祭りはあるんですか？
　気仙沼には，「みなと祭り」っていうお祭りがあり，8月の第1土曜日に開催するんです。今年も8月3日に開催したんですけども。今年は震災の影響でこの会場を使ったんですね。ここに太鼓を置いて叩いたんですけども，復興工事が優先なので道路がこの状況でやったので大変だったんですよ。祭りは花火と，太鼓がメインなんですよ。太鼓団体が気仙沼は多いんですよ。1,000基くらい並べて一斉に太鼓を叩くのが見ものです。

◇この港は震災後，最初に復興した所ですか？
　この魚市場はそうです。この「海の市」っていうのは今年（2014年）の4月2日にオープンしたんです。私の事務所はここにあるんですよ。今，電気が付いている場所が事務所なんです。津波で事務所が被災して，行った場所は

すごく狭い場所で。事務所は1年に1回移動していたんですよ。それでやっとここで落ち着く感じですね。今までは駅の方にあったんですけど。さすがに毎年の引っ越しはきついですね。住所や電話番号などを毎回変更して、やっとここで落ち着くのかなと思うんですけどね。

◇水揚げされた魚は東京に持って行くんですか？

ほとんど全国ですね、仙台、東京。大きいトラックはそうですね。夜中10時とかまで出荷作業していますからね。もし時間があれば、明日市場も見学してください。普通に一般の人も入れるようになっているんですよ。午前5時からとか、午前中とかもやっているんですけども。見学するのに魚市場も非常に良いと思いますね。水揚げは午前8時であれば大丈夫だと思いますね。

本日は、ありがとうございました。

【気仙沼市魚市場内の見学】

翌日、気仙沼市魚市場を見学した（写真57）。少し遅かったのでサメのセリは終わって跡形もなかったが、魚市場の奥の方でカツオの水揚げと箱詰め作業等が行われていた（写真58）。

写真57　魚市場から見た造船所

写真58　水揚げされたカツオの選別

3.2 陸前高田市編

語り部：實吉義正さん
陸前高田観光物産協会副会長
収録日：2014年8月28日

アンダーライン部は，第4章表2のケース教材原稿に相当
【番号】ケース教材「3.11東日本大震災を伝える」

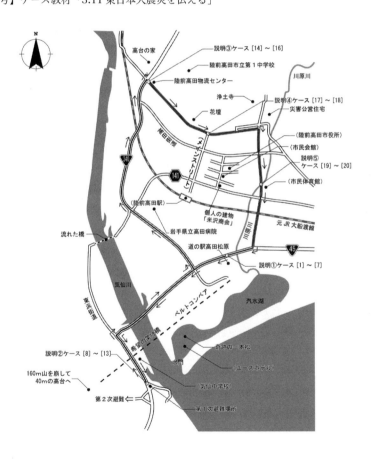

陸前高田市のルート

【道の駅高田松原で】（説明①）

お早うございます。私は陸前高田観光物産協会の實吉と申します。今日は遠くからおいでいただきまして有難うございます。本日は2時間ほどご案内させていただきます。

ここは今回の震災の被災者，犠牲になった方の慰霊碑を行政の方で作っていますので（写真1），差支えなければ，手を合わせていただいてから始めたいと思います。よろしくお願いします。皆さん，ご一緒にどうぞ。

写真1　東日本大震災慰霊碑の前に集合して

佐賀県の皆様方にはいろんな力添えをいただき有難うございます。今，武雄市から市の職員が2名，常駐でこちらに派遣されているということで，いろんな力添えいただいています。

佐賀県はですね，陶器も有名ですけど，実はあの「虹の松原」ですね。この後ろが実は海岸があったところで，全国的に7万本の松から1本だけ残った「奇跡の一本松」ということで，皆さんご存知と思うんですが。

大分前ですけどね。私が観光の事務局やっている頃に，全国松原サミットをやりたいということで，当然「虹の松原」，「美保の松原」，「天橋立」，全国の松原を集めてサミットをやろうという話になってですね。その時に，陸前高田の松原の松は何本あるのかということで，3万本とも5万本とも云われて定かではなかったわけで。じゃ，この際全部数えた方が良いのではないかということで，準備をしたんですが，サミットが中止になりましてね，数えるのを止めたものですから。今回どういう経緯で，誰が言ったか知らないですけど，誰も数えたことがないのに7万本という数字が出てきました。当時の取材ソースの中から出てきた話かなと思います。

【1】津波の高さと速度

ここは道の駅で，あちらの建物は私どもの観光物産協会の事務所だったところです（写真2）。今回の東日本大震災の地域のなかで，陸前高田市は津波の

高さが非常に高かったところです。一番高い場所で，17 m 60 cm という津波が来ていますね。ここはどのくらいの高さかというと，あそこに「道の駅高田松原 TAPIC（タピック）45」とブルーの文字が書いてありますね。あそこが，津波の通過点です。あのブルーの小さい文字ですね。15 m 35 cm の高さです。

写真2　観光物産協会の事務所だった

　皆さん，津波っていうと，波という字がついていますから，波の大きいのが津波で，どこかで一回崩れるというふうに想像されると思うのですが，津波は崩れない。あの高さ15 m 35 cm の水の壁なんですね。向こうの山からこちらの山までの間の幅で，そのまんま進

写真3　遠くの山麓（海岸から約2.5km)で津波は止まる

んで行くんですね。で，あそこの向こうに見えている森の山肌にぶつかって初めて津波は止る。そこでぶつかって戻る（写真3）。

　皆さん方はテレビの画面であの時の映像をご覧になっていると思うんですけどね。あれ，私たちは2ヶ月後にしか観れなかったんですよ。なぜかというと，電気がきてないですからね。電気が復帰したのが2ヶ月後ですね。水道が復旧したのが3ヶ月後ですね。それまではテレビは観られなかった。テレビの映像を観たときにね，私は非常に違和感を覚えたんですね。

　なぜかというと，画面いっぱいに水が映るとスピード感がないんですよ。あの時，どのくらいの速度で進んできたかというとね，50 km/h を超えています。ですから，道路の真ん中あたりで，津波を見てから走って逃げようたって絶対間に合わない。それから，皆さん中学校の時ね，ちゃんと地理の勉強しましたか？　リアス式海岸って習いますよね。紀伊半島にありますね。それと三陸です。鋸の刃のように半島が出っ張って，平たいところがないというイメージがリアス式海岸ですけどね。ところが，陸前高田をご覧いただくと，まっ平らですね。奥まで2.5 km あります。海に向かって開けていますから他所のリアス

式海岸地帯とは状況的にかなり違っていますね。それが，今回大きな悲劇を生んだ一つの理由ですね。この地域は昔から津波が何回も来ているんですね。

【2】津波の記録

　三陸地域というのは，岩手県と宮城県の沖合のプレートがこれまでも何回も大きな津波を引き起こしているんですね。

　近世だけでも大きな津波が3回来ていますから。一つは明治29年(1896年)ですね。それから昭和8年（1933年）ですね。それと，直近というのはおかしいですけど，一番近かった津波っていうのは昭和35年（1960年）ですね。昭和35年の津波はね，覚えている人はたくさんいるんです。私が高校3年生の時ですから。その時津波を見た人は，その時の記憶がありますからね。陸前高田はここまでしか水が来ないというのがあります。陸前高田は，その時被害が少なかったんですね。隣りの気仙沼とか大船渡は被害が大きかったですけど，陸前高田は被害が少なかった。それからですね,明治29年と昭和8年の津波っていうのは，それなりに大きな津波であったのですが，あとで調べてみると，陸前高田の状況は他所の地域に比べると被害が少なかった。

　そして，昭和35年の津波は実は三陸津波ではないですね。どこで発生した津波かというと，チリで発生したんですね。チリ地震津波って云われているのは，昭和35年（1960年）の津波なんですね。

　実は，陸前高田市の町っていうのは，僕らが高校生の頃は田んぼとか畑だったところで，昭和35年以降，どんどん町が前に出てきたんですね。なぜかというと，昭和35年の津波を経験して，陸前高田市では，はじめて海岸に防潮堤が造られたんです。そうしますと，高さが5ｍや6ｍの防潮堤が造られたし，あの時はここまでしか水が来なかったということで，私たちの町は，安全だろうということで，前へ前へと出てきたんですね。

【3】陸前高田市の津波対策の基準と町の発展

　ですから，なんでこんな真っ平らな所にある建物（市民会館だとか体育館）が

避難場所なんだということですね。だからそれはとりもなおさず，昭和35年の津波の被害が基準点として作られた防災計画であり，都市計画であり，町づくりであった。だから，今回あらためて，まざまざと自然の力を思い知らされたですけどね。御地（九州）に行きますとね，雲仙普賢岳とか，桜島だとか火山の関係は一番大きな自然災害でありますね。それと毎年御地の方は必ず台風が来ますね。

　私たちの一番の自然災害というのは津波なんです。ここ100年，150年の人類の文明と科学の進歩っていうのはものすごいスピードなんですよ。ものすごいスピードで，文明と科学が進んでいきますから，我々自身が，それまでの祖先だとか，人類が元々持っていた自然に対する畏敬の念というものを忘れていたのかなというのがありますね。科学だとか文明が発達すると，我々がなんとか抑えられるじゃないかなというのがどこかにあるんですね。そうすると，自然が秘めている力をどこかで忘れているし，思い出さないですね。

　現に，15 mの津波が来るなんてことは誰も考えていませんし，それが50 km/hのスピードで来るなんてことも考えられない。しかも，昭和35年の津波は，チリで発生した津波なんです。あの時の津波は，ここに朝4時に着いたんですね。そうすると，津波がチリで発生していますから，太平洋渡ってこちらへ来るわけですが，どのくらいのスピードで波が進んだと思いますか？チリは地球のまるっきり裏側ですね。そこで発生した津波がここへ到達しているんですよ。それなりのスピードで来ないと朝4時には着かない。あの時進んできた津波のスピードは，700 km/hを超えています。これ，皆さん想像できますか。津波が700 km/hで進むということは考えられない。いま，我々人類は宇宙に向かってロケットを打ち上げることはできるしね，宇宙旅行も夢ではないという話はできる。音速を超えるスピードが出せるエンジンくらいのエネルギーを人類は作れますけどね，海水のかたまりを700 km/hで押し出すエネルギーは人類には作れないですよ。

　だから，もう一回そういったことをね，多くの犠牲を生んだと同時に我々は考えさせられていると思います。例えば，御地を襲っている毎年の台風の一つ

さえ，人間は止められないですよね。なんで，あそこで曲がるんだ，そう思うじゃないですか。でも，それを止めることもできないし，曲げることもできない。だから，我々はそういった自然と共生していかなければならないということを思っていたはずなんですけどね。まあ，なんとなく大丈夫だよな，堤防を造れば大丈夫みたいなところがあってですね。結果的に町が前へ前へと出てきたんですね。

　今通っている道路は，仙台から八戸までの国道（45号線）です。ここに，バイパス（高田バイパス）を通したのが昭和60年なんですからね。皆さん，不思議に思いませんか。津波が何回も来ている地域の海の傍の道路がね，海水面とほとんど一緒の高さなんですよ。普通ね，海岸近くの道路は高架にするとかね，そういう方策を用いるはずですけどね。海水面とほぼ一緒なんですね。ということは，陸前高田は津波が来てももう大丈夫だというのがどこかにあるから，こういう町づくりになったんですね。

　この町はですね。津波に遭う前はこんな風景ですね。ここ見ていただくとわかりますけども，道の駅の建物があった場所はここですね（写真4）。そうすると，これが国道です。皆さんの左手の方にはこんな町があったんですね。それが，今見ると何もかも無くなっていますから。これが無くなる前の姿。それでさっき話した昭和35年時代の町というのは，この一番奥の道路です。昭和8年にできたJRの駅というのがこれなんですね。だから，僕らが高校生の頃にはこの真ん中の道路はありましたね。それから，海岸に行く斜めの道路，これはこう繋がっていた。でも，民家がその周りにあっただけで，それらの道路の間とか，こっち側は何も無かったんですね。それが，このように多くの建物が建った。安全だということで，どんどん町が出てきた。

【4】津波の力（エネルギー）

　これがこの建物が壊される前の姿なんですけどね（写真5）。エントランスの部分がなく

写真4　災害前の陸前高田全貌　指しているところが道の駅

なっています（写真6）。実は津波が引いた後に，陸前高田に残った建物というのは，全部鉄筋コンクリートの建物だけですね。ですけれども，まともな鉄筋コンクリートの建物は一つもないです。全て穴が開いています（写真7）。津波で何で鉄筋が入った壁に穴が開くかということですね。

写真5　震災前の道の駅の建物

実は津波は1回来て終わりじゃないですよ。今回も3時21分に第1波が来てですね，4時までの間に5回から6回，10m以上の波が来ている。その波が全て40km/hから50km/hで行ったり来たりします。最初の津波が来たときに，ほとんどの木造の建物が全部破壊されますね。そうすると，柱だとか梁がバラバラになります。それが今度，津波に乗って40km/hから50km/hでコンクリートの壁にぶつかると，こういう風に穴が開くんですね。だから，厚さ何十cmのコンクリートの建物だから大丈夫だってことで，そこ避難場所に設定された訳なんですけどね。ものの見事に壊されていますね。だから，建物は，水の力と木材などそういった物がぶつかることによって破壊されていきます。

写真6　道の駅高田松原TAPIC45
　　　　（震災後）

写真7　穴の開いたコンクリートの壁

【5】陸前高田市の犠牲者

　私どもの職員は，事務局長が機転を利かしてくれたので，犠牲者は誰もいないんですね。私はあの日，ここで会議をしていましてね。会議が終って，ここの喫茶コーナーでコーヒー飲んで，ここを出たのが2時35分なんですね。途

中で地震がきたのが46分です。津波の第1波が3時21分なんですね。だから会議が後30分ずれていたら、今日私はここにいるという保証はない。だから、今回多くの犠牲者を生みましたけど、人間の運命の歯車は自分では廻せない。1分差，2分差で命亡くした人，助かった人。30cmの高さで流された家，残った家，それは人が決めたものではないですね。今回，陸前高田市の犠牲者1,763名ですね。そのうち，207名が未だ行方不明です。あの日，3月11日の3時21分から4時までのわずか40分の間に，亡くなった人が多い。しかも，あの時亡くなった人は1,700名だけじゃありません。その数字は市民だけです。他所から仕事に来た人，買い物に来ていた人を含めると，あの日ここで亡くなった人は2,000名近いですよ。

　今回，東日本大震災で約19,000名が亡くなっていますからね。これほど行方不明者の多い災害は無いですよ。津波の特徴ですね。今回広島（平成26年8月豪雨による土砂災害）でも行方不明者はありますけどもね，必ず発見されます。土を掘ればね。海に流されていないから。津波は発見できない人が多いですよ。ということは，207名の市民が行方不明ですけど，まず発見される可能性は少ない。どこまで運ばれていったのか，わからないですね。

　この後行く場所で話しますけどね，野外活動センターっていう建物があって，そこにはヨットハーバーがあって，そこに合宿しながらスポーツ合宿できる施設がありました。実は私はカヤックやっていましてね。15年くらい前に30万円くらい出して結構無理して買った素晴らしいカヤックがあったんです。どこへ行ったかわかんないですけど。そこの傍にあった中学校の女子バレー部のバレーボールがカナダから戻って来たんですよね。カナダまで流れて行っているんですね。

　水産高校にあったカッターや練習船がアメリカに流れ着いてアメリカから返されてきました。流されたものはカナダとかアメリカの海岸まで行くわけです。だから，どこまで運ばれるかわからないということですね。考えてみていただくと，恐ろしいことなんですよ。3月11日3時21分から4時までの間に19,000名が死んだ。普通ね，30分，40分で19,000名の人が死ぬなんて

ことはね，戦争やっている最前線でもあり得ないといわれている。原爆でも投下しない限りは，30分で19,000名の人は死なないですよね。

　だから，いかに今回の災害の規模が大きかったかということを物語っていると思いますね。この建物なんかもそうなんですがね。実は，私どもの職員は全員早く避難して助かったけれども，ここは道の駅ですから，どれだけの人がいてどれだけの人が亡くなったか我々にはわからない。

【6】 地形により津波の高さは増幅

　この道の駅で，助かった人は3名だけいます。あの一番上に登ってですね，助かっているんですけどね。あそこに窓が切ってありますけどね(写真6参照)。あの窓のところ，下が踊り場になっていますから，あの高さが19.5mなんですね。で，後ろが階段になっています。横から見ると，二等辺三角形の建物なんですがね。なんとも不思議なデザインでね。高さ19m以上あるんですけど，1階建ですね。

　二等辺三角形は，海に浮かぶヨットの帆のデザインがコンセプトですね。なんでこういう風にしたかというと，すぐ後ろが海水浴場ですからね。海水浴中に津波注意予報が出た場合に，一時ここに避難させるために階段を切りまして，ところどころに踊り場を造って，そこに人が避難できるようにしてあるんですね。ここにいた男性3人が上に登ってそこで助かっているんですね。あそこの踊り場の高さが19.5mですから，その3人は本来は濡れないで助かっているはずなんですが，ずぶ濡れなんです。実際の水は，あの屋根のてっぺんを超えたんですね。

　水の高さは15mなのに，なんで20mを超えるのかというと，実は津波は巨大なエネルギーを持っていますから，進んでくる途中に坂や階段があると駆け上るんです。だから，15mの高さで来た波でも20mを越えるということですね。津波は高さだけではないです。

　釜石の北の方に大槌という町がありますけどね。あそこの津波の高さは10～12mです。ですけれども，その数倍の高さにあった家が流されているんで

すね。それはなぜだと思いますか。結局，あそこは海からの入り口がV字形になっている。幅が狭くなると，水の力は上に向かうんですね。湾口が狭いと波が低くても集まった水は，そのエネルギーが上に向かっていく。だから，波が10mでもその数倍の高さの家が流されることがある。ここ（陸前高田）は15mを越えている波が来ているのですが，一番高いところで，21mで止まっているんですね。

だから，そこの地形だとか，半島の出っ張り具合だとか，震源地に向かった角度だとか，それらによって波の力が全部違っています。だから，一概に波が高いからどうだとか，低いからどうだとかということにはならないですね。そういったことを考えると，津波はですね，これまで何回も来ているんですが，同じような形は絶対ないんです。だから，自然災害はこれがマックスだとか，あれ以上のものは来ませんよという話にはならないですね。そういうことをどうしても我々は時間が経つと忘れる。しかも，今回の規模は1,000年前の津波と同じ規模だって言われましたよね。1,000年前ってこの辺なんてね，そんなに人が住んでいたわけではないですから。

犠牲者とか数えたって，今回の比ではないですね。しかも1,000年前の足跡は地面を一遍掘り返してみないとわかんないですね。1,000年前に津波でやられたところですと，今まで残っているわけない。全部土の中に入っていますから。地面を掘り返して1,000年前というのが出てくるわけで。1,000年に1度と言われてもですね。じゃ，もしかすると2,000年前にもっと凄いのがあってですね。その2,000年目がいつだろうかってね，思う部分もあるでしょうけどね。だから，これだけのものが来たから，もうこの後これ以上のものは来ないよなんてことはないんじゃないかなと思います。それにしても，今こうやって見ると，あの町はどこに行ったのかなと，気落ちする部分がありますね。やはり，この町の悲劇というのは，海岸線から一番安全な森まで行くのに，2km以上行かなければならないということだと思うんですね。

その間に，坂だとか山が無いということですね。隣の気仙沼とか大船渡は海岸に山が出っ張ってきているんですね。リアス式海岸の特徴ですけれどもね。

それが陸前高田には無いんです。昭和60年にバイパスが開通しました。どこでもそうですけどね、バイパスが通るとそこに大型店ができますよね。ここでもあの日たくさんの人がバイパス沿いの大型店にいたわけですね。それが悲劇を生んだ大きな要因になっていますけどね。

建物の中の松の木はね、後ろの海岸にあった松の木です（写真7参照）。これが流されて、引き波で入ったんです。そのままです。人が入れようとしてもなかなかこうは入らない。入り口が見事に壊されて、引き波で見事に入っていったんです。今回、陸前高田は柱だとか梁のほかに、松の木が何万本も流れてきましたから、それによって壊された家もある訳ですね。だから、その被害は大きいということになりますね。

【7】復興（ベルトコンベア）

プラントみたいな巨大な物が建っていますね。これはですね、ベルトコンベアです（写真8）。東京湾のベイブリッジのような素晴らしい吊り橋がかかっている。夜になるとライトアップされます。「希望の架け橋」っていう名前がついています。ただ、人が渡るんじゃなくて土が渡る吊り橋なんです。

実は、向かいに見えている山を削って高台に宅地を造成しているんです。あの山の高さは160mあった。それを40mまで切り下げるんですね。あの気仙川を渡るとすぐ信号がありますね。国道ですから車をストップできない。そうなると、山の方に、土を運ぶためのダンプカーを入れられない。

ということで考え出されたのがこの工法ですね。あそこに土が落ちていますよね。ベルトコンベアの先から、ちょうど土が落ちていますよね。これね、実にうまくできているんですよ。ベルトコンベアの先が何ヶ所かに振り分けていますよね。この下にコンクリート打ってあるでしょう。これはね、下にレールがついているんです。あの頭が動くんですよ。あのように土が落ちてくると三角になるでしょう。上にすぐくっつくじゃない

写真8　ベルトコンベア

ですか。そうなったら，あの頭を横に移動させれば，連続して三角山がたくさん作れるわけですね（写真9）。よく考えられているんです。これはね，造るのに130億円かかったんです。ただ，壊すときも30億円くらいかかるんです。

これは7月半ばからフル稼働しています。今，土が動いていますが，1日にどのくらい土を運ぶと思いますか。10トンダンプで4,000台分が動いています。だから，10トンダンプで運ぶと10年かかるといわれていたのが，これでやると1年半で済むんですよ。だから，130億円かけても，ダンプカーで運ぶよりも早く，

写真9　ベルトコンベアで運ばれた土を溜める装置

経費も安上がりということでやっているんですけどね。それにしても，これはすごいですね。これの小規模のは，東京湾に「海ほたる」を造るときに若干使われたですけどね。これだけ大きい規模はなかなかなかったですね。だから，今，ダムの建築現場みたいな感じでダンプカーが動いています。この間まで，夏休みでね，喜んでいたのは子どもたちだけでしたね。見たこともない50トンダンプが，あの現場を走っていますからね。大型ブルトーザーも普段みることはできないですよね。

（じゃ，車に乗って移動します。）
【観光について】
◇語り部は震災前からやられているんですか？

　いや，そんなに長くないんです。観光ガイドというのは，何人かでやっていた経験はありますけどね。震災後1年間は何もできなかったですね。資料関係一切ないですしね。町には何も無いですから。最初の1年間は観光物産協会の活動とかは一切できなかった。こういう活動を始めたのは2年目からですね。それにしても，被災地のなかで陸前高田市は，おいでになる方が一番多いですね。今，観光物産協会では，6名から7名くらいで対応しているんですが，毎日できる人とできない人がいます。去年1年間で陸前高田市の観光物

産協会で受けて，我々が対応させていただいた人数は，延べ人数で3万人を超えているんですね。多い時は1日に1人で3回ぐらい対応した人もいますね。

◇陸前高田市に来られていた観光客の数は震災前と今では違いますか？

　そうですね。延べでいうと，今の方が多いかもしれないですね。

　一本松，一つはそれがありますね。それと，被害状況が他所の地域から比べると大きかったというのがありますね。いろんなNPOの方，視察の方，行政関係の方，いろんな方々が視察においでになるというのはありますしね。あまりに一本松が有名になったので，それに対応するためのエリアなんかができていますね。我々にとっては，こういったところにおいでいただいて，経済効果は当然ある訳ですから，それは有難いですね。ただ，どんどんこういう風に増えていきますとね，一本松の前でピース，ピースと写真を撮っている人もいるわけですね。家族を亡くした人なんかはね，それを見たとき，「それは違うじゃないかな」と感じられると思いますよ。だから，一本松が残った背景というかね，その後ろの部分が全然語られなく，考えられなくなっているのは寂しいなというのがありますね。

【7】復興（ベルトコンベア）に追加

　これから川を渡るんですが，これ仮設の橋ですよ。気仙川という川で，岩手県では北上川に次ぐ大きな川なんです。今回，津波はこの川の上流8kmまで遡上しています。それで，歴史的に今まで津波に遭わなかった町が，2ヶ所今回被災しているんですよ。この上流にあったコンクリートの橋が落ちているんですよ。この橋も含めて，コンクリートの橋が3つ上流まで無くなっています。鉄道も鉄橋が1ヶ所落ちていますね。左に見えるのが希望の架け橋です（写真10）。

　今，高台に宅地を造成していますけどね。崩しているのはその山です（写真11）。高さが160mあった山を40mまで切り下げます。川の左右に草が生えているところは住宅地があったところで，ここは住めない地域になるんです。

この辺に住んでいた人たちのためにも，40mまで切り下げして宅地を造成しているということですね。

写真10　気仙川を跨ぐ希望の架け橋

【気仙中学校の傍で】（説明②）
（ここで降りますからね。）
【8】中学校の奇跡（校長の判断）

　正面にある3階建の建物，あれはなんだと思いますか？　あれは中学校なんですね（写真12，13）。今は土盛りしているから高いですけどね。校庭は低いんですよ。皆さんはあそこの学校を見て何か不思議に思いませんか。

写真11　山を切り崩して高台を造成，土砂を運ぶベルトコンベア

　歴史的に，何回も津波が来ている地域で，海が真ん前でね，川の河口の傍に何で中学校が建つのかって。普通だったら，建てないじゃないですか。海の真ん前で津波が来たときに一番最初にね，被害を受ける場所に何で中学校を建てるのかってね。これはね，もう津波は来ないよということが一つとね，大人のエゴなんですよ。私どものところはね，藩政時代は伊達藩です。向こう側の村が今泉村という村で，こっち側の村が長部村という村で，それが大正時代に合併して気仙町という町制を敷いて，それがずっと戦後まで続いてきた。

写真12　中学校と希望の架け橋

写真13　中学校（廃校舎）

　僕がいなかった頃ですけどね。多分，子どもたちの数が多くなってきて，中学校を統合して一つにしようとした。そうするとどこでも俺らの方が良い，近い方が良い，向こう生徒が少ないのに何で向こうに建てるんだって，綱引きが始まるんですね。最も妥協しやすいのは，2つの村の境界線で，ここに建てれ

ば文句がないだろうということで建てられたんですね。

　だから，子どもたちの安全だとか，津波のことなんて何にも考えていないですよ。あくまでも大人たちの争いに決着つけるために，ここに中学校が建ったですよね。今回，お隣の宮城県の大川小学校というのがよくニュースになっていますよね。あれは，今，裁判になっています。先生方の避難誘導の在り方に問題があったんじゃないかってね。あの学校は，学校の後ろがすぐ山だった。あの学校では，山に避難しなかったですね。なんで山に避難しなかったかというと，先生方の中に，これだけ大きな地震が来たんだから，山に行ってまた地震がきたら木が倒れるから，子どもたちが危ないってことで山に行かなかった。長雨の後の地震で土砂が崩れることはあるが，普通，地震で木が倒れるということはあまりないんですよね。

　この辺だって地震で倒れた木は1本もない。それでも，どうしよう，こうしようって，50分間校庭にいてね。最後に選んだ方法が，市が決めた避難場所に行けば安全だろうってことで，北上川の河口の川沿いを通って川の傍にある町の避難所に向かった。結果として，途中であれだけの犠牲者を出したんですね。

　それに比べてね。この学校は，一人の犠牲者も出していないんですね。海が真ん前にありながらね。ここの校長は女性の方でした。彼女の今回の決断力と判断力は素晴らしかったと言われています。最も素晴らしかった判断力は何かというと，教育委員会の決めた避難マニュアルを彼女は捨てたんです。どこの地域でもそうですけどね，教育委員会が学校の避難マニュアルを決めています。児童生徒を校庭に集めて，点呼をとって，保護者に引き渡し，名簿を確認の上指示を待てとある。何のことか分りますか？　皆さん方は多分小学校，中学校のとき，何かあると必ず保護者が迎えに行くんですよ。だから，学校も保護者が来るのを待たなければならない，ということで「保護者への受け渡し簿」っていうのが用意されています。何日何時何分に誰々君を誰々先生が誰々に引き渡したって，きちんと書くんですね。

　ところが，彼女の判断は「海が真ん前のこんな低いところで点呼なんかとっ

ている余裕はない。子どもたちを高いところにやりたい」でした。そこで，選んだのがあそこにある看板の後ろに建物があって広場になっているから，そこが良いのではないかということで，そこへ全員避難させたですね。あの看板は，津波で壊されたので後から立て替えたものですよ（写真14）。

写真14　生徒たちが一回目に避難した場所

校長先生はね，責任があるから，教室の中とかトイレの中を見て，誰も残っていないかを確認して戻ったら，海の傍で育った若い男の先生がね，「いや校長，今回は震源地が近いしね，マグニチュードが大きい。津波は来ないと思うけど，目の前は海だからね。防潮堤にぶつかった波の飛沫（しぶき）を子どもたちが浴びるかもしれない」という話をしたんですね。そのとき，彼女は「飛沫程度だったらいいんじゃないか」ではなくて，「だったら，もっと上へいこう，高いところへ行こう」という判断をしました。道路を横断して，この後ろ側に3，4軒の家があるんですね。そこを通って裏の山の高いところへ上がった。実際に来た津波はそこにあった建物から看板全部を破壊して，学校の屋上も壊したですね。ですから，最初の判断通りここにいたらね，恐らく全員が犠牲になっただろう。だから，そういうときの人間の，咄嗟の決断力，判断力は人の命を左右するんです。

【9】先人たちの残した教訓Ⅰ

この地域は昔から津波が来ていますから，先人が残した津波に対する教訓があるんですよ。その一つがですね，「津波の二度逃げ」という言葉なんですね。

二度逃げというのは，1回高いところへ逃げても，もしかしてもっと高い波が来るかもしれないということで，もっと高いところへ逃げるのを二度逃げというんですね。

もう一つ昔から云われてきた言葉は，「川沿いには逃げるな」です。川沿いに避難すると必ず，津波が川を上ります。今回もこの川を8km遡上しました。

高さは10 mを越えているんですよ。はるかに堤防を越えていますよね。だから，川沿いには避難するなというのは，昔から云われてきたことなんですね。

　それからもう一つ昔の人が遺した言葉っていうのはね。津波の避難は，「距離ではなく高さで逃げろ」です。人間はね，心理的に来るものから逃れたいからね，遠くへ行こう，遠くへ行こうとするんですね。陸前高田はね，幅が2.5 kmもあり，その間何もないわけですよね。そうするとね，どうしてもね，奥へ奥へと進むんですね。さっき信号機（写真23参照）があって橋を渡りましたけどね。あの橋の向こうには，パチンコ屋さんが2軒あって多くの人がいたんですよ。避難指示が出たときに，その人たちが一番安全だった逃げ方は，あの橋を渡って，近くのあの削っている山に登るのが一番安全だったんですよ。でも，ほとんどの人が一番遠くの2.5 km離れた山を目指して走ったというんですね。人はね，後ろから来るものから逃れたいから，遠くへ行こうとするんですよ。それはやっぱり違う。何でもいいから高いとこへ行けっていうのが津波の逃げ方なんですね。

　陸前高田市で，小学校，中学校の犠牲者は全部で19名です。でも，学校で亡くなった子は一人もいないですね。どういう子どもが亡くなったかというとね，当日学校を休んだ子が何人かいます。ただその数は少ないですね。一番多いのが親が迎えに来て，連れ帰った子なんですね。しかも親子で犠牲になっている人が多いですね。車に乗せて，帰る途中，交通渋滞に巻き込まれて津波から逃げられずに命を落としています。

　去年(2013年)の9月に陸前高田市では津波警報が発令されたですね。その時，市内の小学校，中学校では誰一人子どもたちを親に渡さなかった。警報が出て学校に迎えに行ったんですけどもね，2年前に辛い経験している。だから，今回は子どもたちの命を学校が預かりたい，学校が守りたいということで，一人も返さなかった。これは，学校と子どもたちの避難の在り方に新しい啓示を与えたのではないかなと思います。

　この辺ではもう一つ云われている言葉があるんですよ。「津波てんでんこ」という言葉がありましてね。「津波てんでんこ」というのは，これはてんでんバラバラの"てんでん"なんです。津波の時は，"私とあなたは知りませんから，

勝手ですよ"ということ。これはね，非常に冷たい言葉ですけどね。本当の意味はね，自分の命は自分で守れってことを言っているんですよ。ただ，目の前で起きたことに関してね，「津波てんでんこ」を貫けないのも人なんです。

【10】非情になれないのも人間

　この奥に小学校があって，小学校は山が近かったんですよ。山に避難する人が多かった。その学校はね，教育委員会の規定通りに子どもたちを校庭に集めてね，親に何人か引き渡したですよね。でも，町の人たちが走ってきて，もうだめだよ，波が来るよ，山に行った方が良いよということで先生方も山に向かって走って避難したんです。当時小学校2年生だった男の子が，津波が終った後にね，一種の情緒不安定というか，精神障害を起こすんですね。

　家庭の中でも口を利かなくなる。友達とも先生とも口を利かなくなる。担任だった先生が，とにかくその子の心を取り戻そうと必死に努力したんですね。1年近く経ったころ，その子が先生の胸に飛び込んで，泣きながら告白したんですね。

　山に向かって走っている途中で，彼は転んだんですね。転んで膝を擦りむいて，立てなくなってね。その間に友達，同級生たち学校全員がいなくなってね，先生たちも誰もいなくて，その子一人が残された。そして，泣いているところにね，町内から避難してきた見ず知らずのお婆さんがその子を助けてくれてね，保護してくれた。「もうすぐ，山だから走れ，ばばも走るから」ってね。手を引いて起こしてくれた。でも，老人と膝を怪我した子はそんなに速く走れない。なんとか，二人で手をつなぎ合って山の麓までたどり着いたときに，津波が来たんですよ。そのお婆さんはね，その子を先に高いところに押し上げてくれてね。その途端に津波が来て，彼の目の前でそのお婆さんは水の中に引き込まれていった。その水の中でもがき苦しんでいる姿をその子は見てしまった。だから，その子が心に抱えた傷は大きいですよね。

　つまり，目の前で起きたことに対して，「津波てんでんこ」を貫けないのも人なんですね。そのお婆さんだって，その子に拘わらなければ，自分一人だっ

たら命助かったかもしれない。でも，それができないのもやっぱり人なんですね。今回，そういうことで多くの人が命を落としています。町内会の役員の人たちは，避難誘導にあたって命を落としていますしね。それから，民生委員の人たちは自分が担当している独り暮らし，体の不自由な人たちをなんとかしなくちゃって犠牲になっています。

　消防団員は今回51名，陸前高田市で犠牲になった。そのうち，34名が殉職していますね。34名の殉職者は全て20代から50代前半の若い人なんです。延々と築かれた防潮堤には，樋門・水門がたくさんついているんですよ。警報が出ると，これを閉めるのが消防団の仕事だったですよね。だから，警報が出て樋門・水門を閉めている最中に津波が来てですね，命を亡くした消防団員がたくさんいるんです。今年の4月になって，陸前高田市の消防団の規定がはじめて変わりましたね。それまでは，消防団の規定には「撤退せよ」という言葉はなかった。それがはじめて，津波到達が予想できる15分前には，全ての業務を放棄して「撤退せよ」という言葉がはじめて盛り込まれたんですよね。これだけ多くの犠牲を出さないと，そういったことがなかなか出てこないんですね。それが，これだけ大きな被害が出てはじめて，盛り込まれたということなんですね。これまで顧みられなかった災害時の対応に，今回いろんな課題が残されたな，と思いますね。

【11】奇跡の一本松

　あそこに今見えているのはね，有名になった一本松ですね。7万本と云われていた松林はこれですからね（写真15）。無くなる前の松林ですね。この松はですね，今からおよそ330年前の藩政時代に伊達藩が，畑や田んぼの防風・防砂を目的として，植林事業を始めたのが始まりなんですね。だから，330年の間には何回も津波が来ているんですよね。それでも残ってきましたよね。だから，今回の津波はそれだけ大きかったってこ

写真15　7万本の松原と弓形の海岸

とになるんですね。これがここから見た風景です。今残っている水門がこれですからね。水門がここにありますから、こういう弓形の海岸だったですね。

　こういう風に弓形に長い海岸線いうのは、リアス式海岸地帯にはないんですね。そのために、ここはこの地域では唯一の大きな海水浴場ですね。当然、夏の海水浴はこういう姿ですからね（写真16）。多くの人がここで楽しんでいましたね。それから300年以上たった松というのはね、林の中がこういう風景ですからね（写真17）。陸前高田市民にとってはね、単なる観光資源だけじゃなくてね、市民それぞれね、心の拠り所でもあったわけですよ。これが無くなったときは、次の日あの山からこの風景をみて涙が出ましたけどね。なんでこういう風に、松の木がね、1本だけ残ったのかな、「奇跡の一本松」には間違いはないんですがね。

写真16　夏の海水浴風景（震災前）

写真17　300年以上たった松林の中

　これがさっき話したカヤックの教習所で、小さなヨットハーバーがあったんですね（写真18）。これが一本だけ残った松の姿ですね（写真19）。

　堤防というのは、海に向かって造りますね。で、波はこっち（海）から来ますよ。普通、堤防はこっち（陸）方向に倒れるって予想されるんですけど、堤防は全部海に向かって倒れていますね。堤防というのは、上に波返しが付いていますね。なんで波返しを付けるかというと、来た波を後ろに戻そうということでしょうね。堤防を造ったために、松の木が全部無くなったという専門家もいます。今まで何回も津波が来

写真18　カヤックの教習所

写真19　奇跡の一本松

ても300年間の間には，一部無くなっても全部無くなるってことはなかったですよ。

　震災の時に高さ15mの津波が来て堤防を越えていきましたけども，堤防より下に来た波は波返しにぶつかって戻るんですね。戻った波は立ち上って落ちますから渦を巻くんですね。砂浜に植えられた松というのは根が浅いんですよ。山に植えた松は下へ下へと根がいきますけどね。海岸に植えた木はね，根が横に張る(写真20)。これ何故だかわかりますか？海岸は，下へいくと塩水がある。植物もちゃんと考えて塩水を避けて横に根を張っていくから，根が浅いんですね。渦巻いた海水がそこを掘りますからね，全部根返しになる。さっき，建物に入っていた松も根っこが付いていたと

写真20　松の根っこ

いうことは，根返しになった松が，次の津波で堤防の内側に運ばれていく。ついでに根っこがあった地面を掘るんですね，津波は。そうすると，堤防の海側の地面が掘られましたから，堤防は引き波によって，全部海側へ倒れるんですね。僕もびっくりしましたけどね，倒れてみてはじめてわかりましたね。

　コンクリートの堤防だと思っていたのが，まるでモナカだね。結局，土の堤防を築いて，厚さ20cmくらいのコンクリートを被せただけなんです。で，当時の工法は，堤防の基礎部にパイルも何も入っていないんですよ。鉄筋も入っていない。だから，基礎部が掘られたら，すぐひっくり返る。地震が最初に来たときに一部地盤沈下したら，堤防がずれたんですね。それを見てもうだめだといって逃げた人もいるんですね。ということは，堤防としての用をなさないってことですよ。だから，堤防があるということをあまりにも信頼をしてですね，町が海岸の方へ出てきたけれども，ものの見事に町が無くなったですよね。

　あの一本松が残ったときの風景です(写真21)。この松の木は残ったときにね，なんとか枯らさないようにしようって頑張ったんですけどね。なんてことはないですよ。根っこ掘ってみたら，液状化現象で塩水が湧いていたんで枯れたん

ですね。枯れたら，これをモニュメントにして，残したいということで残すことにしたんですけど。これね，切ってみたらね，樹齢125年で，高さ27mありました。根本は直径86cmですから，結構太いですよ。残すことにして，去年の3月に出来上がったんですけどね。乃村工藝社[*]がはじめて手がけた方法ですがね。

写真21　奇跡の一本松

　これ造るのに1億5千万円かかったんですけどね。これは復興基金を使ったわけじゃなくて，全国から寄せられた，皆さん方からいただいたお金を使って1億5千万円かけたんですがね。どういう方法をとったかというと，木の胴体部分を9等分に輪切りして，真ん中の芯をくり抜いて，そこにカーボン詰めて，木の部分に防腐加工をして，表をコーティングして繋いである。枝の部分と葉っぱの部分はプラスチックなんです。

　去年（2013年）3月に枝の角度が違っていて，もう一回8月に作り直したんだけど，葉っぱの状況がちょっと違うんですよね，枝の部分がね。メーカーに言わせると，元の松と同じに造ると，頭が重くなってバランスがとれないから，ちょっと省略したという話なんですけどね。

　メーカーにはモノを造ると保証期間というのがありますね。一応10年という話が出て，保証期間が10年で1億5千万円って話になるとね，「いかがなものかな」って声も出てきますね。

【12】仮設住宅

　陸前高田市には仮設住宅の場所は53ヶ所あります。ただ，広いところが無いんですよ。下の平場には仮設住宅は造れないですから，高いところへ造りますよね。そこで，一番広いのは学校の校庭なんです。だから，今残っている小学校，中学校の校庭は全部仮設住宅です。そうなると，子ども達は体育ができないとか，部活ができないということで，浸水区域の広いところを借りて，グ

[*]乃村工藝社（参考:https://www.nomurakougei.co.jp/news/topics/p1736/）

ラウンドにしているんですね。

　今，仮設で一番大きな問題は，自殺をする人が増えてきていることですね。それから孤独死ですね。というのは，仮設住宅にはですね，同じ町内会の人とか隣組の人が一緒に住めない。抽選で入りますから。そうすると隣には今まで見たこともない，会ったこともないような人が住むんです。そうすると，なかなかコミュニケーションがとれなくなって，「あの家，電気付かないよ」と訪ねてみるとね，布団の中で亡くなっている方がいるとか，あるいは自ら命を絶つ人が出てきています。

　もう一つ，自殺って心の傷に耐えられなくなる要因はね，仮設住宅に住んでいる人のなかで格差が出てきていること。今までの町内会だとか，コミュニティを捨ててね，経済的に余裕のある人は，新しい町の高いところに土地を買って家を建てていますよ。建売住宅の業者がどんどん入ってきていますから。そうすると，今まで隣にいた人がね，家を建てたから引っ越すよとか，そういう話になりますよね。高台に住宅ができるのはあと２年くらいでしょうから，そこができたら，そこへ行くって人がいる。仮設住宅には市営住宅だとか公営住宅にしか住めない人が最後まで残るんですよね。

　だから，そういった人たちにしてみるとね，家を建てた，家を買ったという人はやっぱり羨ましい。ますます傷ついてくるんですね。コミュニケーションがとれなくなって最後には自殺するとか。これは余計な話ですけどね。自殺をする人は男の人の方が多いんですよ。女性はたくましいんだよ。おばちゃんたちはね，知らない人とも話ができてね，少しでも心が休まる。男はできない。特に歳とった男はね。一人だけ残されてね。

　男は引きずるんですよ。津波さえなければ，俺は今頃会社ではとかね。そういうことばかりを考えるとね，なかなか交際ができなくなる。最後に死を選ぶんですけどもね。そういったことから考えるとね，そういう人たちにとってみれば，10年の保証に１億５千万円かけるならばね，俺たちの住むとこ早く造れよ，という話は出てくるんですよ。

　だから，良かれと思ってやったことが，状況の変化によっては，いろんな思

いが出てくることはあるんですね。だからね、これだけ災害が大きくなるといろんな思いが出てくるということですけどね。

◇よくぞあの松1本だけ残ったですね！

これを見ていただくとわかるのですが（写真19参照）。これが水門でこれが堤防です。これがユースホステルです（写真22）。一本松を見ていただくと、胴体部分に枝が無いんです（写真21参照）。これは、あとで落したんでなくて、枯れて自然に落ちたんですね。あの高さは27mありますから。15mの津波というのは、胴体部分を通過したわけです。そうすると、枝が無いですから、抵抗なく海水が抜けていったんですね。これを見ていただくとわかるのですが、松がユースホステルの真横なんですね。そうすると、引き波が陸側から来ますよね。引き波の方が強いんですよね。この建物にぶつかると引き波が2等分になるんですね。だから、一気に抜けるよりも、力が弱くなって残った。建物が無かったら、たぶん倒れていたかもしれませんね。そういった意味では「奇跡の松」ですね。

写真22　奇跡の一本松とベルトコンベアと嵩上げ地とユースホステル

写真23　トラックだらけ

◇トラックがすごく多いですね！

瓦礫撤去作業の時から比べると、まるっきり減りましたね。あの時は凄かったですよ。関西や九州のナンバーのトラックも来ていましたからね。

これはいろんなところで高台造成だとかやっています。広いところはとりあえず、土置場なんですよ。あと隣の気仙沼が、土が足りないので、そっちへ運んでいますけどね。これだけの土がどこへ行くのかなって言われましても全部はわかんないですね（写真23）。

【13】防潮堤・復興計画への疑問

今度，新しい堤防を造るということになったんですけども。堤防の高さが 12 m 50 cm という高さが今回設定されたんですけどね（写真24）。これ何のためなのかなってよく議論されていますね。15 m を越える津波が来たのに，何で 12.5 m の堤防なんだっていうのがあって。20 m の堤防を造るっていわれればそうかもしれないけども。

写真24　新しい防潮堤
高さは 12.5m

そんなに高い堤防が必要なのかというのもありますしね。海が見えない怖さってあるのかな。それと 12 m 造っても結局 15 m の津波が来るかもしれない。国の考えは 100 年に一度の津波を防ぎたいということですがね。住民に津波の不安は残りますよね。

堤防は今までと同じ高さで良いから，道路を奥に造って，その後ろを埋めてしまえと。埋めてしまえば堤防は壊れてしまうことはないからね。一番奥の 8 m 嵩上げする土地なんですけど，そこは人が住む地域です。

だったらね，災害に備えて，山手に避難できる 40 m，50 m 幅の道路をね，山手に向かって造るとか，逃げ遅れた人を収容するための 5 階建てくらいのビルを造って，その最上階に一週間か 10 日間生活できるストックヤード（一時避難施設）を設けるとかね，そういったのに金をかけた方が良いのじゃないかと思うのですよね。何で，12.5 m なんだって，その理屈がわかんない。いろんな地域で，堤防だとかに対して話が出ているんですけどね。

当然ながら，今までずっと町だったところの 3 分の 2 が人が住めない地域になります。その奥（山側）の 3 分の 1 が 8 m 嵩上げされます。そこは，人が住む地域です。ただね，3 分の 2 の地域は何をするのか決めてないですね。

これだけ機械が動いて，ダンプが動いているのでね，陸前高田市は復興の工事が進んでいるというのは，誰が見ても明白ですね。でも実は，先が見えないですね。行政から絵は出ますよ。こういう風になりますとか，絵は出るんだけど，具体的にどうなるのかよくわからない。

この辺は，岩手県の真ん中の地域と違いますから，農業だってそんなにね，広い耕地がある訳じゃないんですよ。今，被災しなくても，誰も犠牲にならなかった人たちでもね，働く場所が無くなっているので，ここに居られないんですよ。そうなると東京だとか仙台だとか，被災しなくてもそっちへ行っている人もいますよ。

　そういったことを考えるとね，今進められている復興計画っていうのはどうなのかなっていうのもあるんですけどもね。今は建築関係は良いですけどもね。

　復興工事が終わった後，結局何も残っていないみたいな形になるとね。町の形態そのものが変わると思いますね。今までと同じ町を造れないと思うんですよ。10年後，町が復興した時には，ここがまた中心街になるのか，それすら言えないんじゃないですかね。今，行政の計画では，高台を造成しているところに昔以上に住宅を造って，商店街を造りたいという意向はあるようですけどね。人々は生きていかなければならないですから，商店街の人たちは別のところにどんどん移って店を開いているわけなんですよ。そうすると，人の流れが変わっていますからね。果たして高台に，造成したところに商店として戻ってくるのかというね，その辺のところはありますね。

【陸前高田物産センターの駐車場で】（説明③）

　ここが，住宅密集地だったところです（写真25）。この道路（写真25の手前の道路）が，昔の町の基幹道路ですね（写真26）。ここが町の一番奥なんですよ。両側に道路ありましたけどね。実は，あっちの高いところにお寺みたいな屋根が見えていますよね（写真27）。あの家はね，助かっているんですけど，庭のところで津波が止っているんですよね。竹が枯れて，杉が枯れているでしょ。あれは塩水に浸った証拠ですよ。あ

写真25　住宅密集地だったところ
　　　　手前の道路は昔の基幹道路

写真26　昔の基幹道路と嵩上げ
　　　　（T.P.+14.1m）
　　　T.P.：Tokyo Peil（東京湾平均海面）

の家は高いところにあって助かった。その下は，全部住宅地だったところで全部流されているってことですね。津波はここまで来た訳ですよ。あの辺の山にぶつかって，止まっていますね。

写真27　津波は庭に水が行って止まった。塩水で竹が枯れている

ここにグラウンドがありますね（写真28）。これ何かというと，さっき話した学校（陸前高田市立第一中学校）のグラウンドですね。今，小学校，中学校の校庭には全て，仮設住宅が建っています。あそこに学校の一部が見えていますけどね，あの高いところに学校があります（写真28の上側付近）。

写真28　陸前高田市立第一中学校と仮グラウンド

その校庭には全部仮設住宅が建っていますから，仮にグラウンドをここに造っているわけですよ。ここは住宅街だったところですね。今，子どもたちはここの仮グラウンドで体育をやったり，部活をやったりしているわけですね。市内の残った小学校，中学校は全てどこかに仮のグラウンドを造っています。

町中の風景です。これは県立病院の4階の

写真29　陸前高田を第1波が襲う
（県立病院の4階の屋上から撮影）

屋上ですね（写真29）。病院は4階建てですから，屋上に上がれば大丈夫だろうということでね，最初地震が発生して，すぐに看護師さんだとか病院の職員は入院患者をね，4階の屋上に上げようとしている訳ですね。作業をやっている途中で，電気が止まるんですね。そうなるとエレベーターが止まるので，全員を上げることができなかった。残された患者さんは津波で亡くなったんです。

あの日は雪が降っていたんですよ。今度は，折角屋上に上げながら，低体温で亡くなる患者さんがいた。津波じゃなくて寒さのために命を落とす人が出てきた。知り合いの看護師さんから聞いたんですけどね。自分たちだって白衣1枚の姿でしょ。そのまま，4階の屋上に上がっている訳でしょ。どうやって風を

防いだのかって聞いたらね，ごみ袋の底に穴開けてね，7枚も8枚も被ってなんとか風を凌いだって。その人たちは次の日，ヘリコプターで救助されたんですけどね。

この写真は第1波が襲ってきたところです。ここが，さっき私たちがいた道の駅です。松の木がまだ残っていますね。この赤い屋根は，私どもの事務所の横にあったモスバーガーの建物で，流されてきている。津波は40km/hから50km/hの速度で進んでくるわけです。車など浮いていますけどね。こういうことになるなんて誰も思わない。

水が引いた後はこのようになりました（写真30）。町の中，全部瓦礫の山ですね。で，この写真は，お寺（浄土寺）の横から撮ったんです。

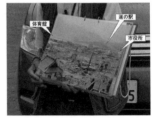

写真30　津波の引いた後，町は瓦礫の山

このお寺はね，庫裏が無くなって，本堂の柱と屋根と山門だけが残った。ここに見えているのが体育館です。壁が抜けて穴開いていますよね。これが避難場所だった市役所で，市役所の前に市民会館があったんですよ。この市民会館も避難場所です。ここが道の駅です。被災直後は，街全体が瓦礫の山でしたね。

瓦礫の撤去は，先ず道路から始めますよね。この瓦礫をブルドーザーで押せない。何故だか分りますか？　遺体がどこにあるか分らないからです。まず，手作業で遺体確認をして，それが終ってからブルドーザーなどの重機が入るんですね。だから，撤去するまでにものすごく長い時間がかかるんですよ。それから，町の中の撤去作業に，地元の消防団もかかわっているんですが，4週間目くらいからですね，消防団から対策本部に対してね，地元消防団員の遺体捜索は遠慮させていただきたいという声がでた。これ，なぜだと思いますか？　3週間，4週間経つと遺体が傷んでくる。しかもね，その遺体も顔が潰れているとか，腕がないとか，元の姿はないんですよ。それが3週間，4週間経って瓦礫の中から引っ張り出すと，手が抜けたり，足が抜けたりするわけでしょ。遺体は隣の人とかね，親戚の人とかね，同級生とかじゃないですか。それを引き上げた人は堪らないですよ。

だから，地元の消防団は遺体捜索は勘弁して欲しいというのが出たんです。最後は，遺体捜索は全国から集まった警察と自衛隊の仕事になりました。被災直後，そういったことは誰にも考えられないことですよね。

【14】火葬場の不足

　未だに207名が行方不明な訳ですからね。その中にはね，未だにね，家族がどうしたのかなってことを考えなければならないと思うのですね。今は生きているという可能性はほぼ100％無いわけですけども。それでも何かにすがりたいというのがあるんですね。今回の津波がね，想定外の津波だといった。確かにそうですよ。規模にしろ，被害にしろ。今までなかったことです。

　本当の意味の想定外は残された人々の生活がね，つまり想定外の連続なんですね。遺体捜索だってそうですよ。それから，皆さんね，絶対経験したことがないと思いますが，火葬場が無いんだよね。本当にね，地元の火葬場は自家発電で1基だけ動いているだけ。青森県，秋田県，山形県の火葬場も全部満員なんですよ。あの時はね，東北地区の遺体が東北地区の火葬場で順番待ちなんですよ。遺体を早く見つけて引き取ったけれども葬儀屋も棺も無いんですよ。あの時3月で寒いといったってね，ドライアイスの工場も何にも無くなってしまってね。酷いのはね，葬儀屋が無いんだからね。棺が無いんですよ。そんなこと，考えられないですからね。

　僕はね，家の親戚のお祖母さんが津波の4日後に亡くなったんですよ。病気じゃないんですよ。関連死を認められたのは，痰を吸引するために電気を使っていたが，電気が来なくなって，4日後に亡くなったからですね。

　今回，陸前高田市役所では，正規職員，臨時職員，嘱託職員111名が犠牲になった。市の建物が破壊されてね。そこにあった書類だとかパソコン，フロッピーは一切使えないんですよ。行政としての機能が果たせないんだよね。そんな時にね，仏さんをどうしたかって。市の職員が言う。コンパネを棺の幅に切ってね，着物をかけて来いって。それで火葬したんですよ。そんなことで，何千何百という遺体がね，容易に火葬できなかったのです。

陸前高田市では一時ね，土葬を考えた。とりあえず土葬にして，その後引き出して火葬にしようということにしてね。何とかそれはクリアしたんですけどね。こういったこと誰も想像できないんですよね。そんなことを考えると，想定外ってなんなのかなってことを改めて考えさせられたということです。

【15】最悪の避難所：体育館

　避難場所は学校の体育館とかになっています。なんでこんな場所が避難場所なんだというのがありますね。山の麓の人たちの町内会の避難場所が，海に近い体育館。だから何十年と避難訓練をするときはここへ避難したんでしょう。今回も，警報が出て迷うことなくそこへ避難した。自分たちが住んでいるのは山手なのに。これはね，堤防ができたから，津波が来ないということを基準にした上での防災計画ですね。この市民会館もそうですね。これらは全て避難場所の問題なんですよね。

　それから避難所ってありますね。避難場所と避難所は違います。今回の経験から，津波の避難場所は建物である必要はないんですよ。とにかく高いところですね。さっきの学校と同じ。だからこの辺の山と同じです。とにかく高いところへ行くんです。ただ，避難所はね，建物でないといけないですから。何かあったときは，小学校の体育館などが避難所になっていますよね。災害発生時には，第一中学校の体育館に1,500名が避難したんですよ。すぐに帰れると思って避難していますからね。着の身着のままで来ている。しかも，0歳から100歳まで。目の不自由な人，耳の不自由な人，車椅子の人，妊産婦，赤ちゃんを含めて1,500名が体育館に避難したんですね。

　そこで，何ヶ月生活したと思いますか？早い人で3ヶ月，一番長い人は5ヶ月です。5ヶ月間学校の体育館で生活するとどういうことが起きると思いますか？今回，学校の体育館は避難所としては，最低最悪であることを露呈したですよ。学校の体育館はね，文部科学省の考え方が入っている。身体の不自由な人は体育館を使わないというのがあって，一切バリアフリーが無いんですね。トイレ，階段，全てユニバーサルデザインというのが一切使われていません。

車椅子の人とか，目の不自由な人とか，そういう人がトイレを使う時どうするのですか。結局，人の手を借りないとトイレができないんですよ。歳とったお婆さんがね，「いくら歳とっても人の手を借りて，用を足す恥ずかしさは耐えられなかった」としみじみと言ったそうですけどね。でも，耐えられなくたって，その人帰るところ，行くところが無いんですよ。この話をしたらね，そんなの行政が割り振ったらいいじゃないかと言われた。誰れが割り振るんですか。さっき言ったように，111名も犠牲者になって。中にある資料から一切無い。それと建物が壊されてね。避難のしようがないんですよ。今回はじめてそれで陸前高田市では，このあと新しい町を造った時にはね，福祉避難所の必要性がはじめて叫ばれたですよね。この後造る避難所には，福祉避難所を造ろうということがはじめて出ました。身体の不自由な人，ハンディを負った人たち，妊産婦の人たちが避難できる場所が必要だということがはじめてわかったんですよ。

　それとですね，最初1,500名がどのように寝ていたかというと，段ボールで仕切りにして寝るんですよ。これね，最初の3日や4日は皆んなで運命共同体ですから，「頑張ろう」「頑張るべ」とやっている訳でしょ。10日経ち，2週間経つと人々はね，ストレスが溜まってくる。夜中に赤ちゃんが泣き出すとね，「うるさい，いい加減に黙らせろ，こら」と怒鳴られる訳じゃないですか。母親はね，赤ちゃん抱えて外へ飛び出すしかないんですよ。そんなこと，誰も考えていないでしょ。だから学校の体育館が避難所じゃ困るんだよね。しかもね，陸前高田市は学校給食が全てセンター方式に切り替わっているのですよ。学校に厨房が無いんですね。火が焚けないんですよ。ここはプロパンですからね。地域の集会所だとか，コミュニティセンターに避難した人たちはね，少なくとも自分たちで，お湯は沸かせた。ところが，学校に避難した人たちは，炊き出しでしか食べられなかったんですよね。

　そういったことは誰も想定していないですよ。今回，避難所の在り方っていうのが，大きくいろんなところに問題を提起しましたね。そういうことで，今度造られる施設の中には，福祉避難所が造られるということになりますけれどもね。それにしてもね，学校の体育館で3〜5ヶ月も生活することは誰も考え

ていないんですよ。それより，災害は無いということを前提にしていますからね。そういったことはね，自然を抱えていれば出てくることですからね。

写真を見ていただくとわかると思いますが。これがここの中学校です。で，この町の震災前を見てみると，この道路が昔の道路ですね。これが中学校，今皆さんがいるのはこの辺，この角ですよね（写真31）。ここには，地酒メーカーの工場があったんですよ。昔の町というのは，この辺りの町だけだった。これが駅の前の道路，駅前通りですけどね。こっち側に海に行く道路があった。だから，この辺というのは昭和35年の津波後にできた町なんですね。これが市役所ですよ。これが市民会館ですよね。

写真31　震災前の陸前高田の町を説明

写真32　震災前の市役所

写真33　震災前の市民会館

【16】市民会館

これが震災前の市役所です（写真32）。市役所の職員はね，嘱託まで入れて111名亡くなりましたけどね。3階にいた人はダメだったですよ。津波は屋上を越えたんですよ。4階と4階の屋上，3階の屋上に避難した人は助かったんですけど，屋上に避難した人は全員ずぶぬれなんですね。僕の知っている市の職員は，ここに避難して流されて隣のスーパーの非常階段に掴まって助かった。

これ市民会館ですけどね，これは町の市役所の前にあった（写真33）。ここ（写真33の右側）が市役所の玄関ですね。で，市民会館は教育委員会の事務所だったですね。陸前高田市は今回ね，教育委員会の職員は5，6を名除いて助かりませんでした。ここは市が決めた避難場所ですね。だから，もう一つは3月11日，ここにもっと多くの人がいた。何でかというとですね，3月15日に迫っ

た確定申告の受付場所がここだった。ここに何百人という人がいたわけですよね。市民会館というのは、ホールがついていますよね。ホールがあるということは柱が無い。こういうコンクリートの建物は破壊される度合いが強いんですよ（写真34）。これが津波によって破壊されたホールですね。ここ（写真建物の左側）が観客席ですね。段差になっていて、こっち（写真右側）がステージなんで。だから、一番広いところにたくさんの人がいたわけですね。

写真34　津波によって破壊されたホール

　今回陸前高田市では、犠牲者が出た建物は一切残さない。遺族のことを考えると忍びないということでね。そういうことを決断して早々と

写真35　エントランスホールの柱

壊してしまった。2年後には解体してしまった。でも、時間が経つと人の心の中に、いろんな思いが出てくる。これは、市民会館を壊したとき最後に残った柱ですね。入り口のエントランスホールの太い柱なんですね（写真35）。ここで中年の女性が手を合わせていますね。実は、この人の娘さんが教育委員会の職員でね、結婚して妊娠8ヶ月だったけれども、ここで亡くなったんですよ。彼女は「せめてこの柱だけは残せないか」ということをずっと言ってきたんですよね。なぜかというと、「私は娘に先立たれたけど、私は生きていかなければならない。これから、生きる人生の中でね、せめて娘が生きた証を見て私は生きていきたい」って言うんだね。だから、時間が経てばね、妻を亡くした人、夫を亡くした人、子どもを亡くした人、それぞれにね、妻が、夫が、子どもが生きていた証をせめて見たいっていうのが出てくる。なかには、見たくもないという人もいる。これは、これだけ大きな災害に遭うとそういう問題がね、いろんなところで出て来るんですね。だから、良かれって思ってやったことが、そうじゃないということも出て来るわけですよね。その辺のところが、これだけ災害があって犠牲者が出るとね、難しい問題になりますね。

(もう少し移動してあちらでもう一回止めます。ここを出て左へ行きます。)

　盛り土をして，風景がまるっきり変わりましたね。あれ，見本の高さですけどね。TP（標準海面基準）でいうと，14.1mですかね（写真26参照）。現場で，8mから9m盛り土していまして，この山際までこの高さで盛り土されます。今回盛り土される範囲は，市役所があったところから山側までだけです。そうすると，海までの広い土地は，さっき話したように，何やるかよくわからない。

写真36　ボランティアの人たちが一生懸命作った花壇

　このお花畑，ボランティアの人たちが一生懸命作った花壇ですよ（写真36）。ここに住んでいた人やボランティアの人たちがね，この先住めるかどうかわからないけど，自分の住んでいた土地をせめてきれいにと願って作ったお花畑なんですね。

【17】土地の問題

　この辺の土地を全部買い上げになるんですよ，国の方でね。買い上げになって，もう一回ここに住む人は，その分は買い上げ料金でまかないます。ただね，さっきの山を削った高台もそうですが，ここもそうですけどね。例えば，震災前，自分の家は200坪あったとしますね，庭を入れて，建坪を含めて。それが今度できる高台や盛り土の地区は，100坪が上限なんですよ。それ以上，ダメだっていうことです。

　100坪くらいの土地で終わりだよって。すると，今まで200坪の土地に住んでいた人にはちょっと狭い。だったら土地を売ったお金で別のところに土地買った方が良いとかね。そんなことが出てきます。特に，さっきの川（気仙川）を渡った向こうなんかはね，専業農家をやっていた人が結構いましたよね。そうするとね，農家をやっていればね，住まいの他に農機具を入れるところがね，車庫が必要になりますよね。大型機械だとかトラクターだとかになってくると，人が住まないところの方が大きい建物が必要な訳ですよ。だから100坪では

とてもじゃないけど足りないということで，高台にはいかないとかね。いろんな人が出てきますよね。

　机上の議論の部分と現実の部分で噛み合わない部分が出てきますね。それから，今もう一つ問題になっているのが，所有者不明地ってありますね。それから，明治時代に登記されてね。そのまま土地売買された土地がありますよね。そうするとね，子孫がいないとかね，裁判手続きやんないといけないとか。相続者が東京とか埼玉とかに住んでいてね。向こうの物価の程度がありますから，提示された金額ではとてもじゃないけど応じられないと，なかなか進まない。土地に関する作業が遅れる理由にはそういった理由がありますよね。

　土地の買い上げの値段は決まった値段です。かなり安いですね。高いとは言えないですよ。評価額がありますよね。評価額を大幅に越えることはない。プラスマイナスはありますけどね。

　普通に取引されるときは，評価額はまるっきり関係がないですけどね。だけど，あまり高くすると復興予算に響くわけですよね。だから，無闇に高くはできない。なかなかその辺が難しいですね。

◇土地を手放した人は，優先して新造成地に引っ越しできるんですか？

　優先権はあります。ところがね，その話はですね。被災直後は早く自分の住んでいた町に戻りたいから，高台でも何でも良いってことなんですが，時間が経ってくると，さっきの山を切り崩した高台の方が，地盤が丈夫だから良いだろうけど，盛り土の方は津波より先に地震で地盤が崩れるのが心配だとか，どんどん話が出てくるわけですよ。8m嵩上げになりますので，あれくらいの高さになると津波は大丈夫だって言われてもわかるような気がするんですけど，地震にどうなのかという不安がありますね。

　あそこに建っているのは，今度はじめて入れる災害公営住宅ですよ（写真37）。8m嵩上げしたところに建っているんですよ。あのような建

写真 37　災害公営住宅

物はね，ちゃんとパイルが打って鉄筋が入っていますから，まず倒れることはないですよ。

　普通の個人の家はパイル打って建てる人はほとんどいませんからね。そうするとね，地震に耐えられない怖さの方があるのかなと思います。

　あの災害公営住宅は10月から入れるんですよ。あそこに3棟建っていますけどね。どこか1棟の5階の一部をね，集会所にしているんですね。そしてストックヤードを設けます。それで，一週間くらいは泊まれるぐらいのところを造ろうということですね。

　高層のものは全てそうすべきですね。民間で建てる場合もね，そういったことは考えていかなければならないのじゃないですか。助成金を出すとかね。国の方でもそういったことを考えるとかね。

【繁華街跡付近を見ながら】(説明④)
【18】メインストリートと山際の悲劇

　今ダンプカーが行ったところが，陸前高田市のメインストリートの一番商店街ですね（写真38）。向こうの突き当りが駅だったところなんですよ。今，盛り土をしていますよね。あれが駅だったところです。これが無くなる前の駅ですね（写真39）。駅の方向から撮った写真があるんですよ。それがこれですね（写真40）。これは駅前のロータリーから撮っているんですよ。

　今，皆さんがいるところはここですよ。この店があったとこですね。丁度突

写真38　元大町通り（メインストリート）

写真39　震災前の陸前高田駅

写真40　震災前のメインストリート（駅前のロータリーから撮影）

写真41　個人で残すことにした3階建ての建物（米沢商会）

き当りですから。向こうから来て，突き当りがここ。これがこの町のメインストリートです。今，土を盛っているところが，市役所があったとこ。

　あそこに3階建ての建物が残っていますよね（写真41）。あそこに看板ついてますよね。これ（写真30参照）でいうとね，これが市役所，これが市民会館，この建物ですね。

　ブルーの看板があって一番上に赤い線が引いてある。あそこが津波の到達点です。なんでこういう建物が残っているかというとね，これは個人の家の建物なんです。ここは，パッケージやっているお店で，1階から3階までがお店だったですね。お父さんとお母さんと弟さんは，すぐ横の市民会館の避難場所に逃げたですね。長男は3階にいてね，逃げ遅れたから屋上に上がったんですね。屋上に上がって海を見たらね，来る津波に飲み込まれそうになって，彼は一番高いところへ上ったんですよ。そこが煙突みたいになってました。空間があって，彼はその中に入ったら，彼の頭の上を水が流れていった。彼は助かったけど，市民会館に逃げた両親と弟は亡くなったんですね。彼は，これだけの津波が来たんだと後世に残したいということで建物を残すことにした。ただ，これ自分の金で管理しなければなりませんし，壊すにしても自分で壊さなければなりませんから。それは覚悟の上で残したんですね。その横が市役所ですから，津波は屋上を越えたわけですよ。それだけの高い津波がこの山にぶつかるまで押し寄せて来るということですよね。

　この山はね，館（高田城）跡があったとこです。この高いところは，今本丸公園になっていますからね。見ていただくとわかるんですが，山裾の法面にコンクリート打ってあるでしょ（写真42）。これは，山の土が崩れてくるから，土を止めてくれってことでコンクリートを打ったと思うんですね。コンクリートで土止めしたのは，最近になってからのことですよね。そん時にね，コンクリート打ったところにね，階段を1つか2つ造ればね，この町の人たちはここから山へ逃げられたんですよね。

写真42　多くの犠牲者を出した本丸公園の周辺

津波のことなんか考えていないんですよ。土が落ちてくることだけを考えている。止めてくれと言われて，コンクリート打っただけ。山に登るには，こっちから廻っていかないと上がれない。あっちから廻っていかないと上がれないんですよ。ここで，多くの人が亡くなっていますからね。特にここの町の人はね，昭和35年の津波を覚えている人がね，「ここまで来るわけないよ」って，逃げなかった人結構いるんですよね。そういう人たちは階段があれば，ぎりぎりで逃げられたのにね。津波のことは一切考えていないということですね。昭和35年の津波を含めたってね，昭和8年の津波というと100年近いじゃないですか。その時間の経過による風化とね，人の心の風化ということ考えると，常に何か遺しておかないと後世に伝えることはできないのかなって感じしますけどね。

【社会教育文化センター跡地の傍で】（説明⑤）
【19】陸前高田市最大の避難場所

ここはね，陸前高田市の社会教育文化センターていうのがあったところです。博物館，図書館，中央公民館，体育館とがあったんですね。これがその体育館ですけども（写真43）。博物館だとか，図書館だとか，古いお寺が3つ全壊したんですよ。半壊したお寺が1つあります。お寺が建てられた年代は1,550年代後半から1,600年代初頭ですね。そうしますとね，この650年から700年の間に，何回も津波が来ているんですが，町中まで破壊した津波は初めてだったということですよね。お寺は全壊していますしろ，博物館や図書館にあったこの故郷の歴史や文化を証明する貴重な資料だとか，古文書の多くを無くしてしまった。

写真43 社会教育文化センターの体育館（災害前）

この損失は，これから我々の新しい町を造るとすると大きな痛手になりますね。一部補修したものとか，探しだされて修理しているものもありますけれど，大概は海の方に運ばれているものが多いと思いますけどもね。ここにあった博物館なんかもそうなんですが，海の傍に全国でも珍しいんですけどね，世界の

貝を集めた博物館があったんですよ。それはほとんど流されて，貝は無くなっていますね。この町出身でね，鳥羽源蔵という博物学者がいたんですね。宮沢賢治なんかとも親交のあった人で，その人が集めた南方系の貝は貴重なコレクションだったんですけど，それが一切無くなってしまった。そういったものを失うということは，大きな痛手になりますね。

ここに体育館があった訳ですけどね。これが体育館です（写真43参照）。陸前高田市最大の避難場所ですね。さっき話しました，山の麓の人たちの避難場所がこの体育館ですね。その人たちは，何十年とここに避難している訳ですよ。そうすると，今回も迷うことなくここへ集まって来た。平らなところの建物が何で避難場所なんだって。そういうことが今回改めて問題として出てきたところです。350名くらいは避難したって言われているんですが，上がった遺体は81体しかない。建物の後ろが抜けていましたから，何処かへ運ばれている。引かれて行ったり，抜けて行ったりしてますね。奇跡的に助かった人が4名いるんですよ。どんな人が助かったかというと一人はね，外の時計台の修理する階段があるんですね，それ知っていた50代の男の人が助かったですよ。体育館の中では，3名助かっているんですね。3名がどこで助かったかということですよね。

体育館というのはこんな風になりますからね。これが破壊された体育館です（写真44）。車が写っているでしょう。津波の時の車は悲惨ですよ。こういう風になりますからね。特に，軽の乗用車なんてはね。津波に揉まれてころころ転がっていくとおにぎりみたいになる。丸くなるんですよ。その中に遺体が入っていると，普通の人には出されないですね。

体育館の中で，どうやって助かったかというとね，2階の観覧席の椅子の上に上ってね，窓が付いているところのてんば（天端）と溶接された鉄骨に三名の男の人が掴まったそうです。一人は，30代の市の職員なんですけど，もう一人は50代の町内の人で，もう一人は私たち観

写真44　被災後の体育館と塵の山

光協会でこの写真なんかを頼んでたフォトスタジオやっている 57 才の男性ですけどね。

　3 名が掴まっていたところに津波が入って来てですね。ああいうだだっ広いところに水がはいると渦巻くんですよ。渦巻いて高くなった時にね，60 歳くらいの女の人が背負っていたリュックが浮袋代わりになって浮いたんですね。それを 3 人で引き揚げてね。その写真やっている男(ひと)が掴まっていたところに，女の人を掴まらして，彼は下がったんです。そして，ひじ掛けの下に掴まるところがあって，そこに掴まって下見ていると遺体があって，水が来るたびに引かれていきますね。絶対生き残ってやるから，どんなに辛くても手を離すなって言っていた本人が，女の人に自分が掴まっていたところをゆずって下がったために，最後の引き潮で引き込まれたですね。上の人は手が離せない訳ですよ。必死にひじ掛けに掴まっていたらしいですが，手を離すんですね。その時，彼は 4 人で頑張ってきた仲間に対して，最後に「生きろって」と叫んだっていうことですね。お前ら生きろってことを言ったと思うんですね。助かった市の職員がそのように話していましたね。3, 4 ヶ月経って落ち着くと，「時々夜中にフラッシュバックを起こす」って言うんですね。ぱっと目が覚めるとね，「生きろって」と叫んでいる彼の顔を思い出すっていうんですね。生き残った人がそういった傷を抱えながら生きていかなければいけないってね。その辺のこともあって，いろいろな問題が出てきていると思うんですけどね。

　この建物でもね，残す，残さないというのが一つあったんですよ。市の嘱託職員で，市の中央公民館に勤めていたお母さんが亡くなって，一年経った母の日の前にね，母の日に向けて，二人で「天国のお母さんへ」というメッセージを壁に書いたんですね（写真 45）。これをどこかの大学の先生が見て，これは貴重な資料だから，後世に伝えるために，この壁は切り取って残しておいた方が良いという話をして，それがマスコミで報道されたらね，書いた姉妹が名乗りでたんですよ

写真 45　壁に書かれたメッセージ
　　　　「天国のお母さんへ」

ね。そして,「壁だけ残すんだったら残して欲しくない。母が生きた建物を残して欲しかった」って,さっきと同じようなことを言った訳ですよ。

　良かれと思ってやっても,その遺族にとってはね,母が生きた場所,働いていた場所を残しといて欲しかったていう,思いはやっぱりあるんですね。そういったところを含めて,なかなか難しい問題がたくさん出てくるんです。

【汽水湖】

　この辺,新しくできた町の区域ですよね。そこが踏切なんですね。線路は無くなっていますね。実は,昭和35年の津波はこの踏切（JR大船渡線）を越えなかったんですよ。水はほとんど海側にしか来なかったんですね。だから,高さが5〜6mの堤防を造ったから,安心して大丈夫だっていうことで,町がどんどん海側に出ていったですよね。

写真46　汽水湖

　さっき海の写真を見ていただきましたけどね（写真46）。ここ水門ありましたよね。これ何かというと,汽水湖なんですね。川から来る真水と海水が混じり合ってできた汽水なんですね。昭和35年の津波の時に,海側を塞いでしまった訳ですよ。それで,富栄養化してしまって,ヘドロだらけになったんですよね。何年前でしたっけね。大浚渫工事をして,その時造ったのがさっきの水門ですね。今,汽水じゃなくなって海水だけになりましたけれどもね。

◇私たちは大震災が起こってないところに住んでいるんですけれども,これだけはやっておかなければならないとか,起こったあとの教訓とかがあれば教えて下さい。

【20】先人たちの残した教訓Ⅱ（高台に住むことの意義）

　日本の場合は,海に囲まれていますからね。海が無くても,山がある,川が

あるとかね。それぞれの地域によって，昔はこういうことがあったということがあると思うんですね。それを必ずなんらかの手段で，残された記憶だとかを調べる必要があるでしょうし，意識する必要があるんじゃないかなと思いますね。

津波に対しては，さっきの4つの教訓をね，もう一回我々が考え直してみる必要があるのじゃないかと思いますね。さっきお話ししなかったんですが，この半島の先に縄文遺跡があります。その遺跡は縄文中期から平安初期まで同じところにあるんですよね。縄文，弥生，平安，奈良（時代）の人もね，本来海の傍の方が生活しやすいと思うんですよね。でもその地域は海は近いけれども，不便な高台にあるんですね。今回10mを越える津波をね，縄文遺跡はクリアしているんですよ。

宮城県の松島の奥も今回酷かったですよ。人々は助かったですけどね。あそこ島があって，震源地に向かった角度，それが良かったらしいですけどね。奥松島は結構被害が酷かったですけどね，奥松島の縄文遺跡は残った。これはね，先人が何を語ろうとしているかっていう，無言の教訓としてね，やっぱりそういうことは残っているのかな。縄文人たちも何回も津波に遭いながらも，安全なのは不便だけれど，高台だということで住んだと思うんです。

自然の災害というのは，火山の噴火だとか，川の氾濫だとか，山崩れだとか，津波だとかたくさんありますけどね。そういうことに対してそれぞれの地域で云われていること，残されていることを絶対に参考にしなくちゃいけないと思いますね。

あの被害はね，これが最後，あれが最高ってことにはなりえないですね。それを越えるものがいつか来るってこと，今回だって，誰も15mを越える津波を想像していませんよ。そういったことを，常に考えておく必要があると思うんですね。あと，今回津波ではね，いろんなことがあったんですが，自分がどうやって自分の命を守るかってことも同じ教訓だと思いますけどね。

僕は東京生活が長かったしね，現役時代も仕事の関係で月1回は東京に行っていましたけどね。津波を経験して，はじめて東京に行ったときにね，今迄全

然そういうこと意識しなかったことで，ぱっと急に思ったことがある。岩手県のアンテナショップは銀座の歌舞伎座の斜向かいにあるんです。あそこは地下鉄の東銀座が最寄駅で，その地下鉄に乗ろうとして地下街にいた時，今津波が来たらどうするのかなと一瞬考えたですね。それまでは全然そんなこと意識しなかった。

　今回の15ｍの津波も来てね，浮いた人いるんですよ。水からこう浮いてね，何かに掴まって助かった人もいるんですね。中には，ぶつかって死んだ人もいます。でも地下街の悲劇はですね，上がってきても上も水なんですよね。そういうことを津波を経験してはじめて考えましたね。そんなこと全然考えたことないですよ。実際遭うと考えますね。いろんな災難の話を聞いて，そんな時自分たちはどうしたらいいのか，逃げる時はどうしたらいいのかということを，考えた方が良いのじゃないかと思うのですね。

◇震災前から，こういう観光のガイドをされているのですか？

　ここは金山があったとこです。平泉時代の黄金文化を支えたと云われる金の産出地でもあったですね。そういった関係で来られたときは対応していましたけどね。津波に対して，観光案内の中で話しているかというと，普段はほとんどなかったですね。津波はありましたよという程度の，当然ここは何度も津波が来ているところですからと，そういう話はしますけどね。今日話したような話はしていないですね。

◇震災の話をせざるを得ないわけですが，そんなとき，どんな思いをお持ちですか？

　一つはね，いろんな経験ね，皆さんが経験しないようなことを経験したわけですから。犠牲者名簿発表されたときね，僕が知っている人どのくらい死んだのかなと思って，数えてみたのですよね。知っているというのは，ただ顔を知っているだけじゃなくてね，会えば話をし，挨拶をし，コーヒーでも飲もうかと，そういう付き合いができる人ですよね。320名超えていたの。これはね，人生

の中でね，自分の知っている人がね，同じ日の同じ時間にね，320名も死ぬなんてことは絶対経験できない。僕の家は被災していないですけどね，僕自身の気持ちの中でね，こういうことをやりながら，是非多くの人たちにこういったことを語り継いでいきたいというのがありましたね。いざというときには人の命をどうやったら守ることができるのか，少しでもそういったことに，役立っていただければいいのかなというのが僕がやっている基本コンセプトですね。320名が同じ日の同じ時間帯，30～40分の間に死んでしまうことは，普通は経験できないね。

　それと，ついさっき会ってという人がいる訳ですよ。津波の前に「じゃあ今度ね」と別れた人を亡くしています。そうなると生き残った人が辛い気持ちを抱えますよね。そういったことを考えると，どこかで語り繋いでいかないとか，残しておいて欲しいなというのがありますけどね。

◇東日本大震災を経験していない人たちに何かメッセージをお願いします。

　我々は自然と共生している訳ですよね。自然とともに生きている訳ですから，ともすれば文明が発達し過ぎてね。自然に対する畏敬の念というのをどこかで我々は忘れているのかなと改めて感じたんですよね。我々は自然がないと生きていけないし，自然はこういう風に時々牙むくわけです。そういった時にどのように対処していけば良いのか，そういう時に文明をいかに守っていくかを考えることが大事かなと思いますね。自然は大丈夫，大したことないよ，大きな例ですけどね，津波は来るわけないなと考えたから，こういう町づくりになったわけでね，そういったことを反省してみる必要あると思いますね。畏敬の念を抱けってよくいいますけどね，皆さんは畏敬の「畏」はわかりますか？これを何と読むか知っていますか。「かしこむ」と読むんです。神主さんがお祓いをするとき祝詞をあげますよね。その時，神に向かってね「かしこみかしこみもうさく」というんですよ。「もうさく」とは神様の前で，畏まってお話しますということをいうんですね。畏敬というのは，かしこみ（畏み）さらに敬うという言葉がついているんだけれども，そういったことを我々はね，もう一

回，自然豊かな国に生まれている訳ですから。そういったことを思い直していただければ良いのかなと思います。

(本日は有難うございました)

本日はありがとうございました。是非，気を付けてお帰りになって下さい。今回，皆さんからご支援いただいたことに感謝申しあげたいと思います。

(我々は，これから気仙沼を通り，南三陸を通って帰ります)

南三陸町も酷いですね。今回，被災地では，大槌町，陸前高田市，南三陸町がちょっと被害的には酷いのかな。気仙沼も酷いですけど，僕は高校は気仙沼だった。気仙沼市，大槌船渡市は町が残っていますからね。大槌町，陸前高田市，南三陸町は町が消失したんですよ。その辺で，被害度が違うんですけどね。是非，皆さんは，お役に立てるような作品を作って下さい。

3.3　いわき市平薄磯地区編

　語り部：遠藤貴司さん
　　　　株式会社かねまん本舗　専務取締役
収録日：2014年8月25日

<u>アンダーライン部は、第4章表3のケース教材原稿に相当</u>
【番号】ケース教材「3.11東日本大震災を伝える」

いわき市平薄磯地区のルート

【いわき市沼ノ内地区の津波被害状況】

(かねまん本舗から平薄磯地区に移動しながら)

　ここを出て県道15号線を南に行っていただいて，信号2つ目を左に曲がっていただければ，あと，塩屋埼灯台の方へまっすぐいけますので。美空ひばりさんの唄「みだれ髪」を作曲された船村徹先生も，よく磐城の地へ来ていただいています。

　ここは沼ノ内地区って言うんですよ。豊間(学区)は3つの町，豊間，薄磯，沼ノ内からなっています。私は，ここ沼ノ内に住んでいます。震災当時はここも津波の影響がありまして，私の自宅なども床上まで水が来ました。町全体，津波の影響で，床上，床下の被害にあっています。

　津波の最終到達地点は，この交差点の横断歩道辺りなんですね(平沼ノ内諏訪原)。まっすぐ海に繋がる道路で，道路上にあった車は津波で流されて，こちらの方まで来ました。津波は道路からと，あと松林があるんですけど，そちらからも水が来ました。あと，ところどころに川があるんですね。津波はこの河川を遡上して来て，町全体に流れて行った状況なんです。津波は，川は止めるところがないので，そのまんま，だあっと来るんですね。やっぱり，それだけ津波の勢いは強いということなんでしょうね。

　ここら辺の地域は海から遠いというか，山を背負っているので，直接津波の被害を受けたところではないんですけど，道路が震災で凸凹になりました。地盤沈下とかで通れなくなってしまったんですね。最大で15cmくらいは地盤沈下したんじゃないかな。道路の真ん中から亀裂が入って段差が付いたりしました。

【1】災害の様子 (平薄磯地区)

　<u>この辺，道路が凸凹しているので，車が揺れますね。これもやっぱり震災の影響ですね。</u>

　<u>ここの地域，灯台のあるところが平薄磯地区というところで，津波の最終到達地点はここら辺と言われております。今ここに建造しているのは災害公営住宅(写真1)</u>で，平薄磯で被害にあった方々と，あといわき市全体で被害に遭っ

た人が住む家になりますね。出来たものから，どんどん入居しましょうということでやっているんで。まだちょっと空き部屋はあるのかなと思うんですけど。

　ここが平薄磯地区なんですね。ここに家がずらーっと並んでいました（写真2）。今ですね，この辺のところなんですね。この辺の家は完全になくなりましたね。津波でこの町は9割方全半壊ということですね。

(旧豊間中学校の前で)

　中学校（豊間中学校）の建物は残っています（写真3）。堤防はこの辺は壊れていないですが，この先がやられています。津波のとき，沖にタンカーがありまして，そのタンカーが流されて，防波堤にぶつかって決壊したんですね。あとは，こういった感じで残った状態になっています（写真4）。

　プールの柵はですね，津波でやられて，ぐちゃぐちゃの状態ですね。

　震災当時は，ここのプールの中まで瓦礫が入って，ほとんどぐちゃぐちゃの状態でしたね。（説明の写真5を指差しながら）ここがプール，学校の校舎，体育館ですね。町中の瓦礫をここに集めて，処理する前の状況ですね[1]。

写真1　災害公営住宅

写真2　震災前の平薄磯地区

写真3　平薄磯地区の豊間中学校

写真4　残った堤防

　ここら辺には，家がずらーっと並んでいました。今我々はここですね。震災前は家々が密集していました。ちょっと画像が粗いので見にくいですが，中学校はちょうどこの辺りになりますね（写真2参照）。世帯数でいうと280世帯あって，住んでいる方は790名ですね。小さい港町というか，ここ観光資源は海

水浴場なんですね，元々は。

　ここ浜がぼこぼこしているのは，多分これから防潮堤を建てるので，それに伴ったものだと思います（写真4参照）。海岸線はずーっと平坦な普通の海岸ですね。（良い海水浴場だったんでしょうね。）ご覧のように遠浅で波が穏やかなんですよ。いわきの海岸は，結構波が穏やかなところも多いですけど，ところによってはすごく波が強いんですね。ここの町の反対（南）側の，豊間っていうところも海水浴場なんですけど，そちらは結構波が高いので，サーファーの人がよくいらっしゃるんです。

写真5　津波のあとの平薄磯地区

写真6　海水浴場の監視塔

【2】津波の様子

　津波の高さは最高で8～9mくらいと聞いていますので，ちょうどあの監視塔の高さが6mくらいだと思うんですね（写真6）。反対側の豊間地区で，自分の会社の上から撮った写真があ

写真7　押し寄せる津波（豊間海水浴場）

るんですけど，そこにも監視塔があるんです。この写真（写真7）のこの辺なんですね。監視塔は全く見えないんですよ。

　津波が襲来して，家が壊されて，土煙が立っていますね。ここの地域は，防波堤がほとんどやられています。防波堤の中には，鉄芯が入っていなかったみたいですね。

　第1波目が2mくらい，たぶんこの防波堤を越えないくらいだったんですけど，それが戻っていって，2波目とぶつかって高さが最大になるんですよ。津波って，一回来て引いて次に来るんでなくて，引いた波と次の波が重なるんですね。なので，倍とかでなくてもっと高い波になって，陸地に来るんですよ。これを見てわかるとおり，なんというんですか，下から巻き上げるんですね。

砂を巻き上げて真っ黒い波になる。

　私が聞いた話ですと，茨城県の鹿島で工場の高いところから見ていた人が，地震があって津波が来たときに，沖の方で何ヶ所も渦を巻いていたそうです。渦巻になって，下から巻き上げて，陸地にどんどん押し寄せていっていたと聞きましたね。

　だから，1件の家をなぎ倒すと，その波と壊された家が次の家にぶつかるんで，どんどん被害は大きくなっていったんです。

　あと南相馬，あそこはもっと酷かったです。ここと違って，山がなくて平坦なんです。国道6号線から海がすごく遠くに見えるんですけど，その国道6号線まで津波が来たといわれていますから，たぶん行かれたとき，びっくりすると思います。そこは，国道6号線を越えて，反対側にも津波が行って，やられている家や建物がありますので。

　ここの場合ですと，山があったお蔭で，こちらから先には津波は行かなかった。この山がなければ，相馬や南相馬と同じような感じで，ずーっと流れていったと思いますけど。

　あそこに，家が残っているんですけど（写真3の山の前の家）。あそこはほんと奇跡というか，たまたま残った家なんですね。ここ山沿いが残っているんですよ。あそこは現在住んでおります。民宿＊も1軒あって営業しています。

　津波の方向は，多分あちらから，ザーッと斜めに入ってきて抜かれているんですね。あそこの塩屋の岬，灯台ですね（写真6参照）。あの岬がブロックしてくれたお蔭で，この辺がそれなりに袂（たもと）も残っているって感じなんですね。あとは全部流れていって，町が飲まれていったという形なんです。あのときの津波がですね，南と北からなんですよ。南の茨城県からの波と北からの波が合わさったんです。一方向の津波でなく，両方から陸地へ向かってきた津波なんですね。

◇今，家がなくなっている場所に住んでいた方は，災害公営住宅に住まれるんですか？

＊民宿鈴亀：福島県いわき市平薄磯小塚

【3】避難生活とこれから

　皆がそうでないんですね。やっとあそこが建ち終わって。つい1, 2ヶ月前に入居になったんです。それまでの期間，(大震災の日から) 3年ちょっとくらいですね，住むとこがない訳ですよ。あそこでなく，町中のアパートがみんな借り上げになっていて，そこにバラバラに住んでいたわけですよ。あとは，応急仮設住宅ですか。やっと入居が始まって，入っていいですよと言っても，若い人たちは既に家を建てているんですね。

　結局，津波の被害に遭って生活が一変してしまったんです。アパートに住んでも隣の声を気にしなければならないとか。この辺の人は，それまでそれがなかったんですね。住んでいてストレスもあって，若い人たちもいつまでも「被害，被害」と言ってられないということで，自宅を再建して移られて，別々の土地で暮らしはもう始まっているんですね。実際，私の先輩もいろんなところにバラバラに住んでいて，子ども達もみんな別の学校に通っているんですね。この豊間中学校，この奥に小学校もあるんですけど，そこの児童生徒たちもバラバラの小学校や中学校*で今勉強しています。

◇これだけ，人が少なくなると，小学校が成立しなくなるのでは？

　今年の小学校の新入学生が10人ほどでした。震災前は30人ちょっとくらいはいたはずなんですね。もう授業やっています。この奥手に小学校があるんですけど。

　実際もう，たぶんここの町全体的に，人が住めないような状況になってしまうんですね。町の構想がこんな感じになるのですよ (写真8)。いろいろなところで皆さん聞くと思いますけど，防潮堤といって，ここに約9mくらいの防波堤を造るんです。内が緑地帯，その内側に道路を造って，民家を造りますよ。山の上の高台にお家を造りますよ，という計画

写真8　町の構想を説明

---

*豊間中学校 (仮設) は，いわき市平藤間の藤間中学校内にある。

なのですけど。この計画図でいうと,ほとんどこの町はこの道路くらいで終わってしまうのかな,という感じですね。

　ここは非常に良い海水浴場でしたが,今は原発問題も控えているので,海水浴は事故以来もうやってないんですよ。いつ再開できるかというのは分らない部分があるんですね。ましてや,町で亡くなられた方がいっぱいいて,まだ見つかっていない方もいるんですよ。そういう方々は,海の方に持っていかれてしまったんでしょう。ここは,116名亡くなられて,9名がまだ見つかっていないんですよ。

　今を考えれば,観光とかお金をどうのこうのというのは,なかなか言えない部分があると思うんですけど,これが30年後40年後になったらどうするのと。そこの部分が一番,いわき市にとっては大事なことと思うんですね。これだけ良いロケーションがあるので。県外のお客さんを呼んで,いわき市を廻ってもらう,観光資源として,海岸線が一番,良いのかなと思うんですよ。

　津波にあった地域というのは,高く造らなければダメですよ,という決まりがあるらしいですよ。次に遭ったときに津波が越えないように,ということなので。まあ,これはいたし方ないことなのかなと思いますね。

　防波堤を広くフラットにして,道路を造りそのまま通れるようにするといいのかな。極端にいうと,いわき七浜といって7つ浜*があるんですけど,そこをずっと通すことは可能だと思うんですね。

　だから,僕たちが生きている間じゃなくて,僕たちの子ども達,その子ども達が生んだ子ども達,後々の世代まで,どういった感じでこのいわき市を残していくのか,もうちょっと考えてやれれば良いのかなと思うんですね。

　あそこは,沼ノ内の港が山の影にあるんですよ（写真9）。福島第一原子力発電所はここから40km以上離れていると思います。

---

* 「いわき七浜」：全長60kmにも及ぶ長い海岸線,「勿来」,「小名浜」,「永崎」,「豊間」,「薄磯」,「四倉」,「久之浜」

【4】仕事について

◇放射能の影響はありますか？

放射線量の数値は高いです。この辺もですね，今どのくらいあるんですかね。私が住んでいる沼ノ内地区にもモニタリングポストがあって，今 0.18（マイクロシーベルト：μSv/h）ですか。私1回原発の横を通ったことあるんですよ。一応 10μSv/h 計れる計測器を持っていたんです

写真9　向こうの山の左手が富神崎（沼ノ内漁港）。手前の家は津波で倒壊しなかった家

けど，通過する前にあっという間に振り切れましたね。高いところはまだまだ高いんですね。

ここ港もあって，魚を捕ったりいろいろやっていたんですけど，今ほとんどやってない状態ですね。でも一応，今年の夏だったと思いますけど，試験的に始めたんです。ここ養殖もやっているんですよ。養殖というか，アワビとウニを放し飼いにしておいて，それを捕って販売していたんですけど。試験的に今年やったみたいですね。ちょっとだけ。

今は，どこでも働く人は集まんないです。一番の要因は，復興バブルっていうんですか，建築関係がすごく忙しいんですよ。そこに人を全部とられているので，飲食店なんかも人集まってきませんし，そのほかも集まってこないですね。いま，時給を 1,500 円だしても集まらない。

やっぱり若い人たちが，全部その（建設関係の）作業の方に回っている。後は，除染関係とかにも回っているんで，人手が足りないんですね。

町のアパートなんかをみても足りないというか，ほとんどいっぱい，満室状態ですね。

◇仕事が偏っているけど，いつまで続くでしょうか？

（土木建築の景気は）今の見込みでいうと，持って2年くらいではないかという話ですね。というのはですね，大手ゼネコンさんが今皆んな福島県なんですよ，向いているところが。除染に関しても，建築に関しても，復興に関しても

大手ゼネコンさんじゃないと人を集めるのは無理なんですね。町の大きい会社だからって，人を集められるかというと，全く無理な状態です。やはり，大手さんが来て，全部割振りあって，人の確保だったりで，なんとか回っている状態みたいなんで。

また，東京オリンピックが決まりました。それで，今度はそっちの建設の方が始まると，ここの人たちは全部そっちへ行きますから，間違いなく。なので，そうなってくると，建物は建ったとしても除染関係作業に人がいなくなるのかな。聞いた話によると，東南アジアから連れてくるんじゃないかという話も聞いているんですよ。そのためにも，宿舎を造って，食べ物もある，寝るところもある，ちょっとした町を造ってやるんじゃないかな，という話もちらっと聞きました。

◇会社としてはどうですか。従業員の方とか，帰ってこられましたか？

従業員はですね，震災起きてすぐ，どうするって社長と話して，もう一度再建しようということで，皆に話したら，ほとんどの方に戻ってきていただいて，震災前の従業員でやってますね。中には定年で退職された方もいますけど，その他の方々は震災前と同じですね。

◇モチベーションというか，仕事のやりがいとかが，その人その人で今までと変わったところがありますか？

中には，両親を亡くされた方もいらっしゃいます。この平薄磯地区に住んでいて，両親が亡くなった方もいらっしゃいますけど，ちゃんと仕事に来ていただいて頑張ってやっていますね。まあ，被害に遭ったときにはちょっと塞ぎ込むし，しばらく立ち直れなかっと思うんですよ。実際，震災が起きてから3年半くらい経っていますけど，その間でもやっぱり病気になったり，具合が悪くなったりというのもありました。それでも少しずつ自分で前を向いてやっているんで，状況は良くなってきていると思いますね。会社の方もそういう人たちがね，長くというか，一緒にできるように。だからといって首切る訳でもなく，

あの「やるだけやりな，一緒にやろう」と言って，やっていますね。

◇大学には何千人という学生がいまして，そのなかの極々一部が，こうして実際に感じれる機会を与えてもらってます。他の学生に何か伝えたいメッセージ的なものをお願いします。

【5】防災へのメッセージ

えーと，私がみんなに聞かれて言うのはですね。

この被災地に来て，見ていただいて，いや大変だったねとか，ひどかったね，じゃなくて，これを持ち帰って，見たことや聞いことを話して欲しい。必ずその土地でなんかあると思うのですよ。今回，広島でああいう災害（2014年8月豪雨）があって，ああいう現状（多数の土砂崩れ）になりました。北海道でも昨日あたり土砂崩れで亡くなられた人がいます。で，竜巻なんかもあります。いろんな災害があると思うんですね。だから，ここに来て，何かの災害があると，こんな風になりますよと。持ち帰っていただいて，町の中で話をもんでいただいて，こういう時にはこうしましょうとか対策を立てて，次の災害に備えて欲しいというのを言っていますね。

命がなくなったらそれまでなんですよ。お金なんか無くなったっていいのですよ。身体(からだ)があればまた働いてお金を稼げばいくらでも稼げるんで。身体だけが残せるように，町の小っちゃい子，老人の方も皆んな，手を引っ張って避難できるような仕組みを作っていただければ，人の命がなくなることはないと思うので，ここだけ伝えたいと思います。

実際，この町で小学校，中学校があって，子ども達が1名も犠牲者がいなかったですよ。これは町の消防団がいち早く出て，中学生は校舎に残っていたのをみんな小学校に避難させました。あの陰にある小学校です。小学生はちょうど下校時間だったんですけど，みんな山の方から高台に避難させて，津波が来る前に全員避難させたんですよ。そういうのがあるので，防災対策だけはいろいろやっていた方が損はないと思いますね。

あの揺れは尋常ではなかったんですよ。なのに，年寄りの方は「来ないよ」なんて言っていたんですけど。避難を指示したのは多分50ちょっと切るくらいの私たち世代だったんですね。歩いている小学生を高台に避難させてということをやったそうです。若い世代の命を救うってことは，町にとっても良いことなので。

中には年寄りの方で，逃げようと言ったら「ここの町で育って，大きなの来て家が流されるんだったら，私も流されてもいいよ」っていう，お爺ちゃんお婆ちゃんもいたって聞くんですよね。年寄りの方は，他所に行くと生活がしづらいって言っていますね。

やっぱり，若い人たちにここに来て見てもらうというのも一つの手でしょうし。お爺ちゃん，お婆ちゃん，お父さん，お母さんがここに来て見て，それを子ども達に伝えてというのが，一番効くのかなって思いますので。

だから，来たから良いとか，来ないから悪いとかそういうのは全然関係なく，行った人から話を聞いてというのも良いと思います。

ちょうど震災があったとき，卒業式だったんですよね。体育館で卒業式があっていたので。来賓の方で，亡くなった方もいたっていうんですよね。

この中学校は，一部なのか，どういう形で残すのか，分らないんですけど。町の人たちが残そうかって話も出ているみたいなので。

【塩屋埼灯台に登りながら】

この辺は，津波がドバっと入っていましたよ。ここの家は残っています（写真10）。

灯台に登るのは，中学生のとき以来ですよ。元々生まれも育ちもこちらなんで。昔は中学校の野球部のランニングでここを登って降りていましたけど（写真11）。

あの，私，消防団員もやっていて，震災の次の日に町に入ったんですね。いや，びっくりし

写真10　津波で難を逃れた建物

ましたね。家が壊れたのはほとんど海岸線だけで。ここの町と隣の町は，このような状況だったので。朝，要請がかかって行って，町をみたら昔の記憶が飛びましたね。町が全然変わってしまって。

さっきの写真（写真7参照）があそこです（豊間海水浴場）。こうやって見るときれいですね。私，小学校の頃ここで泳いでいたんですよ。魚も捕れますよ。あそこの防波堤というか。あっち側に糸を垂らすとメバルだったりアイナメだったり。あそこの磯，岩がある辺りではアワビやウニを養殖しているんです。

写真11　灯台を目指して登る

写真12　霧信号用ラッパと浮標用ベル装置

霧のときにボーって鳴るんですよ（写真12）。この灯台も今年の春先に再オープンしたばっかりなんですよ（写真13）。それまでは，改修工事とかやってて（写真14は，塩屋埼灯台から眺めた平薄磯地区）。

写真13　塩屋埼灯台

◇灯台とか登ったら，辛くないですか？

いや，でもね，今この穏やかな海が落ち着かせてくれますよね。実際，自分が住んでいる町の自分の家が床上くらいで治まっているんですが，もし自宅も流されてぐちゃぐちゃになったんだったら，話は変わってくると思うんですけどね。それでも，自然って不思議なもんで。あ

写真14　平薄磯地区

の震災があった次の日，海は元通り真っ青な海でした。すごくきれいなんですよ。津波が来たって形跡がまったくないですね，海だけみると。町をみると，全部壊れているんですけど，海だけみたら，何事も無かったような海でしたね。

ほんと穏やかで，天気もすごく晴れていたんですね。すごく青くて。海があるところに住んではいるんですけど，普段海っていうものをしみじみ見たことあまりないんですよね。海に入る時くらいしか。それもこの歳になってくると，海に行く機会もないですし。こうやって久しぶりに見て，「わあっ，自然ってすごいな」と実感しましたね。

　あそこに住んでいて海を眺めていた人たちが，防波堤を造って海が見えなくなるのはすごく悔しいというか。家があったところは，今，緑になっていますけど，この年月をかけて，雑草が生えてきているんですね（写真15）（写真16）。

　あとは，家の残っている辺りは幾分高いんですね。完璧に砂浜が先の写真（写真7）のように全部海水に沈んだっていうんですから。津波は凄いですね。地震があって地盤が変ってしまって，波打ち際は陸地に近づいているんですね。海岸がかなり短くなっていますね。

写真15　塩屋埼灯台で豊間海水浴

　だから，災害が全く無かったって見ていればすごく良いところですよ。あの波にサーファーが乗っていますね。ここの豊間の波はサーフィンに良いっていうんですね。県外からもシーズンになると来ますね。

　岩手から茨城まで，相当の大きなエネルギーだったんですね。津波の速度ってすごく早いみ

写真16　豊間地区

たいで，100 km/hくらいでているんではないかっていうんですよね。

【塩屋埼灯台を下りて，かねまん本舗に向かう】
◇今日，広野町でも同じようなメッセージを聞きました。

　それしかないと思うんですね，現地の人は。何というんですかね。ここに来たいというか，行こうと思った人で，どうなっているかをまず見にくると思うんですね。で，ただ見てもらって帰っていただいても何の記憶も残らないと思

うんですよ。ここに来てそういうことを話して，それがきっかけで，大小関係なくいろいろな話がまとまって，後々残るようなことになれば，それで来た意味がすごく変わってくると思うんですね。

◇観光はどうですか？

　いわきは，炭鉱の町で，恐竜博物館があります。いわきで有名なのはどこといったら，スパリゾートハワイアンズが一番なんですね。

　観光客は少しずつ増えつつあるんですけど，増え方が減っているんですね。今，高速料金の割引制度もなくなってしまって，結局，こっちに来るメリットというのが薄れつつある，というのが現状なんですね。原発がなければ，そういうことはないと思うんです。だから，お国の先生方にいろいろ言いたいのですけど，この被災三県に行くときには，高速道路代を半分割引してくれるとか，あってもよろしいのかなと。

◇**この辺にも学生のボランティアとか来たんですか？**

　震災当時から結構来ていましたね。浸かった家の掃除に来てくれたり，側溝の片づけだったり，町にあるごみを集めてもらったりと。

◇**蒲鉾は何味が好きですか？**

　中にチーズが入っているのが好きですね。蒲鉾の総称をうちでは，シーフードケーキと呼んでいるんです。お茶請けにもなるような商品にもなっています。このネーミングは，今の若い人たちに，どんどん練り製品を食べてもらおうということです。(写真17)。

◇**食品を作られていますが，やっぱり放射線の影響とか気にしますか？**

　定期的に検査の方には出していますね。来た方はどうなのというのがありますので，聞かれ

写真17　かねまん本舗

る前に，やるのが良いんじゃないかと思っています（写真18）。

（本日はどうも有難うございました。）

写真18　放射能検査報告書

3.4 南相馬市編

　語り部：神田　薫さん
　　　　　南相馬市観光ボランティアガイド
　収録日：2014年8月26日

アンダーラインは、第4章表4のケース教材原稿に相当
【番号】ケース教材「3.11東日本大震災を伝える」

南相馬市のルート
原町→小高→原町→鹿島→原町

【道の駅から国道6号線を南へ】（説明①）
（道の駅南相馬で，語り部の神田さんと待合せ。早速，録音用ピンマイクを付けてもらって，南相馬視察スタート）（写真1）

写真1　道の駅南相馬で，神田さんと待ち合わせてスタート

　この道の駅ではね，相馬野馬追（写真2）の歌を流しているんですよ[2)]。

　津波被害が一番ひどかったのは，この3区なんです。今日は，南下して先に桃内の大悲山石仏行って，日本3大の石仏眺めて，それから海岸通りを北上して，鹿島まで入る予定です。鹿島には，みちのく鹿島球場と生きている一本松があります。

写真2　相馬野馬追のしおり

　私，道案内しながら，説明します。最初の頃は二人一組で，一人は道案内，一人はお喋りしていたんだけれどもね。今は一人で案内しています。

　それでは，道の駅出たら，東側の国道6号線，それを南さ向かって。ここ（道の駅南相馬）の出入り口の向かい側には97戸の仮設住宅があります。で，左奥さ行くと大きなイオンスーパーの横にいっぱい仮設住宅があります。

【1】災害時の様子

　私10年前に，民生委員やっていたときにね。災害マップ作りしたの。南相馬市というところは，災害があんまり記憶にないものだから，「そんなの作らなくてええべえな」と言ったけれども，「いや，一応作っておいた方が良いな」ということで，民生委員で作ったのですが。で，津波は来たとしても今まで1mくらいだから，4mを想定してね。ところが，4mどころでなかったの。20mでした。20mというと電柱よりも高いですよ。

　これはどうして分ったかというと，鹿島区に「みちのく鹿島球場」があるのです。その「みちのく鹿島球場」の観覧席の高さが20mあったの。津波はそこを越したのですよ。

津波というのは，勢いよく巻いてくるものだから，流された農機具とか自動車というのは，みんなダンボールをもじゃくったみたいな状態でね。そっくりしているのは上へ流れて行って。大概は壊れてめちゃめちゃ[3]。

　次の朝，見に来たならばね，この6号線のちょっと下(しも)まで，ずっと津波来てね，ものすごい残骸。そして3日経ったら，自衛隊の車がどんどん入ってくるね。自衛隊の車は，病院の入院患者，養老院（施設3ヶ所）の入所者，それを全部連絡してね。栃木県，群馬県，埼玉県，山形県，新潟県とね，どんどん入って搬送したんです。

　あと，薬が不足したもんだから，今度は自衛隊の車で薬を輸送ね。警察官は泥棒。泥棒って気張るんだね，あんなに困っているときにね。その人たちが金庫探しを始めたという訳で，監視が始まったの。ボランティアが入る前な。あとは検問所ね。今少し行くと福島第一原発から20km。あの20kmから先は，そこ検問所しているから一時入られなかったの。その20kmの地点から南小高までの人々は，原町の一部の人たちと仮設住宅さ入っているんですよ，現在。今日は10km近くまで行きますよ。

　まるでね，戦争みたいだった。私の家はね，福島を通る道沿いなもんだから，車，車。朝早く起きると，犬が集団でくんだよ，腹減らしてな。1匹で来るんじゃないよ。5，6匹集まってくんだよ，餌を欲しがって。私たちがもらったパンとかおにぎりを，分けてやっていたの。で，私たちは大東亜戦争を経験しているもんですから，「ああ，あの時の状況だな」と思ったけども。戦後生まれの人はそういう感覚って全然わかんないから，話聞いてみるとだんだんわかってくんだねぇかな。この国道6号線から海が見えなかったの。ところが，松林が全部流されて，今はすぐ近くに見えるのですよ。

　今，小高区に向いているのですけども。津波は国道6号線を越したのですよ。ここ，原町の一部。

　南相馬市の人口はね。震災前は，71,560名。ほんで震災後は一時は90％くらい避難して，人という人は見られなかったのだけども，だんだん復興してきてね，今現在は63,700名くらいになりました。

おにぎり，パンもらうのに並ぶ人ね，20～30人くらいしかいなかったのですよ。品物はいっぱいあるのだけれど，人がいなかったの。何回ももらっているうち，今度は人がいっぱい増えてきてね。

　何しろ，原発爆発したの，この辺分らなかったの。その近くから，皆電話してね。夜逃げたの。ほんで飯館さ逃げて3月だから雪あっから…。車さ寝泊りしたりね，民家さ頼んで泊めてもらったり，川俣さ行って川俣高校ね。あっちに行ったんだけども，原発が爆発して放射性物質が福島・飯館へ流れているということで，そこへ逃げた人はまた避難のやり直しね。一番動いた人は4,5回動いているね。それで，20km境はこの看板の釣具店（フィッシング原町：原町区大甕椿田79-1）とこ。ここが20km境でした。バリケードあってね。一時こっから先へ入ることできなかったの。（国道6号線：太田川）

【2】津波被害（太田川付近から小高区塚原，小高町へ）

　鉄塔の手前に太田川ってあるんですけど。そっから，ずっと津波が国道6号線を越したんですよ。だからね，偶然にここを通っていた車は流されてしまったんだ。高齢者とか乗用車とか，ずいぶん流されたね。

　海岸通りの電柱，鉄塔全部倒れました。今立っているのはやり直したんです。左前方のクレーンの置いてあるそこがね，瓦礫（がれき）の選別，ここが一番最後だ。瓦礫の選別は今終ろうとしています。この辺から津波上がったんだね。この辺から6号線越したのですよ。だから右手の民家が壊れているんです。

（前方信号（下江井バス停付近）を左さ入ります。）

　おかげさまで随分復興しているのですよ。今日出てくるときね，テレビでやっていた情報。飯館のちょっとはずれの川俣，あそこでお母さんが原発の影響で焼身自殺したの。裁判で損害賠償が認められてね，4,500万円保障していただくことになったって放送していました。

　あと，そこさ，覆いかかっているけど，その中は全部各地区で除染した土を集めているんですよ。2年間だけといっているけど，2年間で済むかどうだかな。

（県道 260 号線，右さ入ります。）

　今，除染ね。道路やる人は道路。家の周りをする人は家の周り。屋根やる人は屋根。側溝やる人は側溝。

　ここから小高区塚原です。直ぐそこが海になっているんです。ここもね，壊れてない家も床下浸水くらいはしたね。お墓というお墓が全部震災（地震）のとき倒れました。瓦屋根という瓦屋根は，ぐしゃと，90％壊れたね。崩れ落ちたんです。ここは，小高の村上海水浴場ってね。松林があってね。

（ここ右さ行ってちょっと止まって下さい。）

　この辺は松林でね。家もあったんですよ。それが，全部流されたの。

　この右側はね，高め（高台）にあったものだから，津波を被ってないから壊れていない，高めは大丈夫なのね（写真3:小高区塚原　県道260と291の交差点付近）。道路という道路は全部舗装し直したの。水の力は恐ろしいものだね。一ヶ所崩れると，どんどん壊れていってしまうの。

　この小高区っていうところはね，全面的に地盤が低くて，大昔は海だったんだな，この辺。で，町中はね，家が道路さ倒れたの（写真4）。それ国がかたづけたんだよ。原町区では，道路さ倒れたというのは無かったけれどもね。小高区は，地盤が悪いために家が道路さ倒れたのな。最初のころは，岬から道路工事していたんで，なかなかうまく走れなかったんですよ，片側通行で。

　皆，仮設住宅に入って，今は自宅まで帰って来てね，家をかたづけたりすることができるんだけど，泊まることはまだできないんですよ。

写真3　津波を被っていない高めの家

写真4　小高町の道路へ倒れた家

（間もなく6号線にでますから，まっすぐ行ってから左へ）

　この辺は岡田地区ってね。平坦で家がいっぱいあったの。流された家，残った家もあるけど。この辺さものすごくたくさんの車が流れてきたの。

(6号線です。大井交差点をまっすぐ突き抜けて，その後西に向かって行きます。)

　この辺さね，いっぱい車流れ着いたの。ここの左側ね，海から距離がないの。ここでもね，津波が来たとき，偶然通っていた人皆んな流されたの。

　津波はこの常磐線まで来たんですよ。その左手辺りは常磐線越してね，床下浸水くらいになったさね。

(前の信号左さ入ります。)

　今，この小高町(おだかまち)ではね，消防署，郵便局，銀行，床屋さん一軒。この信号（陸前浜街道との交差点）の右手が，駅通りってね。ここで家いっぱい倒れていたけど，今は全部かたづきました。常磐線すぐ左だからね。この辺は床下浸水になったとこよ。

【3】大悲山石仏（説明②）

(小高町から大悲山石仏へ)

　日本の3大石仏の一つの，大悲山石仏[4]って，室町時代にできたんだけれども，誰が作ったんだか，名前残っていないんですよ。今なら"誰々作"って残すけど，あのころの時代だから，書いたんだか，消えてしまったんだか，全然わかんないの。で，栃木県に1ヶ所と九州の大分に1ヶ所と，この小高区に1ヶ所と。3大石仏となっているんです。今行くとこのね，石仏を見っとこの裏側に千手観音あんだけども，そこは覆いをしてある建物が倒れて見っことできないから，今11体ある石仏（薬師堂石仏）を見ることができます。

　私は学校時代ね，必死になって歴史勉強しなかったけれども，この案内するようになってから，室町時代，江戸時代ってね，少し勉強したんですよ。相馬野馬追，終わったばかりなんだけども，平将門が千葉県の流山から，この南相馬へ来たんだよな。そして，「雲雀ケ原(ひばりがはら)」って原っぱあったの。大きな原っぱ。そこさ，裸馬を放して，追って戦術を練った場所なんです。その後，飛行場になってね，大東亜戦争の特攻隊の練習場になったんです。現在は，家がいっぱいできてね。その一部で，相馬野馬追をやっているんです。

　千手観音は，右手の山にあるんですよ。

（大悲山石仏：薬師堂）

　この足場気を付けてくださいね。この一千年の大杉の根を守るために，ここさ渡り板を作ったんです。根を踏まないように（写真5）。今，一千年以上の杉っていうのは少ないんだな。

　ここ（薬師堂）も屋根全部修理したんですよ，震災で（写真6）。このしおり見てください。これ1枚ずつ持っていって下さい。このしおり見っとわかります（写真7）。

　本当に傷んでね。今，除湿かけているんだけども。ここさ11体あるんですよ，大悲山石仏。で，この小高区のは大きいんだって（写真8）。この間，九州（臼杵）の見てきたんだけど，この半分くらいだって言ってたね。

　この大きい間にある小さいのな，胸元さ色少し残っているんですけど，黄色でね。出来たときはだいたい全部色付いていたらしいじゃないかしら。それが年月とともに，これ剥げて。頭が一体落ちているんですよ，大きいの。この左手から落ちたのね。これ震災で落ちたんではなくて震災の前に落ちたんですよ。

　これが室町時代にできたんですよ。で，私も疑問に思ったの。室町時代に何で彫ったのかと思ったの。そしたら，今火力発電所，原町にあるの。そこに製鉄所あったの[5]。だから，室町時代には鉄っていうのがあったんだね。時間があれば，製鉄所も見られたんだけれどもね。火力発電所に入っていくとね，室町時代の製鉄所

写真5　大悲山の大スギ

写真6　大悲山の薬師堂内

写真7　石仏の案内しおり

写真8　日本三大磨崖仏

の跡が残っていて説明してくれるんですよ。

　何人で彫ったんだか，誰が彫ったんだか，どこにも記録無いんだって。あの時代に色を塗るってこのすごさね。素晴らしいとね。ここは，氏子っていてね，何ん人かで手入れしているんですよ。あと，お祭りもやっているんです。この石碑は，倒れなかったんだよな（写真9）。

写真9　石碑（大悲山）

【大悲山大蛇物語】

写真10　大悲山大蛇物語公園案内

　その大昔ね，この前に沼があったの。その看板見てください（写真10）。姫と侍が失恋してね。姫が沼へ飛び込もうとしたとき，侍が手を取ったんだけれども，二人とも沼に入ってしまったの。それが今度は大蛇になってね。大蛇が大きくなって，玉都っていう目の見えない琵琶師が目が見えるように願をかけに，毎晩ここさお参りに来たそうです。その物語がここさあるんですよ。で，大蛇がこの前の山，七回り半くらいね，長く育ってしまった。玉都って目の見えない琵琶師に，大蛇はここで生活できないから小高全部を水浸しにしてしまうっていった。誰にも言うなっていったけど，玉都は小高の殿様に言ったならば，それを見ていた大蛇は玉都を殺してしまったの。これは大変だというわけで，この小高の村人がその大蛇をここで退治したそうです。ほんで大蛇の体が部分的に落ちた場所が地名になった。たとえば，耳が落ちたところは耳谷というんだって。はい，そういう物語。今，そこさ沼残っているんですよ。ここずっと公園になってんけど，沼だったんだって。

（今度は海岸道路さ行きます。ここ出たら，右さ行きます。）

　この小高区は，山あり，谷あり。随分山と谷の差あるんですよ。原町区は平坦が多いんです。この道路は，これでも昔の旧国道6号線なんです（陸前浜街道：県道120号線）。

◇この辺も除染はされているんですか？

　除染はこれからなんです。この小高区の除染は国でやるんです。南相馬は，至る所でやっております。あっちが終れば，今度ね，小高区へ入ってきます。私の家の西に大きな２階建てのプレハブ建っているんだけども，あそこは田んぼを除染する組が入ってくるんだって。それがいつ頃からか分らないんです。

　津波はこの辺まで入っておりますよ。この常磐線で止っているんだね。

（そこ（上耳外公会堂前）から，左さ行きます。）

　今物語で語った耳が落ちた場所は，この正面の耳谷だって。

◇今さっき，犬が来たりとか言われていましたが，野犬とかそのような動物の問題はないのですか？

　動物はね，日中は見られないのだけれど，夜になると出て来るんです。猪，狐も多いんだって。

（間もなく６号線に出て，今度は右さ行きます。）

◇復興はどういう状況ですか？

　今，大体復興してきたから。復興っていったらやっぱりね。全国から集まる土建業なんですよ。土建業の人が足りないの。海岸道路ね。今防潮堤つくってっから。そこさ，働けば賃金いただけると思うけどもね。

（次の信号機（小高区行津（なめつ））で，左さ入ります。）

　この真正面の山の頂上がね，福島第一原発から10 kmの境です。今ここから，浪江まで入ることができます。浪江の町に検問所があってね。

【小高区と原町の被災について】（説明③）
【4】干拓地：井田川

　この辺ね。車や農機具が流れていっぱいあったんだよ，この田んぼん中さ。今は，大体片付いたのね，この辺。私の友達ね，ここに３名ばっかいたの。この間，スーパーでお会いしたら，床下浸水で終ったって。ただし，塵（ごみ）が流れ

てきて，もの凄い量だったって。

(まっすぐ)

　例えばね，マラソンで有名な今井正人さん，分りますか。九州トヨタさ行っている。その人の生まれた家はここなんですよ。この残っている建物（写真11: 下浦公会堂）の隣だったんだ。この間，建物壊したね。(写真12: 環境放射線量モニタリング)

写真11　下浦公会堂（干拓地）

(そこから左さ入ります。そこで止まって下さい。)

　この右手は干拓地帯です。太田秋之助さんがここ開発したの。海岸さ堤防造って。全部田んぼにしたの。

　ほんで，震災後，ここバス通るくらいに道路だけが出ていて，その両脇の田んぼには水残っていたの（写真13）。海と同じだった。水がはけないために1年くらいポンプで海さ放水したの。海抜ゼロなもので。そして，この辺の人に海の魚いなかったかって聞いたらば，海へ戻れなくていっぱいいたって，大きな魚が。いつも猪とか狐とか狸とか来て皆食べちゃったって。

写真12　環境放射線量モニタリング

写真13　バスが通るくらい水残っていた

(出発します。)

　木はみんな枯れていくんですよ（写真14）。これから入って，全部木を切ったり，除染したりするんですよ。最初，バスで通った時に，海の上通っているんだかというくらいだった。水面すれすれだったからね，道路の脇。ここ，全部田んぼだった。ガードレールというガードレールはね，もうめちゃめちゃですよ。この右手さあったガードレールが皆めちゃめちゃ。電柱はあと

写真14　海水に浸かって枯れていく木々

から建て直したんです，全部。

　あの高めにな，何戸か残っているんですよ。あの下の辺の家は随分傷んでんだ。向こうにはいけないんですよ，道路が修理してないから。

　私も方々，いろんな人と歩くもんだからね。あそこの高めは大丈夫だったんだって。あの高めの家でね，まともにこの津波を見た人はもうこの世の終わりかなと思ったさね。日本沈没かって思ったって。

　私この歳になってね，毎朝，自転車で1時間くらい運動やってんだけど。インター近くの道路には，薄明るくなってきたときに，狐が山さ帰っていくんですよ。毎日，同じ道通るんだよ。だから，山に食べ物がなくて出てくるんだね，町の方まで。毎朝見ました。

◇元々，こちらに住まれていた方はどちらへ？

　今ね。原町と鹿島の仮設住宅さ，みんなバラバラですよ。相馬へも廻されたんだな。

【5】津波の時

　相馬の磯部(いそべ)っていうところではね，地震あった瞬間に，海の水がどんどん引いていったんだと。皆見たことないものだから，カメラ持って海岸さ行って，これを写し始めたら，雲みたいになって押し寄せて来たのが津波だったの。これに皆な流されてね。

　私が朝運動していたら，見知らぬ人が歩いていたんだよな。「どうしたの，ジョギングやってんの」と，声掛けたの。その人磯部からなんだけれども，海の水引いたのでカメラ持って写しに行って流されたんだって。死んだと思ったんだけど，山の方に流されて木に掴まって助かったんだって。私の家の近くに親戚の家借りて，避難していたの。

(今度6号線右ね。福岡交差点)

　もう一人お会いしたの。相馬の漁師なんだって。「船どうしたの」って言ったらば，船で逃げたんだって。津波さ向かって真っすぐ行ったのかと聞くと，

それではころんと倒れちまうんだって。斜めに全速力で向かうんだって。ほんで助かって，一昼夜海にいたって。そんな人ともお会いしました。

(小高駅の東側岡田地区付近：国道6号線を北上)

　ここを，商売や用で偶然に通っていた人ね，皆流されて。この左側さ，車いっぱいこの辺。道路も壊れてね，直したんですよ。この辺さ高齢者随分流されていたよな。ここ葬祭センター。こっち南側の農道逃げたなら常磐線でしょ。逃げ口なくて，やっぱりここの従業員が津波にやられたって。

(はい，大井交差点6号線まっすぐね。さっきはここから左へ入って行ったのね。)

　この左手の低め（小高川沿いの低い土地）さもね，流された車いっぱい。この辺はまだ住めないから直せない。

(国道6号線から県道260号線に向かって，右さ入ります。)

　日本一の自動車解体工場（㈱シマ商会）。自動車の解体工場ね，中通りから毎日どんどん入ってきて，解体しているんですよ，全部機械で。そして，使える部品は輸出だって言ってたね。程度の良い物をね，その6号線のとこで販売しているんだよ（G-Parts6号店：聖下交差点）。

　シマ商会って，大卒の人が作業しているんですね。外国さ輸出するもんだから，英語，外国語ができる人ね。ここちょっと高めなもんだから，津波の難を逃れたんですよ。

　いま海岸の防潮堤造るのにテトラポット，方々で造ってね，設置してすぐなくなったね（写真15）。

【6】原町区萱浜(かいはま)

　津波はここね，ここ右（原町区雫迫田）さ，この低めを川のように流れていったって。海岸は松林だったから，震災前はこっから見たって海は遠くに見えたのね。ところが，松の木がなくなったために，海が本当に近くに見えるんですよ（写真16）。

写真15　原町区萱浜の海岸工事（神田さん提供：2013年10月8日撮影）

(県道260号線，ここから左さ入ります。)

ここは農家で，こっちは松林で，私の友達ね，嫁さんにきたとこ。原町区萱浜っていう地区なの。この左手ね(写真17)。ここ家いっぱいあったんだから。そして，農家忙しくてね。花とか苗とか作っていたもんだから，1年中4，5名使っていたの。それで私と交通教育専門を一緒にやって，踊りも習って，歌も習って，もう師匠さんになっていたの。60代だけど。津波に流されてしまったの。

今日はこの雨なもんだから，ちょっと見えないけれども。その左手先，この萱浜地区，70戸あって，79名流されたの。その辺さ，至る所に御焼香するとこあっけどもね。

(ここで止って下さい。)

慰霊碑建っているんですよ(写真18)。その左先さね。70戸あって79名亡くなった人の名前。ここ一番被害大きいの。

(北へ移動)

左手の高い山は瓦礫を選別したあとの土です。今ここは，瓦礫の選別が終ろうとしているところです。流された車はここさ集めたんだけれども，集めて全部整理したね。ものすごい瓦礫だったよ，ここへ集めたの(写真19)。あの黄色い建物脇さね，流された車一杯。どれもこれもみんなダンボールをもじゃくったみたいになった車だったね。

消防団員が9名亡くなっているんですよ。消防車に乗って「大津波来るから逃げなさい，逃げなさい」って広報していた人が流されて。若い農家の長男が亡くなったんですよ。あとここにね，原町を流れる新田川。ここに渋佐って

写真16　県道260号線から北畑海を望む

写真17　被害が大きかった萱浜地区

写真18　慰霊碑(萱浜)(神田さん提供)

写真19　原町区渋佐の瓦礫の山(神田さん提供：2013年10月8日撮影)

地区，60戸くらいあったのね。ここは30名くらい犠牲者がでた。

　ほんで，左手さ，丸いドームあるでしょ（写真20）。あのドームはね。レタス栽培やっている。東京電力を退職した半谷(はんがい)さんって人が代表で，太陽光パネル1,000枚設置してレタス栽培やってんの。そのレタスは全部ヨークベニマル（スーパーマーケット）に卸します。ものすごい量だって。そこの同じ敷地の平屋建ての建物なんだけど，そこは小学生の太陽光発電の勉強室。各小学校から来て勉強しているそうです。

写真20　南相馬ソーラーアグリパーク

写真21　左公園，壊れた入り口の橋

　ここの方言使うと，この車から降りるっていうのを「落ちる」っていうんです。本を出すとき，県庁から「取材さ来たら方言で語って下さい」っていわれてもな，自分では方言使わないようにしていても，結構方言出てんだよな。

（北泉南走交差点を右手さ入って行きます。）

　津波はここまで入ってきているんですよ。

【南相馬の娯楽施設跡】（説明④）
【7】原町北泉海浜公園跡

　ここは，南相馬の娯楽施設。山は公園。海はサーフィンする。トライアスロンもやる。あとはね，松林はキャンプ場。温泉もあって，シャワー室もあったんだけれども。もう夏というとね，1ヶ月間は1年前に予約しないと入らねっから。キャンプ場が松林にあったの。それが全部流されてしまったの。

　前方が東北電力原町火力発電所（写真23参照）。右手の山はずっと公園。この公園さ入る，そのコンクリートの橋流されたんですよ（写真21の奥に見える橋）。

（駐車場へ入って。ここ降ります。）

そのバックホー(油圧ショベルの一種)あるところは温泉あってね(写真21の駐車場の向こう右側)。この辺さシャワー室あってね。この道路(写真21の手前の道路)の両サイド,家いっぱいあったの。

(強風,雨にもめげずに堤防の上で)

雨の降んないとき来っとね。波乗りがね,いっぱいなの。仙台から来ているんですよ,今も。そこに駐車場ありますから。水持参で来んだね。前シャワーあったけど,今無いから。この海の水(波打ち際)は,あのテトラポットのちょっと先だったの。震災後,ここまできちまった(写真22)。

ここで,トライスロンの日本大会やっていたんですよ。ここは観光地で,夏場ものすごく賑やかに人が集まっていたところなんですよ。

写真22　砂浜がかなり消えた海岸

あの火力発電所(写真23)を造っときね,10年くらいかかったんだけども,私も2年くらい入って働いたの。1日8,000名。あの原発造っときもね,人夫は1日8,000名だったってさね。

お店はあそこさでてね。今の駐車場付近は松林。キャンプ場。全部無くなった。

写真23　東北電力原町火力発電所。手前はかつて賑った原町シーサイドパーク

私の親戚ね。あのバックホーとこの海の傍にあったの。お婆ちゃん流されてね。若い人二人とも市役所に勤めていたから,助かって。お婆さんだけ流されて。あそこの被災者はみんなね,子どもとか年寄りなんだよな。

私と交通教育専門委員やっていた女性の家はそこにあったのね,道路の東側に。この間スーパーでお会いしたときに,「生きていてよかったな」て言ったら,その津波のときにたまたま買い物さ行っていたの。それで助かったの。亡くなる人と生きる人,紙一重なんだな。この公

写真24　今は、鉄塔以外は何もかも消失した(原町区北泉地区)

園は有名になったからな。

(右手さ行きます。)

　ここでも10名くらい亡くなっているんですよ（写真24）。あそこの高めね。津波は被んなかったの，高めなもんで。でも東の家はまともに津波被ってやられた。40代の長男息子が消防団入っていて，そこのポンプ場止めさ来て流されて亡くなってしまったの。

　この右手，家3軒あったんですよ（原町区金沢舟沢）。私の親戚は一番東なもんだからまともに津波は当たってね。

　この高めはね，床下浸水だったの，この右側（原町区金沢前田）。そこの高めね，そこの東の家はまともに，津波被って流れたんだな。

(次の信号さ右ね。県道74号線)

　あの火力発電所4階まで，水被ったの。4階にタービン室あんの。傷んだために修理して，今年の5月から運転再開したんです。それまでは使えなかったの。それと石炭船が一艘沈没しているんです。もう少しで出るとき，沈没したって言っていたね。

　ここ，坂を落ちたとこね，この右手にね，「真野川漁港」ってあったの。あの写真[6]見たでしょ。あの漁船，国道6号線さ流れて行った船。ここに漁港あったの。んで，私の友達の家，左の高めにあって，まともにこの電柱の頭見えなくなって（写真25），船が流されているの見て，「この世の終わりかな」って思ったってさね。電柱があって上を船が流れ

写真25　真野川の手前

て行くのを見て。6号線まで3kmくらいあんだけども，国道6号線とこにたくさんの船流れ着いたの。あと死体もね。こっちは海岸でね。20戸くらいあったの（鹿島区烏崎）。

　漁港は復興しました。ここの瓦礫の山んとこはパークゴルフ場だったの。今瓦礫の置き場所です。

(この橋の袂から右へ入って下さい。)

【一本松とみちのく鹿島球場】（説明⑤）
【8】鹿島の一本松

　一本松さここから行くの。道悪いから静かにね。この右手も松林だったの。海水浴場のね。ここ全部松林だったの。全部流されてしまった。お店もあってね。

　この前，小高に行ったときね，海見たいって。海見っとこなくて，ここさ連れてきたの。海見っとこ，ここしかないと思って。津波が襲う前，この辺，家だらけだったんだよ，この道路の両サイド。これ家の跡ですから。

　この松は生きてんの（写真26）。ここの地元の人が，この松を守る会をつくって。プランタさ花植えてきれいにして，ここ守っているんですよ（松を守る会会長　五賀 和雄さん）。

　これが津波なんですよ（写真27：案内板の左上の写真）。ちょっと雲みたいでしょ。これ津波ですよ。雲でないですよ。一直線に横になってきた津波でねぇんだよ。

写真26　生きている一本松

　ほんで，この松は奇跡的に残った。あそこの大きな枝ね，あの辺まで被ってたんだな。それでこれ枯れないで，生きているってことは素晴らしんだ。下の枝は，前から枯れていたんだって。岩手県は，枯れて今度作り直したんだよな。

　この辺は，水はけ悪くなって掘りを造ったんだって，根が腐るから。守る会の人がこれをお願いしたって。

写真27　一本松を説明する案内板

　それでね。このテトラポットは小さい方で，三つになったやつがあるでしょ，大きいの。あれが，電柱ある道の向こうまで流れているんだよ。あの電柱の西側まで流れていっている，海から上がって。だから，ものすごかったんだな。

　それでね。ここの地区ね。今一本松あったとこの地区（鹿島区南右田），70戸あって54名流れてんの。亡くなってんの。

【9】みちのく鹿島球場

このみちのく鹿島球場は，避難場所としても関係あって造った訳なんです。この辺さ，店あったんですよ。ずっと道の両サイドに家あってね。その辺さね，家(うち)あったんですよ。70戸。右田(みぎた)地区ね。

写真28　みちのく鹿島球場（海岸線から1.7km）

津波が20mってわかったのは，ここでわかったんです。これを越したから（写真28）。グラウンドは雑草だらけだね。バックスクリーンの時計は津波到達時間の3時40分を指したままだね。鹿島町の浄化センター，その建物は傷まなかったんだな（写真29）。

写真29　グラウンドと鹿島町の浄化センター（右側の建物）

で，ここさね，避難して，ここの中（グラウンド）で10名亡くなっていた。なんでここに避難したかわかんないよな。あとは，このバックネットの南と北にステップあるんです（写真30）。あそこさ，渡って登った人が2名助かってんだって。夢中で登ったんでしょう。後を登っていった人は流されたんでねぇかな。この中に10名，あとは流れていったんでねぇかな。

写真30　バックネットで説明

ほんで，最近聞いたんだけども，避難した人が携帯電話で，知っている消防団員，確か親戚の人に，「助けて，助けて・・」ってここから，電話したけど，助けに入ることできなかった。

写真31　バックネット裏の観覧席。ここを津波が越した

で，津波はここ（写真31）を越したから，ここに避難した人がみんな流されたんだな。海の水は勢いよく巻いてくんだから，掴まってても流されたんでねぇかな，恐らく。

ここさ，何人避難したかと言われてもわかんないの。ここ説明すると，みんな

驚くね。そんなに高い津波来たんだと。このネットに塵いっぱい付いていたの。全部落としたんだよね。だから，大きな地震来たときは，大きな津波が来る。早く逃げろってな。今度の場合は，大事な物持っていかなければならねぇとか何とかってね，車さ考えながら積んで，あっ，隣のじいちゃん，ばあちゃんも連れて行かねばといった人が皆流されたんだって。40分あったんだから。地震があってから，津波が来るまで40分あった。だから，逃げられたんだって。あれを持っていくって，これを持っていくって車さ積んでね，遅れたのな，皆んな。

　だから，津波の恐ろしさというのを体験したからね，今度はねぇ。高めの家で見た人は，この世の終わりって思ったくらいだから。建物って見えねぇくらい水がきた。

　あそこに常磐線と国道6号線が通っているからね。あの6号線まで，あの真野川漁港からたくさんの船が流されていったんだから。

　各地区でね，亡くなった人の慰霊碑が建っているのです（写真32）。あそこのでっぱり崎（鹿島区南海老）はね，お釈迦様，大きいのが立っててね。慰霊碑の横にね。

　その先が磯部なんです。磯部は海岸通りさ，一本道だったの。松の木ないから。地震があったら，海の水ザーッと，まともに満ちちゃったのな。ここから見たって，海は遠いでしょうが。ここに20mの高さで来んだっていうから，もの凄いね。

写真32　みちのく鹿島球場の慰霊碑（神田さん提供）

　この辺は休耕状態の田んぼ。あの杉のある辺さ15戸くらいあったね（写真33）。

　ここら辺は，あまり原発の影響は無いんです。でも作っても風評被害で売れないから作らない。来年からは作れと。助成は無いのではないかという話だね。試験的にね，各地区で，2，3戸ずつ試験的に田んぼ作ったの。ちょっと出

写真33　右田地区は田んぼが広がり，ところどころに集落があった

たのは，原町区太田地区，小高さ近い方の山手。あとは出なかったんですよ。

　塩水かかってっから，今度なんかやんではないかな。薬撒くとか。ウチの辺りでもね，手のある人は，あれから10回くらい耕して。耕していくとだんだん沈むんだってね。

（出発します。）

　予定の時間になりました。今日は南の小高区から北へ追ってきたから，ここ（鹿島区）も見られるなと思ってて，だいたい説明できました。

　鹿島区の山街道に，仮設住宅がいっぱいあるのですよ。国道6号線の手前のこの辺は床下浸水だ。津波は向こうさ行ったんだな。原町区あっちだね。新山のでっぱりの山，東北電力の研修センター，あの山を避けて萱浜の方へ津波行ったんだね。

（前方の信号が6号線，左さ行きます。）

　そこの小学校（鹿島小学校）は難を逃れたの。その辺手前で津波止ったからね。ぎりぎりだったんです。この辺も逃げたんでねえかな。ここさも仮設住宅あんだけど，山街道さはいっぱいあります。仮設造るにも，お店の近いところでないとうまくいかないから，随分考えて造ったんでしょうね。農家の畑を借りてね。

　この前先の信号機ついている陸橋（小島田交差点：鹿島区小島田）。この辺ずーっと，船と死体がいっぱい流れ着いたの[6]（写真34）。その東に真野小学校さあるのだけど，ここの生徒は早く逃げてみんな大丈夫（無事）だったの。

　この新田川ね，1kmくらい上まで津波が上った。ここさ，堰ね。瓦礫，そこさ残っていた。そして，左手は福島県立小高工業高校の仮設校舎だね。

写真34　6号線小島田陸橋まで到達した津波被害状況を説明

◇どうして，語り部をされようと思われたのですか？

　私は一番古いのです。震災前からやっていたから。相馬野馬追(そうまのまおい)とかも。今年入った7名さ全部教えてね。車に乗ってね。私より上手になった人もいっけど，

私は本さ出してもらったりね。テレビに出さしてもらったりしてね。私，一番年配かな。今度女性も入ってきたね。避難してしまうとね，お喋りできねぇな。この現状わかんないから。避難しないからできるのよ。

(はい，ここ道の駅ね。)

◇聞いていて，状況がよくわかり，肌に感じるものがありました。

　やっぱり，新聞やテレビ見ている以上にわかったでしょ。最初ね，少人数は引き受けないとしていたの。それでも，1名でも2名でも引き受けてくださいと言われて，今では1名でもやっているんですよ。

◇小さい子への教育はどうなっているんですか。震災とかで，学校が流れていますが？

　被災した学校はみんな，鹿島の方さ移ったね。そこで授業やってんの。今度，戻ってきたけどね。今，こっちにも小学校はある。ただしね，幼稚園は原町の市内さ大きな幼稚園あんの。各学校には来ないの，子ども。子どものいる家族は避難した場所で就職してんから，帰って来ない家族も多いの。今この地区で一番悩んでいるのは病院の看護師さん，養老院の介護士さん。養老院の場合は，今，沖縄とか九州辺りから，1ヶ月くらいずつね，応援さ来ているよ。入所者70名に対して，介護士何人って決まっているから。足りない分は，みんな応援してもらってんの。

　声高いなって言われて。私は100歳まで生きるってPRしているんですから。少しは恋をしましょう。

(本日はどうも有難うございました。)

3.5　広野町編

語り部：秋田英博さん
　　　　富士フイルムファインケミカルズ株式会社 広野工場
　　　　広野消防団　副団長
収録日：2014 年 8 月 25 日

<u>アンダーライン部は，第 4 章表 5 のケースメソッド教材原稿に相当</u>
【番号】ケースメソッド教材「3.11 東日本大震災を伝える」

遠くから研修の場所に選んで頂いてありがとうございます。

【1】広野町工業団地

（東側窓から海側の風景を眺めながら，）ここは広野町で，福島県で浜通り地方になりますね。ここは双葉郡，隣がいわき市になりますんで。双葉郡は八ケ町村あります。その中の一つが広野町ということで，この広野町は福島第一原発から21 km圏内にあるんですけども，早くから帰還ができて工業団地が立ち上がってきたということです。次に隣町が楢葉町，富岡町となりますが，住民が住んではいけませんという地域になっています。ちょうどそこの鉄塔から先が住んではいけない地域です。小さい鉄塔の先から楢葉町になりますんで，そこから先は日中は入っていいですよと，宿泊はダメですよということです（写真1）。

お陰様で広野町の工業団地というのは15社あったんですけども，13社が立ち上がりました。早急に立ち上げましたということですね。そういう意味で雇用の場があったということで，広野町の住民全てが戻ってきたわけではないですが，戻るきっかけにはなるということで

写真1　広野工業団地

すね。放射線の量は，広野町も楢葉町もほぼ変わりはありませんけども，どうしても国の政策でそこで仕切りをいれていたと。一昨年（2012年）の8月から開放されたんですけど，楢葉町は。富岡町は去年の4月に開放だったんですけども，まだまだ住民は戻れない状況が続いているということです。

ここ（双葉郡）では東京電力の第一原子力発電所が水素爆発を起こしていますけども，ここ（広野町）の電力は東北電力なんですね。ここ（広野町）には火力発電所があります。1号機，2号機，3号機，4号機，5号機，6号機ですね。そして，火力発電所も大打撃を受けたんですね，津波で。それでも関東圏に，東京地方に電気を送らなきゃいけないということで，国策で震災後すぐ入って復旧活動をやったということで，震災の夏までにはこの送電線を使って東京関

東圏に広野火力発電所から電気を送ったと。原子力発電所はみんな止まりましたんでね。こういう感じで，この火力発電所が活躍したということですね（写真2）。

あの向こうの煙突のところが火力発電所で海辺にあり，高い建屋の頭だけ見えています。火力発電所では車が450台くらい津波でやられています。ということは建屋の下のタービン室がすべてやられましたね。ここ（工業団地）は標高68mなんですよ。それでここは問題ないと。

写真2　遠く広野火力発電所を臨む

で，あの大きい鉄塔から山手を通って，電気は関東方面，茨木，埼玉，東京にいっています。それで広野町や双葉郡はこの電気は使えません。原子力発電所の電気もすべて関東にいっています。

ここの工業団地は15社ありました。現在は13社。撤退した1社は食品会社なんですね。どうしても風評に耐えられないと撤退せざるを得なかったと。そんな状況で今13社が風評にも耐えながら，今生き延びているということで。企業が残るということは働く場所もできていると。それで行政にも固定資産税から入るということで，そういう意味では広野町は非常に，原発災害があったにしては復旧が早いのかなと思います。

今ね，向うに赤いクレーンが立っていますけども，あれが広野町の放射線量の濃い草とか木を伐採したもの，放射性物質が飛んで来た土，5cmくらいまで放射線量がありますんで，それらを取り除いたものを仮保管しています。今はきれいにシートをかけて。

もの凄い瓦礫とかありましたが，いま分別しながら細かくしていますので。仮置き場ですね。中間貯蔵施設はこちら第一原発，第二原発の方にいくと思います。広野町は置き場ができたから復旧が進んだということですね。ここも弊社の土地なんですけども，こういうところに太陽光パネルを入れて売電したりしています。これはここ（富士フイルムファインケミカルズ株式会社広野工場）で使うのではなくて，東北電力へ売電です。ここは弊社の土地ですが，業者さん

が入って太陽光発電を入れて年間450MWhの発電量で東北電力へ売電しているんです（写真3）。

【2】富士フイルムファインケミカルズ株式会社　広野工場

写真3　太陽光発電

　第二原発はここから10km，第一原発はここから21kmということになりますね。放射性物質はこちらにも若干飛んで来ています。一方で強い放射性物質は山を越えて福島市から郡山市にいっています。福島市はここよりずっと放射線量は高いです，実際ね。

　（南側窓辺に移動）こういう芝生とか全部張り替えてあります。道路も汚染していましたんで，全部瓦礫をとっちゃいますと置き場がないんですよ，工場全体広いので。ここに3cmの上塗りをしたんですね。アスファルトでオーバーレイしてね，遮蔽していると。あと山，グラウンド。今ようやく草が出てきましたけど，全域5cm土を剥ぎ取っています。

　この辺で，3マイクロ（μSv/h）とか4μSv/hあったとこありますからね。でもやはり最初から正しい知識を持っているグループ会社いましたんで，そこの知恵を借りながら進めたということで当社が助かって，当社が助かるんだったらみんな助けようと。そうしないと，工業団地の方々は皆さん撤退でしたから。しかし，弊社は放射線会社の専門会社がありますんで，グループでそこが入りましたから。毎日のように，測定して除染して，測定して除染して正確な情報を行政にも流していたと。それで広野町自体も非常に助かったということもありますね。

　助成金というのが，被災地の企業に対してもあるんですね。その有効利用はさせていただいています。それでそこのピラミッド状の屋根に太陽光パネルを入れたということ。弊社の看板は何も入ってないですけど，これを広野町のモニュメントにしようと。太陽光パネルで夜は6時から9時まで点灯します，5色のライトアップですね（写真4）。

広野インターから降りてきたと思うんですけど，高速道路から丸見えですよ。それで広野町のモニュメントにしようと。将来はここに全国から子どもさんたちを呼んで，電気の仕組みとか太陽光パネルの仕組みとか，勉強の場にできれば良いと思っていますけども。今ちょっとそ

写真4　ピラミッド太陽光パネル

んな準備をしています。それも広野町と一体になって，ここだけでなく，広野町の被災されている場所をみながら弊社にも入ってきていただいて見ていただこうという動きをしています。

（北側の窓辺に移動）そこはJヴィレッジなんですね。日本全国から集まって，ここでサッカーをやっていた。アルゼンチンのチームも来たことありますね。キャンプ張ったこともあります。サッカーの上手な日本全国の中学生なんかが来て，ここでサッカーをやっていたんですね。それで広野中学校に通って。それも今，第一原発の前線基地になっています。ここは平成30年に復興しようということでいま進めていますけどね。復興作業員の帰りのスクリーニング*とかの，そういう場所になっています。

こちらは広野工場全景になりますけども，14万平米あります（写真5）。汚染土は全部除去しました。ようやく草が出てきたんですけど。松の木なんかは，幹の皮の奥にまで入った放射性物質が線量を発してしまいますので，松の木は全部伐採してしまいました。残してあるのは桜の木だけです。桜の木はツルツルでね，線量を測っても出なかったのでね。山桜は広野町の木なんでね，残しています。線量は，今0.01μSv/hです。

写真5　広野工場全景

昔の状態です。放射能もやり方によっては下がるんです。弊社も薬を作っていますので徹底した除染をしたんです，上から下まで。そして従業員の安全確保

＊スクリーニング【screening】：適格審査。特に健康な人も含めた集団から，目的とする疾患に関する発症者や発症が予測される人を選別する医学的手法をいう。

を図っているということですね。私はガラスバッジを付けて事務所で仕事していますけれど，これで国のいう年間1ミリシーベルト（mSv/年）を完全に切っているということです。そういう安全管理もきちんとしながら進めているということですね。

それでは，今までの広野町工業団地の奮闘記について，正確な情報で復興してきたということでお話させていただきますので若干のお時間を頂ければと思います（写真6）。

【3】広野町工業団地の災害

この辺はものすごい揺れで，私も工場にいましたんで大変な揺れを感じて。でも津波の事は全く頭になかったんですけどね。最終的には津波でやられて最後は福島第一原発が水素爆発していったということですね。

写真6　広野工場奮闘記の紹介スタート

弊社は広野町と共同で，厚労省とか，これは内閣府なんですけど，「ふれあいニュースレター」とかに結構取り上げられています（図1）。天皇陛下もこの辺に来られています。経済同友会80名くらいが早い内に弊社に来て，除染状況とか今まで取り組んできた話とかそういうものを取りあげていただいた。もちろんそこにはマスコミとかそういう形の方も入って来ています。これはあくまで弊社でやっていますけど，広野町行政が完全にバックアップしているということで取り組んできているという内容の記事がこういう形で載っています。

福島第一原発は，ここか

図1　ふれあいニュースレター（秋田さん提供）

ら21kmです。福島原発の水素爆発についての説明は、世の中に公表されているものなので良いかなと思うんですけど。先ほど言った弊社のグループ会社で富士フイルムRIファーマというのが千葉県の山武市にあるんですね。放射線医療メーカーです。要するに今、PET検査とかそういう検査で放射線物質を注射してレントゲンを撮ったりして、そういう形でやっています。薬を作っている会社です。原料は原子力発電所の廃棄される原料（材料）を持ってきて、海外から持ってきていましたけどね。海外から持ってきた原子力の廃材を利用して薬を作っている。病院に供給して人の検査に役立てる。一方でそういう方法で世の中の役に立っています。

　もちろん、放射線に関しては十分に管理されている会社ですけども、それが千葉県の山武市から毎週、毎日のように工場長さんが入って、測定して除染して正確な情報を従業員や工業団地、広野町にも情報を流していた。当時の情報というのは全て生データでありますので広野町も役立ったと。ここで採ったデータ、工業団地で採ったデータ、広野町の田んぼで採ったデータ、畑で採ったデータというのは全部行政の方にお渡ししていた。説明会も何回も実施し、生データである程度の知識を得ていた。そういうことで、感謝されて感謝状を広野町からいただいたということであります。

【4】会社撤退せずの決断

　当時は弊社も最初、震災・水素爆発で撤退の方向で動いていました。もうどうしようもありません。放射性物質の中身もわからないし、イロハもわかんない。でも、富士フイルムRIファーマ（FRI）にそこのグループ会社がありますんでそこの助言をいただいた。広野町は除染すれば住めるし稼働もできると判断をしていただいて、そこから弊社の社長が雇用の場を確保すると動いていただいたので、非常にウチの従業員は助かっています。弊社が助かったお蔭でこの工業団地13社も助かったということでありますので。いろいろ当時はありましたけども、何としても雇用の場を確保できたと。雇用に当たっては健康管理をどうしていくかというのも課題だったんですけど、そこを一つひとつクリ

アして現在の状況になっているということです。

当初はですね。2011年3月26日。これもFRIのRIファーマと私で入りまして，皆さん避難していましたんでね。私も怖かったんですけど，命なくなってもいいなとそんな気持ちですね。

富士フイルムRIファーマが入ってきた時にはですね，「秋田さん，心配することないよと。除染すれば，ここ双葉郡広野町は助かります」という助言をいただいた。それで安心したということ。それで我々はタイベックを着てマスクをしてきちっとした態勢。あの頃はヨウ素がありましたからね，放射線量が非常に高かったんです。サツキ，庭にあるサツキは 7.5 μSv/h ですね。そういう状態です。弊社はサーベイ値（cpm：count per minute）で表面汚染をみてますから，ここも 17,000 cpm とものすごい数値があったんです（図2）。

あと家の中，部屋の中，工場の中。それをなんとか除染しないと社員を工場の中に入れられないし，生産工場として成り立たないということで

図2　広野工場の状況（秋田さん提供）

す。工場の中をはじめ，この部屋にもこういうガラス張りの隙間を通って中に入っていますからね。実はカーペットもすべて交換しています。どうしても下に付いていますから。埃に放射性物質が付きましたから，全部。こういう陰の埃，全部付いていますから，埃一つひとつを上から全部落としてくる。掃除の仕方というのもありますけれど。拭いてまた違う雑巾で拭いて。普通はバケツを持って来て雑巾を絞るんですけど，そうすると汚染を広げてしまうので，拭いたら捨てる，拭いたら捨てるということで，高さ 28 m の工場も上から下まですべて。この工場もこの事務所も上から全部埃を下に落として。吸い取る掃除機は使い

ませんでした。どうしても掃除機はお尻から拡散させるので、最初は掃除機は絶対使いませんでした。そういう知見は早急に皆さんに知らせようということで動いてきたのが現状です。当時は高かったんです。放射線は埃について離れない。外の鉄骨とか錆びているところに全部付いちゃっているから、それは削って落としてペンキを塗ってやるとか、それなんです。今になると、なかなか取れないです。

　それで水道水ですが、広野町は非常に源泉がきれいな所なので、水は問題あるかというと、水は問題ないんですね。水道水はどうしても上水をとりますんで、どうしても土とか砂に山から流れてきたのがそこに付いちゃって離れないんですね。だから水道水自体は、今も行政では毎日、弊社の方でも独自に線量検査をやっています。医薬品の工場でありますんでね。問題ない昔の数値になっています。未だに心配して水道水は飲まないという方はいっぱいいます。ミネラルウォーター、ペットボトルを購入してね。だから本当は水道の水がそのまま飲めるというのは一番美味しいんですけどね。そんな現状でありますよね。測定データからすると問題ない数値になっていますよね。今は広野町の米も問題なくなってきています。広野町の米は一番安心して食べられるかなと思いますよね。100ベクレル（Bq）を完全に切っている。野菜もそうですし。

　私も広野町出身ですし、毎日喜んで食べています。ただお嫁さんとか子どもには無理して食べさせない。なんか本当の数値を知って正確な情報を知ればよいと思うんですが、それは徐々にね、食べていただければよいのかなと。無理に食べなさいという指示も出せませんし、それが今、広野町としても苦労しているとこ

図3　広野工場の周辺の津波と避難（秋田さん提供）

ろかなと。
 　それで当時の避難ですね。第一原発から21 kmでありますけど，これは津波でやられた久保田地区ですね（図3）。そこの窓から見えていたところなんですけど。今はもう瓦礫も何もないしね。復旧活動で入っていますから。堤防を嵩上げする段取りとかね。ここ広野町も津波で3名の方が流されています。2名亡くなってまだひとり行方不明になっていますよね。

【5】大震災の時

　こういう大きい津波が来るとは思っていませんでしたからね。川をどんどん上がってくるということがね。川を遡上してとんでもないところまで上って来ていますね。それで被害を受けているということがあって。川の傍は，地震があったら逃げるしかないのかという。これは広野町の町民が福島第一原発の水素爆発の前，一回爆発してから避難した場所です（図3の右下の写真）。これは磐越自動車道沿いに小野町というのがあったと思うんですけど，そこの町の体育館に避難しています。地べたです。当時3月だったので，ここは猛烈に寒いところだったんですね。そこにどんどん避難して行ったと。親戚とかそちらに避難した人たちもいましたけど。小野町体育館には広野町の本部が入ったし，そこへ供給していったものもありますね。

　まず石油が無かった，ガソリンが無かったということで足も確保できないし，夜も寒かったので病気される方が結構多くて，夜は救急車2台くらい入って来ましたからね。お年寄りの方，どうしてもこの体育館で過ごすというのはもう大変。最初の2，3日は良かったんですが，体調を悪くして大変な状態になっていったと。何とかしないといけないということで，いわき市管内とかの旅館を借り切ってそちらに第二次避難，お年寄りを先に避難させていったというのがあります。未だに仮設住宅,借り上げ住宅で。広野は今2,000名くらいですか，戻って来ているのが。5,500名くらいの中，あと3,500名くらいは未だにいわき市とか日本全国に避難しているということです。戻れる町なんですけど。やはり心配事があるということで戻らない。早く戻れと言っても戻らないので，

徐々に環境を整えていって，戻ってくれればいいのかなと思っています。

　一方では，町民でなくて日本全国から廃炉関係，広野が拠点になっていますんで，広野まで車で来て大型バスで原発の中に入って行く。そういう作業員が4,000〜5,000名入っています。その宿舎として，空地にはすべてプレハブが建っています。そういう環境で，人口的にはものすごく増えているんですけど，実際の元々の町民は少ないということで，行政も含めてそういう活動をしていますけど，なかなか。まずは第一原発が廃炉に向けて安定しなくちゃいけないということです。

　廃炉には30年かかるといわれていますので，その監視もしていかなくちゃいけないということで，そんな現状であります。双葉郡では何万人という方が毎日，いわき市から入ったり広野から入って戻って来てという状態で，今廃炉作業を進めているところですね。

【6】工場の再稼働に向けて

　工場の被害状況を説明させていただきますけど，工場というのは，見て分かるように28m高さありますので，化学工場など上の方で反応させて下で製品化する。必ずブレース鋼が入っているんですけど，これが何十本と折れました。折れたというのは，これは地震対策ができていたということでありますね。

　ただ一方で問題なのがこういう浄化槽です。これは120人槽です。下で液状化でグラグラになります。これだけ上っちゃいました。これが上がっちゃったということは，復旧作業するにもトイレがないとダメなんですね，水も流せないんですね。これがなかなか復旧できなかったんですね。復旧できなかった理由というのは，要するに双葉郡内のそういう浄化センターなども滅茶苦茶やられちゃいました。これを持っていくところがやられてしまって，汚物を持っていくところが無いんです。それでいわきの方から来てもらって，若干毎日少しずつ持って行ってもらって軽くして持ち上げて。まずはこの浄化槽を復旧させたと。なにせ生活ができない。工場にいても生活ができないと，これが一番苦労したところですね。

部屋の中は滅茶苦茶です。弊社の方も溶剤関係，トルエン，メタノール，燃えるものをすごい量を保有しています。50 kL のタンクの架台が折れちゃいました。漏えいはしなかったですが，建物の柱が折れたりしています。工場の倉庫ですが，お陰様でここは倒れなかったんです，荷物が，製品が。神奈川に本社がありますけど，そこは滅茶苦茶に倉庫のものが倒れました。

まあ地震は大きかったんですけど，揺れ方によっては被害状況も全然違うねというのを実感したと。神奈川などは揺れの方向も違っていたと。平塚と小田原にも工場があるんですが，倉庫の中は滅茶苦茶になったということです。滅茶苦茶なのはいいんですが，原料とか製品とかいうのは非常に危険で，弊社で取り扱っているものはマスクをしないとダメだとかそういう状態ですから，この片づけにものすごく大変な労力を割いたということです，神奈川と小田原は。広野はこれはなかったです。

【7】緊急時避難

ちょうど第一原発から弊社は 21 km 圏内，緊急時避難準備区域ということでありました。避難地域ではなかったんですが，広野町独自でしたというのがあります。避難して良かったというのがありますけど，補償問題とか今もくすぶっていますけどね。広野町とかは補償問題とかすでに無くなっていますけど。ここから直線で 500 m 離れている楢葉町は，日中は入ってもいいんですが，まだ夜は泊まれない状況です。

一昨年（2012 年）8 月に楢葉町に入っていいよという許可が出ました。富岡町は去年（2013 年）の 4 月ですね。そこから日中だけは入っていいですよと。富岡町から先，ここは一般の方は入れません。許可証をもらっている人でなければ入れません。放射線量が高いんです。これは 6 号線一本しかありませんので，南相馬，その先には仙台とかありますけど，そこへ行くには遠回りして行くしかないということで，今非常に不便になっているという感じです。私も許可証を持っていますので，これを付けて，毎回地点，地点で測定しながら入っています。今，大分下がって来ています。6 号線の脇を除染していますんで放

射線量は下がって来ていますけど,早く南相馬,仙台に抜けて行くようにならないと物流もうまくいかないしね。これは来年あたりには開通できるかなと思いますけどね。早く開通していただきたいなと思います。ただ心配ですね,放射線量はものすごく高いです。(2014年9月15日に,国道6号線は3年半ぶりに全線開通した)

風の流れでこちら広野町方面へ来たりしたのは若干少なかったと。放射能汚染はこういう山手に行って福島市,飯館村のあるところへですね,高いのがどんどん行っちゃって,東北自動車道を下がって郡山まで下がって来たということですね(図4)。もし風向きがこちらであれば,茨城,関東になりますし,東京まで行っちゃったでしょうね。

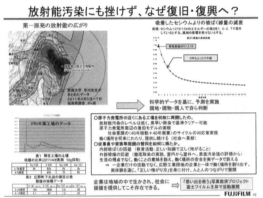

図4　福島の放射能汚染(秋田さん提供)

【8】福島第一原発へ入出して

福島第一原発が水素爆発しました。津波で滅茶苦茶にやられている。私も2回ほど入っています。特別な理由で入らせていただいています。現地現物を見て,それを知っていかなくちゃならない。私も広野町の廃炉に向けた県民会議の一員として今,福島の方でやりますけど,県の方とか国の方が出席して,あと福島県の代表の方,各団体の代表の方と一緒にですね,福島第一原発の廃炉に向けたロードマップの中の問題点,例えば汚染水問題とかありますが,そこを見ていくという立場にありますので,その一環もあったので中身を見させていただいた。バスで回るだけなんですね。線量はものすごい数値です。ここで働いている人は日本全国から集められて来ていますけど,どうしても線量浴び過ぎちゃうとそこに入れないんですね。だから次から次と作業される方を替え

ているということで，技術者は少なくなってきているというのが現状です。道具も知らない方を教育しながら入れていかないと大変ということなんです。ここは苦しい話なんですが，そこは何としても廃炉に向けて安定してもらわないと，地元もそうですし，日本国民の皆さんもそう願っていますので，そこはきちんと東電さんにはお願いしている。きちっと作業員を確保して進めていくように。

　入場するにはね，先ずパンツのみになるんですよ。頭巾をかぶって下着も靴下も，靴下は2枚履きますね。布手袋，次にゴム手袋，そのあとタイベックを着ます。そのあと全面マスクです。全面マスクで我々も1時間，バスでずーっと見て回ったですけど，苦しくていられないですね。その中で作業しますのでね，作業されている方はものすごく大変だと思います。汚い話ですが，トイレなんかにはいけないんですよ，作業している間は。全部その場所に戻って全部着替えて，トイレに行かなくてはならない。また出るときも新たに着替えなくてはいけない。トイレも我慢しながらやっているという状況だということです。大変な作業です。過酷なんです。これ退場するのも大変なんです。もちろん長靴も履いて入りますんで。一足一足置き場が決まっていてそこに脱いで出て来るんですね。靴下も一枚脱いで，次にまた脱ぐとか。最後はスクリーニングを受けなくちゃならない。体に付いて外に出ないようにということで。時間的には入るために30分くらい。出るのにも30分くらいかかります。個人の線量計持たせられますので1時間なら1時間の。どれだけ被ばくしたというデータとして全部残しますので。普通の方は入れないんです。本当にものすごい許可がないと入れない。こういう過酷な状態で作業していますので，ちょうど行った時は夏というか，去年もそうだったんですけど，今年も行ってますけど，暑くて本当に間違い起こしても仕方ないよね。安全衛生上，本当に問題かなと感じています。何とかここは廃炉に向けて進めていただきたい。

【9】従業員への配慮

　広野工場，企業もそうなんですけどね。住民，従業員，その家族の安否が取れなかったですね，しばらく大変だった。こういうことが次に起きた場合を想

定して新たに手順とかマニュアルを作成しています。こういう想定は全然会社もしていなかったし，行政も多分していなかったと思います。避難先をどこにするんだとか。避難先は広野町も確定していますけれど，何しろ電話が通じなかったので，安否が取れなかったということで心配されたということ。その反省を含めてどうするかということで，検討チームを作ってやっている状態です。

　後は雇用の確保。弊社になりますけど，当時は102名。今は110数名に戻りましたけれどもね。辞めなさいと会社では言わないし，辞めた人もいません。神奈川に平塚，小田原工場があります。あと富山化学とかありますから，そこへ従業員を動かして，そこで代替生産を行った。そういう意味では，皆んな家族もついて行きました。神奈川では住宅確保とか苦労したんですけどね。お陰様で今では当時の102名はどんどん越えていますけど，その人たちが今では広野工場に戻って働いていただいているので，会社としても雇用の場ができたということで安心しているところです。

　あともう一つ，お客さんに迷惑をかけちゃうということで，今まであった在庫品を除染して測って，除染して測ってお客さんに届けたと。この苦労も大変なものでしたね。

　要するにフィルムの原料とか，弊社の場合はお薬になりますんでね。放射線で汚染されたものは届けられないということがあるので，そこは測定して除染して，測定して除染して製品を供給していった。そして供給責任を果たしていった。

【10】徹底した除染作業（その1）

　測定して除染していった除染の徹底ですね。これは富士フイルムRIファーマが入って指導してやってくれたということで助かったと。このRIファーマがなかったら弊社もなかったし，工業団地もなかったし，広野町も大変苦労しただろうなということで。このRIファーマの工場長さんだった岡崎さんには今，広野町の除染アドバイザーとして入ってやっていただいていますんで，非常に助かっています（図8参照）。

　ここは第一原発から30km圏内で，弊社も地震で壊れたところを復旧させ

ようとしても業者さんは入って来なかったんです。怖くてね、入れなかったと。これはしょうがないですね。企業のリスク管理とかがありますからね。困りましてね、神奈川の方から弊社のグループ会社というか協力会社がありますので、そこからどんどん入ってもらって復旧してもらったのが現状です（図5）。

もちろん自治体と広野立地企業との連携、これがものすごく、経済産業省とか広野に入っていた行政とかと一体でやりましたんで、この辺は正確な情報を流して正確に怖がっていただくという教育なんかも実施しています。で、感謝しています。はっきり言ってね、深い絆ですね。だから困った時ほど、絆が持てるかどうか、それが一番かなと。

後は除染して測定して、除染して測定してなんですよ（図6）。それを繰り返し、繰り返し。これは15mある自動倉庫、ラック倉庫なんですけどね。タイベックを着て、一番上から埃を全部落すんです。どうしてもこういう上には付いていますから、埃を全部落しました。研究室や検査室も滅茶苦茶になりましたのでタイベックを着てやります。これは拭き掃除の状態ですね。拭いて裏返して拭いてポイです。そしてまた違う雑巾で拭

図5　素早い方針（秋田さん提供）

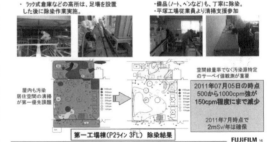

図6　徹底した除染と測定（秋田さん提供）

いて埃をとってポイするという。バケツでは絶対やらなかったという，そんな状態です。工場自体も図6の下方に示すようにこんな赤く（1,000 cpm強に）汚染していました。除染するとこういう風にブルーになって150 cpm以下になっていますよということで，繰り返し，繰り返しやってきたんです。

　私の実家も広野町なんですけど，汚染していました。掃除しました。全部埃は取り除きました。下がりました。

　当時のデータも，未だに採り続けています。当時あったもの，例えば軽トラックなんかも工場内にありますので測定していったり，徐々に下がってきているということですね。ヨウ素自体も少なくなってきたというのもありますけども，セシウム134も2年で半減期を迎えていますのでね。セシウム134はエネルギー強いんですね。今残っているのはセシウム137。セシウム137は約30年間残りますということで，いずれにしてもその分は取ってしまわないといつまでも残りますから線量を発しているということになりますから。

【11】徹底した除染作業（その2）

　除染して測定してを繰り返しやってきていまして，数値を今0.1 μSv/h以下に下げています。来る途中（常磐自動車道）にモニタリングポストがあったと思いますけれど，0.2 μSv/h位だと思います，道路際とかね。

　道路の周りは除染しているんですが，山なんかは除染できていませんから。実際0.25 μSv/hくらいだと問題ないと言えば問題ないんですけど，どこまでそれ怖がるかということなんですね。私はこれガラスバッジ付けて，強いところへどんどん入りますね。これも月に1回, 交換するんですよ。これは家に帰っても付けているんですね，24時間。これは1ヶ月単位なんです。私が震災後からこちらに居てこれを付けていたんですけど，年間1 mSv完全に切りますから。国でいう年間1 mSv。却って空飛んでいるパイロットさんとかスチュワーデスの方がものすごく浴びていますから，問題ないなと。それから従業員も付けています。これは外部委託して結果をいただいている。それで安心していただくということなんで。

当時場所によって，ホットスポット的な所もありました。この敷地でいいますと，当時 0.30 とか 3.0μSv/h とかね。ここ事務所，事務棟周辺なんですけど，3.0μSv/h ありましたから。植木の下の植え込みは 5.0μSv/h ですね。そのくらいありましたよ。それで 2 週間くらい過ぎると，ヨウ素が無くなるんですね。ヨウ素があるから高かったんですね。2 週間くらいするとヨウ素が下がってくる。

それが 2 年後にはセシウム 134 のエネルギーの強いものが半減しましたんで，ガクンとそれで下がりましたね。それで今はセシウム 137 が残っている。その 137 をどうやって取り除いていくか。それは下がるのに 30 年かかります。少しずつ，下がっていくと思うんですけど。その 137 を取り除いていかないと。まずは生活をする環境の周りだけでも良いのかなと思うんですけど。

私は山が好きなんです。春は山菜採りでしょ，秋はキノコ採りなんですよ。それがみんな山のものは食べられないんですよ。今ちょっと苦しんでいますけども，山の除染は，行政がどう考えているかわからないですけど。

それで数値的に高かったのは，27μSv/h とか 40μSv/h とかもあったんですよ，工場の中で。これ全部吸気される所ですよ（図 7）。当時，工場が全停できなかったんでね，弊社の場合，化学反応していますんで。それ止めちゃうとドカンといっちゃいますから。やっぱりコンプレッサーとかエアコンの換気扇ですね。そこはものすごく高い数値です，吸い込んでですね。それで，これ全部交換しています。交換して広野町の仮置き場に持って行って，いま保管していただいているということです。工場内全てですから，これにはものすごいお金かけています。

図 7　空調フィルターの汚染（秋田さん提供）

フィルター付いているところは全部吸っていますから。それがわかるだけでも。そんな自社（うち）でとった知見は全て企業さんにお知らせしていますから。そうでないと企業さんで働いている人の被ばくとか，それに伴ってできた製品が汚染しちゃうというのもありますので，そういうのは供用しようということで，毎日毎日企業さん歩いてね。

　当時は測定器というのは無かったんですよ。GM 管とかシンチレーションとか正確なやつはね。中国産とかなんかは高価で出回ったんですけど。それも富士フイルム RI ファームで大量に持ってましたんで，放射線会社ですから。そこからドーンと入れてもらって，測定しながらやっていました。

　これ大変な作業です，マスクしてタイベックして。放射線量高いので，業者さん入ってもらってほとんどやったんですが。部屋の中汚染していないというのはとんでもない話で。これは弊社の社宅，寮の話なんですけど，全部上から天井から埃を落としています。最後は掃除機で取ったということです。掃除して掃除して最後は掃除機でやったんです。汚染しています。これは間違いないです。そういうのは福島県内のテレビ局ですけど，数社入っていますね，この除染に対しては。収録を受けたり，ここでね，やっていますんで。そんなのが報道されているということです。

　当時，化学雑巾と言っていましたけどね，埃とったら逃がさない雑巾があるんですよ。1 枚 100 円くらいだったですけど，購入して埃を取って，また取ってポイと捨てる。埃を逃がさない雑巾，こういうのもありました。

　で，実際工場敷地の除染をしました。敷地内全域，表面の土 5 cm を除去しました。当時，表（屋外）は $0.42\,\mu$Sv/h 位で，敷地の中に入ったところは $0.19\,\mu$Sv/h 位でした。ここ（事務棟周辺）で $0.10\,\mu$Sv/h 位です，2014 年現在。それは除染がどんどん進んでいったからでやっと今，草が出て来ていますけれどね。

　こういう動きをしながら，一方では対外的にもお客さんにも安心して生産活動ができますよという PR もしていかなくちゃということで，生データもどんどんやっています。最初はお客さんも遠慮していましたが，そんな生データを

採って説明することによって，繰り返しお仕事をいただいていると。どこの企業さんも今はそうです。

　今蛍が飛んでいます。カワニナを放流したりしてですね。もう3年目になりますけどね，復興蛍として成功しています。蛍っていうのは放射線があるところは結構育たないみたいなんで，今，カワニナもどんどん増えていましてですね。この辺に池が2つあるんですよ。そこに放流して蛍を飛ばすと，こんなのもPRさせてもらっています。

【12】徹底した除染作業（その3）

　工場全体についてですが，今，事務棟にいますんで。工場は28mの高さの建物です。医薬工場はフィルム関係と，世の中に出る前の薬，治験ですね，治験の薬を作っている工場になります。

　常時，放射線量のデータは採っています。工場の場所，場所で採って，安心をいただいていくということであります。道路は先ほど言いましたようにオーバーレイ，3cmほど上塗りしているということですね。それで中に入っている放射性物質を遮蔽しているということによって表に出て来ていないということです。そうやって空間線量をぐっと下げています。こんなデータを記録として残していこうと。後は今言ったガラスバッジですね。当時は高かったんです。1ヶ月単位です。国でいうと年間1mSvを切ること。当時年間1mSvを切りなさいということだったので，今年間1mSvは完全に切れているということでね。男性は胸につけます。女性は腰につけるんですね。男性は胸を見て，女性は子宮をみてますんで腰に付けてデータを採ります。個人情報になりますので，名前は出せませんけども，今はこういうデータを採って良いということでずっと続いています。

　最初の内は高かったんです。$0.09 \sim 0.13\,\mu\mathrm{Sv/h}$。年間1mSv以下になるためには$0.08\,\mu\mathrm{Sv/h}$以下でないといけないんです。これは自然放射能もありますから，それは取り除いた数字で計算されます。自然放射能もいっぱいありますので。

佐賀県の方もお米も美味しい所でしょうけども，お米の放射線量って佐賀県の方が高いんですよね。ここは完全に 100 ベクレル（Bq）を完全に切っていますからね。たぶん，九州のお米って高いんですよね，一度調べてみてください。どういうわけか高いんですよ。元々ウランとかある場所は，日本にたくさんあるところがありますからそんな感じかなと思いますけど。

　広野町の米は一番安心なんですよ，そういう意味では。全量測定ですから。美味しいですよね，広野町の米はね。九州の米も美味しいと思うんですけど。正確に情報がわかれば正確に怖がることもできるのかなということで。このデータは今も引き続き採っているということで。

　あと一番心配なのはフォールアウト（放射性降下物）ですよ。原発から 21 km でしょ。弊社も 28 m の高さでフォールアウトを採っています。放射性物質が飛んできているか未だに測定しています。

　福島第一原発を解体していますからね，まだ風に乗って埃に付いたやつ（放射性物質）が飛んでいっていないかと，そこは調査中ということでありますけどね。一応弊社も独自の管理をしていかなくちゃならないということで，工場の屋上についてずっと未だに採っています。全然問題ないです。これも弊社で分析するんではなくて，外部の専門業者さんにやってもらっているので間違いない。飛んで来ていませんとはっきり言えます。そんな測定もしています。

【13】徹底した除染作業（その 4）

　今，広野工場もこういう物品購買とか機材購入とかしていますけど，今ガードマン室でサーベイしていますね，GM 管で cpm みています。バックグラウンド 100 cpm 切ってますけど，それより＋ 30 になったものはお断りしています。そんなの 1 件もありません。要するに汚染したものが入って製品に付いたりしちゃうと，製品が汚染してしまいます。鉛筆一本から全部やっています。そこまでやっています。珍しい会社だと思っていただけば良いと思います。ここまでやる会社は無いですから。それで間違いなく原料もそうですけど，汚染されたものは入って来ていません。それで汚染した製品じゃありませんとい

う確定したデータを揃えて，世の中に出していっているというのが現状です。ここまでやっている会社，ほとんど無いと思います。弊社ぐらいだと思います。それだけ慎重にならざるを得ないということであります。

広野町で放射能の説明会とかやっています（図8）。いろんな小学校とかでね。この方が岡崎さんという方なんですけど，私もしょっちゅうくっついて歩いてですね，いろいろ勉強させてもらっています。私もこの震災ではどういうわけか勉強させてもらってですね，お話しできる立場になって来ています。小学校なんかですね，雨どいの下なんかもの凄い線量(ホットスポット)があったんですから。小学校ですから，今は除染して無くなっていると思います。

図8　広野町と共に放射能教育（秋田さん提供）

こういう講演会もね，未だに続いていますけど，広野町関係だけで12回，正確な情報を流しています。放射能のイロハから始まっていますね。シーベルトとか人の名前だったんですね。

それで講演会回数の一番は病院関係。26回やっていますよ。看護師さんが怖がっていた。地元のいわき市立磐城共立病院とか福島労災病院とかあるんですけど，そこでも講演しています。看護師さんが怖がっています。そういう患者さんも来るだろうしね。そういう関係でキチッと放射線のイロハから説明させていただいているということですね。

それから輸送会社については，ものすごく教育しました。輸送会社自体のトラックが汚染されています。荷台が汚染されていたら，折角きれいな製品が汚染されていってしまいますと。そこの荷台に上がるのには履き替えて。違う履物とか,荷台の清掃とか,そこまでやっています。未だにやっています。トラッ

クというのは色んな物積みますから。物流でも郡山とか福島から入る車もあったんですね。品物自体はそうでもなかったんですけど，トラックの中が汚染していますから。どうしても当時，物流運ぶのには放射線の強い所を通っていましたから，トラックの荷台は汚染していました。タイヤとかはまだ良いとしても荷台は荷物乗っけますから，そこまで測定していました。

　弊社は特に放射線量を気にしなくちゃいけないかなと。やっぱり汚染したものは出せないというのがありますんで。汚染したものは受け入れない。

　本当に測定するべきなんですよ。その苦労も大変なものだったんですよ。未だにやっています。これは田んぼとか畑ね。これは広野町と共同でやっていましたので，当時からデータも町民の方には全部公表していますので。

　アスファルトのオーバーレイ施工前は 1,200 〜 1,300 cpm あったんですね，表面の汚染で。施工後は 170 〜 190 cpm です。芝の張り替え前は 1,300 〜 1,400 cpm で芝の張り替え後は 230 〜 250 cpm に下がりました。cpm がこれだけあると言われてもよくわからないと思うんですけど，これだけ下がりましたということだけ覚えてもらえれば良いかなと。

　寮とか社宅とかいっぱい畳があるので，全部九州の畳を使って畳替えも行っています。どうしても麦わらは放射性物質を吸収しやすいんですね。

　また，樹木植栽地の原発を向いた斜面は向いていない方に比べ約3倍とすごく高かったですね。除染して少なくしています。

【14】復興を目指して

　復興を目指して，ここもこういう形で双葉郡の復興シンポジウムの会場にして，郡内の各町長村長さんに集まっていただいたりね，行政の方々に集まっていただいたりして，「こういう除染してきました。今は問題ないですよ」と，これはマスコミ向けにやってきました。やっぱり正確な情報で伝えていこうという取り組みでこんな動きをしています。

　ここは今いるところですね，事務所になります（図9）。これがピラミッド太陽光パネルですね。こういうセレモニーもやっています。これは広野町の復

興をエポック化しようということで進めています。日中はこういう形なんですけど，夜になるとこういう形になりますね。毎日点灯させています。将来，後は遊休地を利用して，新エネルギーということで太陽光発電は出力 413 kW で年間発電量は約 450 MWh ですけど，東北電力に売電しています。これは広野町長をはじめ関係機関に入っていただいてお披露目をしているところですね。

図9　広野町と共に復興を目指して（秋田さん提供）

東京電力広野火力発電所は今 6 号機までありますけど，7 号機の増設が決まりました。これは世の中と逆行するかもしれませんね。CO_2 の問題とかね。原子力発電所であれば，ここ第二原発，第一原発と完全に止まっちゃっていますので広野火力発電所は予備でおいていた発電所ですが，さらに 7 号機を増設して関東に送ろうということですね。

（図10の写真で）茶色い建物が J ヴィレッジですね。広野町には，大きい二ツ沼総合公園とか温室，パークゴルフ場もあります。あとは楢葉町でこれは道の駅。楢葉南工業団地ですが 19 社，撤退です。ここで仕切りをしていましたから，国で入らせないと。広野町もここは第二原発から 10 km 圏内ということで入れな

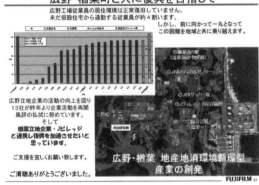

図10　広野・楢葉町と共に復興を目指して（秋田さん提供）

かったんです。でもなんとか8kmにしていただきたいということで入らせていただいて，ここまでは助かっています。

　ここから先は大変な状況になっています。19社，900名の雇用がありましたから。これが今はてんでバラバラになってしまって。それで今新しい生産工場を呼ぼうとしてもなかなかリスクがあるのね。特別な大きいメリットがなければ絶対来ないと思いますのでね。今来ているのは廃炉関係のビジネスのJAEA（日本原子力研究開発機構）とかが入って来ているということです。いずれにしてもそこは技術者だけで，雇用の場にはならないと思いますね。技術者の方が何十名か来るだけで，地元の雇用の場には，廃炉関係の仕事になってしまうのでなかなか難しいかなと。

　楢葉の立地企業ともなんとかやろうとして，行政ともなんとかと思ってしています。ここが立ち上がってもらわないと困るということですね。何をしてもここは大事ですね。この一画は大事にしていきたいということで，立ち上げようとして我々の知見を持ってやっていたんですけど，ついに撤退するところが19社あったと。いま数社がなんとか，小さい工場ですけど動き出しているというところがあるんですけど，本当に連携をしないと一人では生きられない。困ったときはみんなで連携しましょうというのが一番大事かなと思うんですね。一人では生きられないんです。

　ここの広野町工業団地は13社立ち上がったお蔭で，地震で工場も倒壊している部分もありましたので，グループで復興の補助金もいただいて，国・県からきている部分もグループだからこそいただけるという部分もありますので，そういう面では各工場も助かっているのかなと思っています。

【質疑応答】（写真7）

◇この工業団地を率先して再稼働されて，敷地内に山の中からどういう動物が侵入したのですか？

　今，実際の野生の動物はイノシシですよ。こ

写真7　質疑応答

の先に，イノブタを飼育していた方が何人かいるんですね。そのイノブタが，住民は避難するんだけど豚は残していけないから放し飼いにして行った。それがイノシシと掛け合った。多分，イノシシというのは2匹か3匹しか産まない。イノブタというのは繁殖力が強いですから，イノシシとイノブタが掛け合って何十匹となって，いま日中でもこの辺出てきます。もともとイノシシというのは野生で夜しか出ないんですよ。でも，イノブタは日中でも平気で出現しますから。

　イノシシやイノブタは，人を襲わないですね。ただビックリしますよね。大きいのが子供連れて7，8匹で歩きますから。工場の中も歩きます。それで弊社の方も工場の中に入られてガチャガチャやられると大変なんです。怖くはないんですけど，機材壊されたりとか汚染されたり，足跡とかで。そこに広野町の駆除隊の隊長さんにお願いして，箱の中に餌を置いて捕獲しています。3匹捕獲しました。それが広野町だけでも一年で何百頭も捕獲されまして，未だに多いんですね。

◇**捕獲されたイノシシは放射能の残留があったりするんですか？**
　イノシシというのは土の中掘って食べますから，土と一緒に何でも食べてしまいますから，びっくりするくらい高いですよ。昔はイノシシも食べていたんですよ，イノブタとか。今は食べられないから焼却です。もったいないですよね。そういうことで双葉郡内の人は皆んな困っています。当時は牛もいましたね。牛と激突注意という看板もありますので。牛も放しちゃったんですね。野良牛となって。それが車と激突する。その後，牛は捕獲して今はいないと思います。ここは，熊はいません。飯舘とかあっちにはいますよ。福島には熊はいるんですけど，浜通りには熊はいないんです。

　福島県でいうと浜通り，中通り，会津地方と3つに分かれているんですね。中通り，会津地方は熊がいるんです。会津地方は特にいると思いますね。浜通りは熊がいないだけ良いかなと。イノシシは人を襲うことは無いですから。ただイタズラされちゃうと困るよね。今，田んぼもイネを植えていますけど，田んぼに入られないように電気を通して入れないようにしています。イノシシに，せっか

く作ったお米荒らされるので，そんな対策はしていますね。

◇広野から南相馬に行くには？

国道6号線が全面開通しない限り，南相馬へここから行くとなると常磐自動車道，磐越自動車道に乗って小野インターで降りて，あと山道通って飯舘村通って南相馬に入るんですよ。そうするとここから3時間半ですから一日終わっちゃいますよね。

どうしてもあそこを通らないと南相馬に抜けられないんで，あの道を通らざるを得なかったんですね。国道6号線は通れませんからね。飯舘村は線量が高いんです。その測定データもずっと我々は残しています。みんな残しているんです。高いところは20とか30 μSv/h ありましたよ。

国道6号線は線量の高いところありますよ。双葉，大熊は未だに，11とか15 μSv/h ですよ。前は30 μSv/h くらいあったんですけど，道路脇は除染したんで，そこだけは下がって来ています。でも道路の20m向こうは高いですから。30, 40 μSv/h ざらですからね。だから戻ろう，住もうとしてもなかなか双葉，大熊は難しいと思いますよ。富岡も若干難しいかな。楢葉は何とか戻れる可能性ありますけどね。それだけ違うんです。

(2015年9月5日に，楢葉町は全域避難解除となった)

◇避難していた人たちはもう戻って来ていますか？

双葉郡内にも弊社の従業員の方々が約4割いました。その方々は今，家に戻れないから皆んないわき市に仮設住宅とか借り上げ住宅とかを借りて，広野工場に働きに通っています。

◇家が近いのに帰れない。モチベーションとかかなり変わったんじゃないですか？

モチベーションは変わりました。会社も行政もそうですが，震災後にメンタルケア（精神面での援助・介護）の必要のある人が増えたんです。家族がバラバラ，

特に会社でも4割の方がいました。その中には津波にやられた人，家も無くなった人。その後も放射性物質で汚染されたということもあって，家族を抱えながら働いていますので大変ですね。

それで会社へ来れば仕事はちゃんとやらなければならないしね，ダブルパンチですよね。悩みを抱えながら仕事をしていると，仕事もなかなか手につかない。弊社の場合は，そういう心のケアの問題でカウンセラーを入れていますので，常時カウンセリングを受けていただくということで，何とか聞いていただくことによってちょっとは安らぐのかなと。力を入れてやっていますよ。確かにその部分は大きいですね。

男性というのは特に，状況が変わると悩むんですよ。女性はその点，強いですね，環境の変化には。女性は嫁に行けば，そこで変わるでしょ。そこに馴染んでしまう。男は難しいね，私もそうですけど。

◇大災害を経験されて，伝えたい災害時のメッセージをお願いします。

普通の生活をしているときには何も問題なかったことが発生しますよね。有事の際ね。これから何が起こるかわかんないもんね。原発だけでなく，台風，集中豪雨，地震，津波など。その時のためにも人の話はよく聞いておくことだよね。特に年寄りの話はよく聞いておくこと。昔の言い伝えとか，やっぱりこういう事があったとか，じゃ自分はどうしようとか。

有事になった場合には，みんなパニックになりますから。会社でも決め事していたんですけど，避難訓練とかね。そんなことほとんど役に立ちませんから。みんな自分のこと，自分の家族のことが心配なんです。会社のことは後回しですね。それにはちょっと苦労しましたけどね，しょうがないのかなと。自分も逃げなくちゃいけない，従業員は逃がすんだけど，会社はどうなってもよいのかと。数名しか残れなかった。みんな避難させたんですけど，それはそれで良いのですが。そんな時，有事の際，事が起こった時に人間性が一番良く分かりますかね。

だから普段から何かあったらどうするか。例えば，火事でも起きたらどうやっ

て逃げたらよいのかと，私は必ず，そういう所へ行ったら必ず想定しますね。まずは非常口でしょ，トイレでしょ，まず確認して。部屋なんかどうでもよいでしょ。ホテルの7，8階に泊まったら逃げられないでしょ。火事が起こると煙でやられちゃうんですよ。私は消防団員なのでわかるんですけど，あれは火でやられるんじゃなくて，煙でやられるんですから。

　電車に乗ったりしたときに，時々考えるべきですよね。何かあったらと想定していた方がよいですよ。それで，やっぱり語り継いでいかなければいけないんです。今世の中便利なものがいっぱいあるから，そんなに心配しないよね。僕が，私がそんなことになるわけないとか思うけど，何処に居たってそうなりますよ。その時の対応ができるかできないかですよね。それは，いつも頭の中で訓練しておくべきだといつも思っています。

◇**有事の際，行政は大変**
　そうですよね，みんなで想定してなくちゃいけないんですよね。行政の対応が悪いという批判とかもありましたけど，当時大変だったんですよ。当たるところないから皆さん，パニックになって，行政に当たっていましたね。今だから言うけど，私も行政と一緒になって対策部屋に入っていたんだけど，朝から晩まで24時間眠れない。ガンガン電話が掛かって来るから，担当者は受話器を置きっぱなしにするしかないですよ。

◇**避難時の状況**
　行政は行政で考えたと思いますよ。避難場所をどうするかとか，こういうことになったら避難場所をどうするんだとか。食料はどうするんだとか。水も何もないですからね。届いたのはカップ麺ですよ。カップ麺を2日間食べると，みんなお腹壊しましたから。後はおにぎりなんかも地元の方が差し入れしてくれましたけど，最初の内ね。粗末にできないんで，おにぎりなんか2日後に食べますから。あとパンなんかも来たんだけど，みんな賞味期間切れのパンとか。2，3週間切れたパンなんか食べていました。問題ないですよ。そんな意

味でも，それだけ食料は無くなる。コンビニなんかも開いていませんから。

　まずは水の問題，トイレの問題ですね。本当にトイレは大変だったよね。私はお風呂に4週間くらい入れませんでしたから，当時会った人に言われるんですけど「秋田さんは臭かったな」と。でも死なないから，4週間お風呂に入らなくても。最初お風呂に入った時は気持ちよかったですけどね。まあ本当にそういう状態でした。

　それで会社の仕事もあるし，私は広野町の消防団員もやっていて，住民を避難させるという次の行動に移りましたからね，でも何も情報はないですよ。原発が水素爆発しているなんて，何の情報もありませんから。広野町自体が情報とれなかったんですから。電話も繋がらないし，オフサイトセンター（緊急事態応急対策拠点施設）も閉鎖されていますしね。情報取れたのがラジオで，どうも第一原発が水素爆発起こしているようだと。その時には既に広野町の方々も結構放射線を浴びていますよ。消防団の人たちも病院に水を供給していましたからね。本当にあの時は情報が何にも取れなかったということが，今思えばありますよ。

◇**そのときメディアは？**

　ラジオでしょうね。情報は取れないよね。電話は繋がらないし。何しろ広野まで水素爆発音は聞こえたっていうんだから。消防団員が「秋田さん，何か音してんだけど」とか。でも，大したことねぇだろうという話ですから。正確な話が何もないんですから。その頃はもう，飛んできていたんですよ。

◇**将来に残す貴重なデータの整理**

　時間があればそうしたいですけど，なかなか時間がとれなくてですね。もうこれ専門でやっているわけではないんですけど，これもずっと記録として残しているんです。このデータベースは役員しか見られないところもあるんですね。これいろいろ個人情報の部分もありますから。

◇**今最も気を付けないといけないことは？**

　一番は山林火災ですよ。これが大変なんですよ。火災起きちゃうと，灰になるとかなり放射性物質が濃縮しちゃいますから，大変な数字になってしまう。11万ベクレル（Bq）にもなりますからね。広野町で，2日間の火事あったんですよね。消防隊員もそうなんだけど，消防職員もマスクしっかりしておかないと，内部被ばくするんです。だから火災だけは絶対起こしたくないと思っています。

　山火事といっても下側だけ燃えて，その灰が高いんです。全部そうですから。何町歩（1町=3,000坪）も燃えましたけど。その灰が飛ぶんですよ，川に流れるんですよ。その処理をどうするか。それはもうできないでしょうね。もう海に流れて行きますよね，最終的にはね。そんなデータもきちっと持って，これは町の方にも情報を流していますけれどね。

　除染しようとして無理に山の木を伐採して燃やしたりするのは絶対だめですよ。焼却灰はものすごく線量が高いですよ。

◇**市民の方たちはそういう情報とかは行き渡っているんですか？**

　行政の方は，それは出しています。分別して，袋に入れているんですよ。来年でしたっけ，Jヴィレッジの傍に，環境庁の燃やす設備を作るんです。燃やしていかないと置き場が完全に無くなっているんですよ。

（今日はどうもありがとうございました。）

3.6 福島市内の民家を訪ねて

　語り部：Aさん（3歳の子どもを持つ母親）　Bさん
　　　福島市で普通に暮らしていた市民の方々は，突然福島第一原発事故による
　　　放射能汚染で生活が一転しました。二人の方にお話を聞きました。
　収録日：2014年8月24日

<u>アンダーライン部は，第4章表6のケースメソッド教材原稿に相当</u>
【番号】ケースメソッド教材「3.11東日本大震災を伝える」

【1】放射能汚染に対する日常意識

◇日常生活のことを聞きたいのですが。私たちが福島に着いたのは昨日遅くて，福島の町を見たのは今朝なんですけど，一目見ただけでは何も変わらないような感じを受けました。被災地という感じはしなかったのですけど，心配はまだまだ多いのでしょうか？

A：私は子どもがいるのがあって余計，小さければ小さいほど，DNAの損傷とか，そういうのもすごく心配があって，見た目変わらない，そこが津波との違いだと思うのですけど。放射線は目に見えないので，分らないというのがあって，まだまだ福島市でも，生活していて周りは「もう大丈夫だよね」って心配することにも疲れて，「行政とかも皆大丈夫だと言っているし，大丈夫だよ」と言っている人と，何か言えないけど心配っていう人と，心配だから福島市にはもう帰れないし，子どもが二十歳になるまで絶対帰って来ないと決めた人とか，同じ福島市内でも，考え方はバラバラでその答えが無いんですよ。

だから，自己判断に任せられていて，そこで団結できないというか，住民間での溝っていうか，そんなのを感じたりしています。私は色々なところに避難して，去年の1月にここに戻ってきて生活していますけど，以前の生活とは全く違って，普通には生活しているけど，なんか前のことを思い出すと辛すぎて，心に蓋をしないと生活できないという部分があります。例えば，私が小さい頃は庭で遊ぶのが当たり前で，毎日のように亀石とかでガーと遊んだり，ラーメンとかいって苔を採ったりして外遊びをしていたのですけど，私の子どもはもうすぐ3才になるけど，一回も庭で遊ばせたことがないんですよね。

除染っていうと夢のようで，全部とれば元通りというイメージがあるかもしれないけど，はっきり言って全く元通りにはならない。ここは福島市内でも放射線量が低いと言われている場所なので，行政がやってくれる除染はまだまだ来ないですよ。

【2】福島市の汚染状況と除染作業

B：毎年3月前後に市が全域の放射線量を計って，地図に落として，全市民

第3章 語り部たちの証言　261

に配っているんですよ。これは平成25年の3月，去年のデータですね（市内の環境放射能測定：http://www.city.fukushima.fukushima.jp/life/16/164/426/）。これでいうと，ウチの方は1時間で0.23マイクロシーベルト（μSv/h），国でいう年間1ミリシーベルト（mSv/年）未満なので，まだまだ除染作業の対象地域には該当しないんですね。それで，これまでにきちんと可視化していかないといけないということを学んできているので，数値に落としていこうということで，我が家の敷地内の放射線量を細かく計ってみました。平成25年の3月なんですけど，この中で一番高いところで0.55μSv/hの数値なのね。まだまだ，やっぱり高いところがいっぱいありますね。

　家の中でもホットスポットみたいなところが実際ありますね。可視化していくことは，市でもやっていて，地区でもやっているんです。ここは福島市の西に位置するところで，小学校の周りの通学路の除染する前とした後の放射線量の数値を出して知らせてくれてはいるんです。ただ，あくまでも除染は通学路の道路だけです。そこには側溝があったり，田んぼがあったりで，側溝の中の汚泥は全く手が付けられなくて，実際3年以上が過ぎたけど，草も側溝から伸びてきているし，放射線量は多分高いんじゃないかと思います（写真1）。仮置き場が決まらない状態みたいで，全市的に普通の通学路はできるんだけど，側溝の汚泥まではなかなか除去できないということが，いま地域では大きな問題になっています。その意味でも，可視化していこうという動きは，市でも区でも自分の家でもやってはいます。除染の問題は大きな問題です。

写真1　通学路脇のホットスポット（0.86μSv/h）

　渡利地域は四方八方山だらけなのね。浜の方に行くと阿武隈山系が，こっちの方は安達太良山とか吾妻山とかあって，福島市は盆地にあるんですよね。里の生活圏は除染しても，また新たに山手の方から流れてきた水などで再汚染ということで，渡利地域では再除染してくれということで，市の方に申し入れをしています。どのくらいまで許せるかという数値の許容範囲というのも，それ

それみんな違いがあって，ただ渡利地域の住民は市に申し入れをしたという動きがでているんですよね。除染についてはそんなところでなかなか進まないんです。

A：玄関の前とか，子どもが通るところは，父がスコップで掘って集めて，50袋くらい除染してくれて，その仮置き場も決まっていないので，結局庭の隅に集めて置いただけで，そこがホットスポットになっているんですよね（写真2）。

写真2　除染作業で出た汚染土は庭の片隅に集積するしかない

B：そこは，「子どもたちは近寄るな」っていう場所にしていて。表土3～5cmといわれていて，大体5cmは削ったんだけど，一部でどうしてもウチの場合，庭が少し高くなっています。車が入ってくる通りの間に，暗渠っていうんだけど，水がうまく流れてくるように穴の開いたパイプが地下に埋めてあって，水がその中に流れ込んで，外の排水溝まで流れていくようにしてあるんですよ。どうしてもそのところが高くて，その辺りの数値がどうしても下がらないというのがあってですね。これから除染していこうということになっているんだけど，除染する前後の放射線量と，作業にどのくらい時間がかかったか，ビニール袋とかマスクとかの経費等も事細かく記録しています。

◇除染というのは自分たちでやるしかないという感じですか？

A：全市的にみて，放射線量がすごく高いところと低いところがあります。福島市ではないんですけれど，とても高いところは年間100 mSv以上と言われています。

B：私たちが住んでいるのは福島市なんだけど，このなかでも高いホットスポットがあるんですよね。岡部地域なんだけど，放射線量が高いところを先にしましょうということで，ここは全域的な除染はできたんです（写真3）。岡部地域

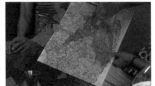
写真3　岡部地域のホットスポット

は山手なもんですから,仮置き場を,住職さんが自分の土地を提供してくれて,そこに放射性物質を含んだ汚染土を全部一ヶ所に集めて,全域的に除染ができたところなんですけど[7]。

　福島市内はあちこちで除染をやられていて,ウチのこの辺の地域は放射線量がそんなに高くないということで,27年度以降といわれているんですよ。だから,全く除染の計画は,以降だから27年度ですでもなく,放射線量が下がるのを待っているような感じで,今は除染作業対象になってきていないんですよ。だから,独自でやるしかないんですよ。市内を歩いてもらうと,中心街の方は大分進んでいます。「只今除染作業中」の看板をすごくよく見かけますよ(写真4)。

　それと福島市内の中心街は敷地がとても狭いじゃないですか。山もないし。それで,自分の家の敷地の一角に,穴を掘れる人は穴を掘って,そこに水が漏れないようにシートを敷いてそこに汚染土を詰め込んだ黒いビニール袋を入れて,また水が漏れないようなシートで覆って,

写真4　福島駅前で見かけた除染作業中看板

その上に15cmくらいの土をかけて敷地内に置くか,もしくは穴が掘れないようなところは,駐車場の一角,セメントの上に重ねて,あとブルーシートで覆ってというようなところがあります。市内はそのようにして除染をやっています。まさしく最中です。行政の除染作業はいつになるか分らないので,個人でやるしかない状態です。

◇**除染は,土地もそうなんですけど,屋根とかも水洗いしていくんですか？**
B：当初ね,老朽化した家とかあって,地域の住民を集めて住民説明とかあって,このようにやりますよと説明したあとに,個別に「家の屋根瓦は老朽化しているのでやらないで下さい」とか,「庭木一つも思い出があってこれは抜かないでくれ,切らないでくれ」というのがあって,割と個別に対応しているようなんですけど。芝生に関してはとにかく剥がしています。芝生は放射線量が

高いということです。

　公共の学習センターとか，市民会館とか，一番先にやったのは震災の年の夏に学校を除染したんですよ。学校なんかは割と大きな敷地があってね，一部に穴を掘って，そこに入れて元に戻しています。今，校庭は見た目は何もありませんが，校庭の下に汚染土が埋まっているんですよ。

　そして，公共のところは見るも無残というか，柘植（つげ）なんて本当だったら常緑樹のきれいな垣根なんだけど，全部下から5cmくらいのところでぷっつり切られて，新芽はでてきているようなんだけど，大変心を痛めている風景ですね。

◇ボランティアの方もいらっしゃったと思いますが，何か言いたいことがありますか？

B：震災直後には，金銭的なことでもそうですし，全国的な支援を私たちは受けていました。私も女性の集まりの中に所属しているもんだから，いち早く何が必要ですかということで，サポートしてもらったなという思いがあるんですけども。私が大変心苦しいのは，震災直後に，長女も次女も妊娠していたこともあって，インターネットの情報で福島市は危険だから，いち早く避難しないといけないということで，3月25日くらいまではここにいなかったんですよね。でも戻ってみると，実際この近くの小学校，中学校にも避難をして来ている人たちがいたことがわかったのね。

　私たちは手伝わなければならない立場だったんだけど，連絡が来てもすでにここにもういないんで，「手伝えなくてごめん」ということで，「いいよ」とは言われたんだけど，大変心苦しかったですよ。浪江の人たちが，中学校，小学校の寒々とした中に避難して来ていて，炊き出しをするのでね，手伝いが必要だったのね。周りの人はその時だけでどうのこうのって言わないんだけど，本当に人手が足りない時に私たちはこの地にいなかったというのは，私としては何時までも気まずさが残っていますね。

A：最初は私たちがボランティアとか支援を受ける側だという気持ちじゃなくて，こっちが家もあって，津波で大変な思いをしている人たちが来ているから，

ボランティアをなんとかしなければいけない，という支援する側だと思っていたので。こんな感じで私も会津に避難したんですけど，大熊の人たちがいっぱい来ているということで，ウチのものをかき集めて，支援しなきゃという感じで。私たちも支援を受ける側であることに気付いたのはすごく後々ですね。私は福島市には去年の1月に戻ってきて，それまではずっと猪苗代町，新潟市，会津若松市，米沢市に点々と避難していたんですけど。

【3】情けない食生活（食べ物の汚染検査）

B：今注意しているのは食べ物ですね。北海道のスイカに，山梨の桃にとこういう悲しい現実なんですよね。私はもう60なんだけど，ウチには畑もあるんで，畑のものを収穫して食べてという生活をしてきているから，もういいやと思って食べてはいるんですけど，やっぱり若い人たちは，食べ物に関しては一番注意をしているので，現実的にこういうものを食べているんですよね。

　当初，お米も別に焚き，釜も2つ，福島県産と県外産。私は福島市のものを応援する立場にあり，福島の米を食べていて，野菜なんかもなるべく，近所の人が作っている，私も作っているというのもあって，実際作って食べてしまいました。また若い人たちには同じ料理を，原材料を産地別のものを使って作っていたんだけど，ものすごい労力でした。私働いているものだから，ちょっとこれは無理だなということで，今は全てお米も県外産のものにして，極力許せる範囲で食べています。食べ物に関しても細かくどのくらいのベクレル（Bq）という言い方をするのだけれども，「この食品のベクレルはどのくらいですよ」ということで，丁寧に調べて許せる範囲で食べています。今は2皿作らずに，お米も県外産だけれども，極力被ばくさせないように食べ物には気を使っています。

　丁寧に，何度もウチの野菜なんかも計っていて，記録しています。大分計ったものがあるんですけど，ただ基準値が当初はセシウムだけの数値で計っているので，他はわからないんですけど，セシウムは当初，10 Bq 未満ということで「検出しない」と出ていたんだけど，今はこれが 20 Bq になっている。そ

れでも検出せずという知らせがきていて,私はなるべく検査をしようと思ってデータも取っています。これなら自分の中で許せるなということで,食べることにしていますが,若い人たちには極力県外のものを食べさせています。

　この間,私が計った中で出てきたものは,ウチには小梅の木があるのね。ウチのお祖母ちゃんは近所でも梅干し漬けの名人だったのね。本当に悲しいことに,震災の翌年はとっても良い梅ができたの。それで,梅を検査したらば,それは検出されて,それは梅干しには無理だということで,漬けませんでいたけど(写真5)。梅と柿,栗。栗を計ったら68 Bqという数値がでて,食べませんでした。食べ物に関しては,明らかにそういうものがあるというのが分って,それと根野菜は思った以上にでなくて,震災直後のジャガイモなんかも,以外に低い数値だったことが分りました。何しろ,私たちはこの地で生活していくんだということで,知恵が付いてきて,きちっとした数値で「このくらいなら許せる」,「これ以上なら食べない」というのを決めて,私たちはそういうことでの選別をしています。

写真5　梅の放射性物質測定結果

◇ベクレルというのはどのように計るのですか？
B：大分変ってきているのですが,高い機器なので家庭では計れなくて,震災直後は,私たち心配で食べれなくて,1検体3,000円というお金を出して,食品1kg持っていって,粉砕して,計測するんですよ(写真6)。それは市民放射能測定所というところで,民間の団体で,早く機器を導入して一番先に動き始めた団体なんですよ[8]。

　今は学習センターのところに設置されていて,予約して無料で計れるようになっています。その日か翌日にはわかるぐらいの速さで。その小梅も,梅の種はとって果実の部分だけを細かく切って,それで最近700 gになったけど,今迄は1 kg。切ったものは使えないんで全て廃棄ということで。それでも,よく利用させてもらって,きちっと記録として残しておこうと思って計っていま

【4】市民の被ばく検査

A：いろいろ生活が変ったということで，いろいろな検査をしています。私は今まで尿検査，つい先週私ははじめて甲状腺検査を受けてき

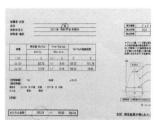

写真6　豆の放射性物質測定結果

て，子どもも甲状腺検査，去年一度やって，また来週甲状腺検査を受けてきます。あとホールボディカウンターも私は3回ほど，民間のところと公的な福島市の妊婦検診ということであって，それを受けて，そのとき表面上の検査も受けて，子どもは子ども用の小さい，アニメが映し出されてじっと座っていられるみたいなもののホールボディカウンターを去年受けています。これまた今回きたんですけど，ガラスバッジっていう外部の被ばくを計るというものが，これは3回目，4回目ぐらい，なんか慣れてきましたけど。常にずーっと基本的には身につけておく。あるいはバッグに入れておくとか。9, 10, 11月の3ヶ月間の積算値がでます。目視はできないですね。3ヶ月間経ったら回収をして，あとで3ヶ月間の積算の数値はいくらでしたよって知らせをよこしてくる。

これは，福島市の放射線健康管理室が一斉に全市民に年齢に関係なく，今回は全市民に申込書を渡して，私たちも申し込んだんですけど，全市的な動きとして，今回はじめて。18才未満と妊婦に関しては3回やったんだけど，全市民対象は今回がはじめてです。

年間1mSvという1年間の外部被ばく量はとても危険な値過ぎて，もう少し細かく対応してもらえたらもっと安心できるのになと母親として，また福島市で生活している者としては思います。民間にしても福島市にして，外部被ばくだったりとか，ホールボディだったりとか，検査してわかるようにはなっているんですけど，この検査も無料でやってはいるんですけど，その値が，検出限界値という値が20 Bqまでしか計れないというのが行政で，民間だとそれが1 Bqとかまで丁寧にというか詳細に計ってくれます。ホールボディにしても1ボディあたり600 Bqとかしか計ってもらえないけど，民間だと200 Bq

とか細かく計ってもらえるから，やっぱり行政に対する不信感がすごくあるので，何かそこだけでは納得できない。それで，他のところでどう，民間で検査してもらえるとこ何処かないのかな，といって同士の口コミとかで必死に情報探して，民間のところでもやってそれが3分の1の値で，600 Bqと200 Bqでは全然違うので，出なくて良かったみたいなところとかをやっている部分がありますね。こんなこと普通はやんないで済むんですけどね。

　甲状腺を検査した子どものうち，今迄切った子どもが50名いて，今も検査待ちというか，手術待ちの子どもが50名くらいいて，100名くらい出たとか聞くと，避難をしたから大丈夫かなという気持ちもありますけど，明日は我が身というか，明日は私の子どもがなるんじゃないかみたいな感じで。

　本当に今日大丈夫でも，来月やばいんじゃないかみたいな。チェルノブイリでも健康被害は甲状腺しか認められていないですけど。それも，3年後とかから増加したというデータも出ているし，私は死ぬまで心配し続けて，子どもも死ぬまで心配し続ける。子どもの次の世代，その次の世代まで，本当にずっと心配をし続けなければならない福島という感じですね。震災から世界が変わったと思います。

【5】有事時における広報のあり方

A：私は取材とか受けるようになるとか思っていなくて，最初はどうしようと思っていたんですけど，子どものために取材を受けようと思いました。ここで，口を閉ざしたら，何にもこの世界は変わらなくて，私がこうやってちょっとかもしれないけど，喋ったり周りの人に伝えたりすることで，この世の中が少し変わるかもしれない。原発が無くなる世の中だとか。一人ひとりの命を守れる，守っていく方向にいく社会に変わってくれるかもしれないなって。それが子どものためであるし，私たち大人の責任でもある。今まで原発だけではないですけど，原発に反対してこなかったというのをすごく後悔をしている部分があって。被害者の立場になって，今できることはなんだろうと思ったら，こうして喋ることが，若い世代に伝えていって，考えるきっかけになってくれたらいい

なと思って，今回も取材を受けようと思いました。ちょっとずつ変わってくれたら，福島が，私たちの苦しみが，せめて世の中が変わるきっかけになれば良いなと思っています。

B：県民健康管理調査検討委員会という県レベルで健康管理をしていきましょうというような，学者の先生たちがメンバーになって，そういう検討会を公開でやっているんだけど，その後で報告書も出すんだけども，県レベルで医師会でも今回の原発事故後の放射線に対する考え方みたいなことでの学習会みたいなことをやったりするんだけれども。この土地で生活していくことを前提にしているから，基本は「そんなに心配ないですよ」ということで，大雑把な言い方だけどね，そんなことを前提にしているように受け止められるような文章だったり，発言だったりしますね。それぞれ皆んな，ウチの家族の中でも，放射線に対する危険度の見方も違うんだけれど，県レベルと私たちが考える危険だなと思うところは大分違いがありますね。

A：初期段階の頃に，某大学からきた教授がチェルノブイリの時も結構現地まで行ったっていうその人が来て，その当時言っていたのは「皆さん大丈夫ですよ。子どもは外で遊ばせて下さい。笑っていればいいんですよ。笑っていれば放射線の被害は無いですから」っていう講演をしまくっていたんですね。

　一番最初にあの時に早く皆んなに危険だって言って，「とりあえず家の中にいてください」って言っていたら，健康被害がすごく下がったんですよ。でも，あの当時水もなく，電気もなく，ガスも止ってどうしようという感じで。あのとき天気が良くて給水車に並んでいたんですね。一番危なかった爆発のあった時とか，みんな子どもも水タンクを持って並んでいたんですよ。だから，そのときヨウ素がすごく飛んできて，すごく被ばくさせられたんですね。あのとき，本当にせめて最初の1週間だけでも，「危ないから，こういう風向きで危険なんだから，せめて子どもだけでも家の中にいましょう」とかいう呼びかけをしてくれていたら，絶対に本当に被ばくが防げたんですよ。あの時，私たち何も知識なかったのが残念ですね。

　私たちが避難したきっかけは，私は当時違うところに住んでいたんですね。

ここ（実家）は，電気だけは通ったんですよ。なので，インターネットが使えて，ウチの弟がインターネットで，「やばい，地震でここの原発がやばい，メルトダウンとかしたらもう終わりだ」という情報を得て，それで避難できたんですね。あの時ここも停電して，インターネットが使えなかったら，きっと避難していなかった。避難するも避難しないも紙一重で，危なかったですね。ぎりぎりでしたね。

【6】 自主避難の苦悩

A：今は普通の生活になったけど，当時バタバタして本当に大変で，私もこんなに何年間も避難するなんて思っていなくて，最初はちょっと旅行気分な感じで，とりあえず3日分の洋服とか持って行こうぐらいの感じで，猪苗代に2泊したんですね。そしたら，テレビでドカーンと。ウチの父はきのこ雲みたいに見えたというほどの爆発があって，「これはやばいことになった」みたいな感じで，昔チェルノブイリの本を読んだことがあって，そこにはみんなバスに乗せられて3日分の荷物だけを持ってというのを思い出したりとか，すごく大変なことになり始めているみたいな感じで。猪苗代からたまたまウチの従妹が新潟に既に避難していて，なにか情報があったんですね。

　九州の友達からも「やばいよ，原発」という電話がきて，先に新潟に逃げていた従妹が新潟のホテルを予約してくれて，行ったんですけど。そのときガソリンがいつまで持つかみたいな感じで，本当に当時福島市内はどこもガソリンが無くて。新潟に行くまでのガソリンスタンドも何百台の列で，「ああどうだろうね，ウチの前でここまででストップですって言われないか，どこまで持つかね」って言いながら，新潟まで行って。その間ラジオをとりあえず情報だと思ってつけていて，次はこっちが爆発しましたとか，もの凄い状況の情報しか入ってこなくて。でも，「ああ，どうなってしまうんだろう」って，あの時雪も降ってきて凄い曇りでどんよりしていて，「死ぬのかな，この先どうなってしまうのかな」と，凄い不安で。あの時の気持ちはなんか一生忘れられない感じですね。

　それでホテルに着いたら，結構福島ナンバーの車も見かけて，その人たちは

布団とかもいっぱい載せて，そのホテルに行ったら炊飯器とか抱えてロビーにうずくまっている人がいたりして，断られて帰る人もいて，私たち予約していて泊まれたけど。

　ふと隣を見ると，3月15日だったのかな，新潟市民は普通なんですよね。飲み会やっていて，こっちは生きるか死ぬか，どうしようチェルノブイリみたいに福島はなってて。みんなは布団何持っていくみたいな，布団詰めるだけ積んでみたいな，車にどう荷物を詰め込むか頑張っているみたいな，そういう感じの中，飲み会やっていて「ハハハァ」て，これすごい別世界だとびっくりしましたね。

　新潟に行ったらお店に物がいっぱいあって。その当時，福島ではお店に何も無くて，コンビニエンスストアにも何も無くて，食べ物はほぼ無くて，味噌くらいはあったかな，全部空になっていて。新潟に行って，はじめガソリンスタンドに行ったとき，「数量制限ないんですか」ってこっちが聞いちゃうぐらい。「制限なんてないですよ」って，普通でいいんだみたいな，「じゃ満タンで」みたいな感じで世界が全然違う。普通の生活を皆がしていて，なんか違うみたいな。パンが買えるみたいな。おにぎりとか弁当が普通に売っているってことにすごく感動して。

　でも逆に，福島でずっと生活していた人たちは，何も無い状態で。水も無い，電気も無い，ガソリンも無い，食べ物も無い状態が結構続いていたようだったので，そこでなんか避難していた私たちに後ろめたさがあるんですよね。

　本当は全員が被害者のはずなのに，団結できない。みんなで団結して，東電とかに，「こんなに辛いんですよ」って訴えたらいいと思うんですけどね。そこに細かい差があるから，なかなか団結できないというところもあって。自主避難と強制避難との経済援助の差。一人毎月10万円もらっているか否かの差もあって，分断させられている感じが未だにありますね。

◇**支援額ってどのくらいあったんですか？**

　大熊の人たちは，税金も医療費も全部ゼロですね。毎月一人に10万円。私

たちはゼロなので。すごい差があって。お家買うときも75％の補助金を出してもらえる話とかを聞きますね。私たち自主避難した者には，一人60万円と12万円出たんですね。

B：ウチは自営業なのね。仕事の方の賠償，それから私たちが自主避難したことへの賠償，2つの賠償問題があります。

　自主避難の請求は，精神的慰謝料ということも含めて請求したんだけど，精神的慰謝料というのは全く認められませんでした。あと，私たちが当然被害者なので，私たちが数値を出して請求したんだけれど，それが向こうの基準で，給料に関しては補償しますが，変動経費に対しては，それぞれに対して何％ということです。あと消耗品に関しては何％の比率で計算します。全て向こうの計算の方式で賠償額が決められましたね。

　東電から賠償金として，私たちは震災の起きた年の3月から12月までの期間限定で8万円もらったんだけど，仕事も無くなってしまった人もいる訳で，複雑な気持ちです。ただ，私たちは数値を出して，納得はいかない額なんだけど，いくらかは賠償してもらったってこともあって。私たちはこうだったよってことをなるべく話をしていきたいと思います。

【7】これから

B：最近，3年経ってね，お互いに情報をやり取りするようになって。私たちも黙ってはいられないという気持ちになって。そして，私たち地域で仕事をしていると，地域の繋がりって弱くてね，私たち女性だからお喋りをすごくするんだけど，夫に関しては仕事と家との行き来でほとんど終わっちゃうというのがあって。

　地域の繋がりが無かったんだけれど，「この地域に何か話し合う場を持ちたいね」ということになって，面白いことに，呼びかけたら住職さん，歴史研究家，それから主婦とか，私たちのような人間とか，いろんな人たち25人くらいで呼びかけ人になって，この地域に，やっぱり原発を無くすということで何かできないかな，話し合う集まりがもてないかなという，ぽこぽこと話がでて，来

月ようやく結成総会みたいなことを始めることになりました。お寺の住職さんと繋がり，歴史研究家とも繋がり，その地域の繋がりができて，私たちはとっても喜んでいるのですよ。そして，そこでどんな話ができるかわからないし，日常的な話ができるということが，私たちがこの地域で生きていくことの歴史を作っていくというか，記録を残していったり，そういう会になっていけばいいなという新しい動きが出ています。

　今は夏祭りでね，ウチの釣り大好きな夫が，今日初めて釣りに女川に行ったんです。ここから200Kmくらい北上した宮城県なんですけど。私，出かけるとき音だけで，「行ったんだな」と聞いていたんだけど，ふと思ったの。私たち，震災直後ずっと文化的なことをものすごく制限されていたんだなって。私，太鼓をやっているんですけど。昨日も夏祭りで太鼓を叩いてきたんだけれど，ずっとこの間ね，文化的な夏祭りとか地元のそういうものを大分制限されてきていたんだなあと，しみじみ思ったのね。復興，復興で色んなイベントをやってはいるんだけれども。本当に私たちがやりたいことを大分震災後は制限受けたんだなとしみじみ思いましたね。いろんなことでのダメージを受けた3年間だったよね。

（まとめておいた質問がほぼ聞けました。ありがとうございました。）

引用・参考文献資料

1）町中の瓦礫をここに集めた状況：
 https://www.youtube.com/watch?v=dgKruO6lTs0
2）相馬野馬追：https://www.youtube.com/watch?v=CV3R4t4RtMY
3）東日本大震災　南相馬市の被害状況
 http://shi.na.coocan.jp/tohokukantodaijisin-4.html
4）大悲山の石仏：（出典先：ウィキペディア http://ja.wikipedia.org/wiki/）
 概要：大悲山の石仏は，小高市街地南方の小丘陵の中腹の岩窟に所在し，「薬師堂石仏」「観音堂石仏」「阿弥陀堂石仏」と呼ばれる3箇所の石仏群の総称である。「薬師堂石仏」は凝灰質砂岩をくり抜き，間口15メートル，高さ5.5メートルの空間を造り，4体の如来像と2体の菩薩像を浮彫で表現し，さらにその間に線刻で2体の菩薩像と飛天が彫られている。「薬師堂石仏」は現在は覆屋（薬師堂）の中に保存されており，大悲山の石仏群の中で最も保存状態が良い。「観音堂石仏」は高さ9メートルをほこる千手観音坐像を中心に，その周囲に化仏と呼ばれる小さい仏像が壁面に多数彫られている。千住観音坐像は日本最大級の高さをほこるが保存状態はあまりよくない。「阿弥陀堂石仏」は薬師堂石仏のすぐ北側に位置するが，現在は形が分からないほどに剥落している。伝承では阿弥陀仏が刻まれていたという。これらの石仏群は平安時代に造立されたといわれているが，石仏の造立者や造立の歴史的背景は分かっておらず，未だに謎の多い石仏群である。
5）古代の鉄づくり－相馬地方の製鉄遺跡－：
 http://www.mahoron.fks.ed.jp/kaisetsu/14_tetsu.pdf
 概要：南相馬市原町区にある金沢地区製鉄遺跡群には，製鉄炉百二十三基や木炭窯百五十二基などがあり，日本で最大とされている。鉄作りに必要な大量の木炭は，周辺の森林資源を利用していた。同遺跡群は東北電力・原町火力発電所の建設に伴って発見された。東北電力は埋蔵文化財保存館を建設し，保存している。震災の津波で発電所は被害が出たが，遺跡は無事だった。
6）小島田交差点：http://kudocf4r.exblog.jp/14514470/
7）悟る／覚悟の除染活動，放射能と闘い続ける／常円寺住職（福島市）
 http://www.kahoku.co.jp/tohokunews/201408/20140803_63018.html
8）市民放射能測定所：http://www.crms-jpn.org/

第4章 ケースメソッドとその利用方法

4.1 協同学習とケースメソッド

　防災教育は，初等教育から高等教育，さらには生涯学習までの教育全般において，その実施は重要になっている。防災教育は，学習者に一方的に教えるものでなく，自然災害などの有事の際に自ら考えて行動することができる能力を身に付けさせることが必要である。

　そのような教育（学習）方法として，協同学習が注目されている。協同学習とは，文章や映像などの教材を見て，自らの考えをまとめ，それを基に小人数のグループで討議し，グループとしての意見をまとめていく過程で，自分の考えをより深める教育手法である。

　協同学習において，教員はファシリテータとして，学習者に物事を気付かせ，スムーズにグループで討議させる役割を担うことになる。すなわち，教員は授業内容に適した教材を用いながら，効果的な学習シナリオを組み立て直しつつ，授業を進めることになる。

　このときに利用可能な教材の一つにケースメソッドがある。ケースメソッドは，元々ハーバード・ビジネス・スクールの事例研究法から法律学や経営学の教育方法として普及した。最近ではグループで討議し，問題解決能力などの向上を図ることを目的として，医師・看護師，教員の養成や現職教員の研修に利用されるようになってきた。

　安藤は，文献[1)-4)]を引用及び参考にしながら，ケースメソッドについて次のようにまとめている[5)]。

> ケースメソッドの場合，ここで扱うケースは，ティーチング・ケースとも呼ばれ，教育を目的とし，教材として開発されたケースである。したがって，ケースメソッドとは現実の現象から可能な限り，生の情報を収集し，教材として提示し，そのような教材としてのケースを基礎として，討論を中心として行われる教授法・学習法をいうのである。
> 　ケースメソッドは次の事柄を教えるために用いる。(1) 一つの理論的性格を備えた原理や概念。(2) 実践に対する先例。(3) 道徳や倫理。(4) 方略，傾性，知力の習慣。(5) 将来起こりうる事柄の見通しやイメージ。
> 　加えて，ケースは次のように捉えることができる。①学習の動機付けを生み出したり，高めたりする。②ケースを書くと，その人はケースの書き手や批評として独特な何か得るものがある。③原理の学習からまたは以前学んだケースから過度に一般化してしまわないようにするための解毒剤を投与する。④参加者たちが討論や話し合いのためのコミュニティを形成する教材として役立つ。

　映像は学習者の興味を引きつけ，短時間で多くの重要な情報を伝達することが可能であるので，映像特に動画のもつ教育効果は大きい。従来のケースは，文章で記述されたものが多い。しかし，最近，動画編集ソフトも安価になり，パソコンも高性能化したことで，動画編集も比較的容易にできるようになってきた。

　筆者らは，2種類のケースを作成した。一つは，東日本大震災を経験した人々の語りを文章化したものである（文章版）。もう一つは，DVカメラで収録したものを編集したものである（映像版）。

　ケースメソッドでは，文章版のケースを用いるのが一般的であるが，語り部たちの映像版ケースを用いると話の内容や状況が把握しやすい（図1）。

　文章版は，印刷物として配布することもできる

図1　eラーニング教材例

が，PDFや電子書籍とすることで，インターネット上で配布することもできる。映像版は，DVDとして配布することもできるが，インターネット上で動画配信することもできる。どちらの版もインターネットを利用する場合，eラーニングシステムの基盤となる学習管理システム（LMS：Learning Management System）を利用すると，いつでもどこでも何度でも閲覧できるのと，学習履歴も利用できるので高い教育効果を生み出すことができる。

本書で作成した防災教育の教材として利用できるケースを表1～表6に示す。これらは，東日本大震災を経験した語り部たちの話の一部である（第3章参照）。

表1　気仙沼市編

番号	タイトル	時間
【1】	防潮堤建設の問題	5分58秒
【2】	気仙沼市階上地区の明暗	4分46秒
【3】	波路上杉ノ下地区の悲劇	1分50秒
【4】	鹿折地区の共徳丸	2分9秒
【5】	遺構	3分7秒
【6】	犠牲者について	2分49秒

表2　陸前高田市編

番号	タイトル	時間
【1】	津波の高さと速度	3分54秒
【2】	津波の記録	2分50秒
【3】	陸前高田市の津波対策の基準と町の発展	5分17秒
【4】	津波の力（エネルギー）	2分3秒
【5】	陸前高田市の犠牲者	3分26秒
【6】	地形により津波の高さは増幅	3分12秒
【7】	復興（ベルトコンベア）	3分56秒
【8】	中学校の奇跡	6分13秒
【9】	先人たちの残した教訓Ⅰ	4分42秒
【10】	非情になれないのも人間	4分13秒
【11】	奇跡の一本松	8分19秒
【12】	仮設住宅	5分2秒
【13】	防潮堤・復興計画への疑問	5分5秒
【14】	火葬場の不足	2分49秒
【15】	最悪の避難所：体育館	4分9秒
【16】	市民会館	4分9秒

【17】	土地の問題	5分57秒
【18】	メインストリートと山際の悲劇	5分40秒
【19】	陸前高田市最大の避難場所	7分59秒
【20】	先人たちの残した教訓Ⅱ	4分30秒

表3　いわき市編

番号	タイトル	時間
【1】	災害の様子（平薄磯地区）	3分54秒
【2】	津波の様子	3分42秒
【3】	避難生活とこれから	3分55秒
【4】	仕事について	4分16秒
【5】	防災へのメッセージ	3分53秒

表4　南相馬市編

番号	タイトル	時間
【1】	災害時の様子	7分6秒
【2】	津波被害	9分21秒
【3】	大悲山石仏	9分27秒
【4】	干拓地：井田川	5分37秒
【5】	津波の時	3分
【6】	原町区棚浜	3分28秒
【7】	原町北泉海浜公園跡	6分47秒
【8】	鹿島の一本松	3分44秒
【9】	みちのく鹿島球場	6分26秒

表5　広野町編

番号	タイトル	時間
【1】	広野町工業団地	4分55秒
【2】	富士フイルムファインケミカルズ株式会社　広野工場	4分2秒
【3】	広野町工業団地の災害	2分57秒
【4】	会社撤退せずの判断	3分39秒
【5】	大震災の時	3分17秒
【6】	工場の再稼働にむけて	2分32秒
【7】	緊急時避難	3分52秒
【8】	福島第一原発へ入出して	4分13秒
【9】	従業員への配慮	2分16秒
【10】	徹底した除染作業（その1）	3分28秒
【11】	徹底した除染作業（その2）	6分46秒
【12】	徹底した除染作業（その3）	3分33秒

| 【13】 | 徹底した除染作業（その4） | 4分17秒 |
| 【14】 | 復興を目指して | 4分22秒 |

表6　福島市編

番号	タイトル	備考
【1】	放射能汚染に対する日常意識	映像ケースなし
【2】	福島市の汚染状況と除染作業	〃
【3】	情けない食生活（食べ物の汚染検査）	〃
【4】	市民の被ばく検査	〃
【5】	有事時における広報のあり方	〃
【6】	自主避難の苦悩	〃
【7】	これから	〃

4.2　ティーチング・ノート

ケースを多くの教員間で共有しながら教育に最大限に活用するためには，ケースごとの教員向けのティーチング・ノートが効果的である．ティーチング・ノートは，それぞれの概要，目標，必要な予備知識，検討課題，授業計画案，参考資料などで構成される．

防災教育としては，津波の性質を知り，避難のあり方を主体的に考えられるようになることが必要であるが，防潮堤建設に関する問題点を考えることなども重要である．表7に，ケース「防潮堤建設の問題」のティーチング・ノートの例を示す．

表7　ティーチング・ノートの例

ケース	防潮堤建設の問題
要約	3.11　東日本大震災の津波は千年に一度と云われるもので，東北沿岸の町々をことごとく破壊し，多くの犠牲者を出した．そこで，被災地の沿岸部では，海が見えなくなるほどの高い防潮堤の建築を進めることになった．しかし，防潮堤は完璧な安全を担保しない．
教育目標	(1) 3.11東日本大震災の津波による町の被害状況を説明できる． (2) 防潮堤建設の意味（必要性，利点，欠点など）を説明できる． (3) 防潮堤の建設に伴う国民の負担を説明できる．

設問	(1) 3.11東日本大震災の津波による町の被害状況をまとめてみましょう。 (2) 防潮堤建設の意義（必要性，利点，欠点など）をまとめてみましょう。 (3) 住民の命を守るために，高い防潮堤の建設の他，どのような方法があるか考えてみましょう。
準備（予備知識）	参考資料のWebページを閲覧しておくこと。
授業の進め方 (指導方法)	PBL/TBL，LTD話し合い学習法などの協同学習を導入し，グループディスカッションさせることにより，主体的に考えさせる。教え合い，学び合うジグソー学習法は効果的である。
参考資料	(1) 気仙沼津波フィールドミュージアム： http://www.tsunami-museum.com/about_tsunami/ (2) 画像で見る岩手県田老町の悲劇と防潮堤の破損【東日本大震災】：http://matome.naver.jp/odai/2130072889754692501/ (3) 東日本大震災「地震と津波の被害状況」（農林水産省）： http://www.maff.go.jp/j/pr/aff/1105/message.html
備考	

4.3 主体的学びの場の構築

　教育の質を向上させるために，PDFや映像などの電子教材を利用して事前学習，あるいは対面授業で聴講させ，学習者に協同学習手法などを用いて学び合い，教え合う主体的な学び[6]が実施できる。このような授業は，教員の説明中心の受動的授業に対し，学習者の活動中心の能動的授業，すなわちアクティブ・ラーニングと呼ばれている。

　アクティブ・ラーニング（AL：Active Learning）は教員による一方向の講義形式の教育とは異なり，学習者の能動的な学習への参加を取り入れた教授法・学習法の総称である[7]。演習，実験，実習，野外調査，インターンシップなどもALの一つである。最近注目されているALは，「高次のAL」と呼ばれるもので，教室内の授業を能動的にした課題研究型授業，クリッカーなどを用いて逐次フィードバックさせる学習者参加型授業，各種の協同学習を取り入れた授業，問題発見・問題解決型学習を取り入れた授業，さらに予習とディスカッショ

ンを併せた LTD 話し合い学習法[8]などがそれに相当する。

　PBL（Problem-Based Learning / Project-Based Learning）は問題解決型学習である。実社会で役に立つプロジェクト課題を学習者にグループ単位で与え，その課題を達成するためのアイデアの創出，計画立案，実現などを学習者自身に遂行させることにより，学習者の学習意欲，知識の活用能力，計画立案・遂行能力，ディベート能力，プレゼンテーション能力，組織運営能力などの向上を図るための学習・教育の方法である[9]。PBL は，医学教育で発達し，患者の事例の中から問題を見つけ出し，その問題を手がかりに学習を進めていく。TBL（Team-based Learning）はチーム基盤型学習で，PBL をさらに効果的な学習方法にするために，学習者一人ひとりが自分自身とグループに対して責任を強く意識して学習して，同じ目標に向かって"チーム"として共に学ぶ。PBL や TBL の教育手法は，医学関係だけでなく，教育学系，経済学系，理工学系，農学系などのあらゆる教育に利用できる。

　協同学習（Cooperative Learning）とは，D.W. ジョンソンらの定義によれば，小集団を活用した教育方法である。学習者らが一緒に課題に取り組むことによって，自分の学びと互いの学びを最大限に高めようとするもので，学習者を小集団に分け，その集団内の互恵的な相互依存関係を基に，協同的な学習活動を生起させる技法である[10]。

　協同学習の手法の一つにジグソー学習法（Jigsaw Method / Jigsaw Strategy）がある（図2）。あるテーマについて書かれた資料を複数のパートに分けたものを各グループに与え，グループのメンバー内で資料をパート別に分担し，それについて熟読し自分の考えをまとめる。その後，他のグループで同じパートを担当する人とその内容や意味を話し合い，理解を深め，

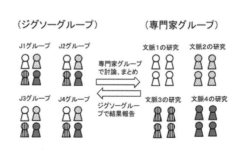

図2　ジグソー学習法

そのパートの資料を読んでいないグループの他のメンバーに説明する準備をする（専門家グループ活動）。

次に，元のグループあるいは違うパートの資料を読んだ人を一人ずつ合わせた新しいグループで，担当した資料を互いに説明や質問をしながら課題全体について理解を深める（ジグソーグループ活動）。

この活動を繰り返すことで，個々の学習者が，自分の言葉で他のメンバーに説明し理解してもらったり，他人の説明により自分の考えを変えたりといった行動を意識する機会が多くなるため，考え方や学び方そのものを学ぶことができる。

LTD 話し合い学習法（LTD：Learning Through Discussion）は協同学習の手法の一つで，主体的・能動的な学びと協同作業が特徴である[10]。事前準備（予習）と討論を通じて，学びの深さを格段に高め，人間関係力とコミュニケーション能力を向上させる。準備と討論の過程で，学習者たちは，思考力，解読力，表現力，コミュニケーション力など多くの面で自分の成長の楽しみを味わうことができる。事前準備レポートも討論も，何をするのかが細かく指定されているので，格段に学びの質が深まる。

反転授業（Flip Teaching / Flipped Classroom）は，ブレンド型学習の形態の一つである。通常，学習者は自宅などで，新たな学習内容についてビデオ授業を視聴して予習し，教室では教員が個々の学習者に合わせた指導を与えたり，学習者が他の学習者と協働して学習に取り組んだりする。つまり，従来の講義形式の授業と宿題の役割が反転した形態の授業である（図3）。

TBL や LTD 話し合い学習法は反転授業の一つである。TBL や LTD 話し合い学習法は ICT の活用を前提としていないが，反転授業は ICT の利用を前提として進められてきたともいえる。

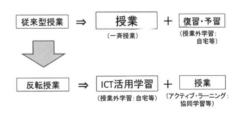

図3　従来型授業と反転授業

4.4 ケースメソッドを使った主体的学びの実践

　教育現場では，教員や事務職員，及び非常勤講師の削減が行われる一方で，社会的にはアウトカムを重視した教育の質の保証が求められている。そのような中で，伝統的な授業スタイルである一斉授業（講義）から脱却して，主体的に考えながら学習できる学習者をいかに育てるかが大きな問題になっている。伝統的な授業スタイルは，教員が教室での講義で知識やスキルを伝達し，学習者が授業時間外に復習し，知識を定着させる方式である。この方式では，批判的思考や論理的思考が育成されにくく，主体的に考える能力や習慣を備えることは容易ではない。

　従来の講義形式の教育に対し，考える力をつけることを目的として教育手法としてケースメソッドがある。ある状況の事例をもとに，その後どのように対応すればよいかを，当事者の立場にたって考えていくという教育方法である。ケースメソッドにおける討議は，「教員は教えたい知識・技能を直接教えることを控える」，「話している相手をよく見て聞くようにさせる（相手の目を見る）」，「事例のデータを正確につかませる」，「討議内容を焦点化し，方向づける」ことが重要である[5]。学習者は他の人の考えや意見をよく聞くことで，自分の思考プロセスに不足している部分に気がつき，新たな視点を発見することができ，自分の意見がより明確になったり，思考の組みたて方が変わったりする[11]。

　ケースメソッドの例として，前に示したケースのうち4つのケース「津波の高さと速度」，「先人たちの残した教訓 I」，「非情になれないのも人間」，「防潮堤建設の問題」を使ってグループワークを導入する方法を示す。表7に示したティーチング・ノートなどを参考に，教員はその場にあった指導要領（シラバス）を作成することになる。ICTが利用できない場合は，授業前に資料等を用意する必要もある。

(1) 教室でグループワーク（ICTの利用なし）
　① ケースを１つずつ視聴
　② 個人の意見：何が問題か　→　解決方法
　③ グループとして意見：何が問題か　→　解決方法
　④ グループ発表・情報発信
　⑤ 最後に個人でまとめる（レポート提出など）
(2) 教室でジグソー学習法
　① ４つのケースを視聴
　② 個人の意見をそれぞれまとめる
　③ ４人ずつのグループ（ジグソーグループ）を作る
　④ グループ内で４つのケースごとの担当を決める
　⑤ 各ケース別の４つの専門家グループで，それぞれ何が問題かその解決方法について意見を出し合う
　⑥ 各ケース別の専門家グループとしての意見をまとめる
　⑦ ジグソーグループに戻って，各専門家グループでの考えやまとめを３名に伝える
　⑧ ジグソーグループとして，全体的なことについてまとめる
　⑨ ジグソーグループとして発表・情報発信
　⑩ 最後に個人でまとめる（レポート提出など）
(3) 反転授業（学習）の実施
　　前述の「(2) 教室でジグソー学習法」の内，「①４つのケースを視聴」，「②個人の意見をまとめる」を授業事前学習として学習させる。③から後は，教室での対面授業（協同学習：ジグソー学習法）で同じである。

　以上の学習法は，定まったパターンで実施する必要はなく，科目の内容に効果が期待できるように自在に実施するだけでもよいとされている。筆者らは，キャリア教育を支援するために，授業の中で上述のグループワークやジグソー学習法などを試みて，学習効果があることは確認している[12]。

　ICTを活用した教育の大幅な利用環境の実現があげられ，そこに教育の質が保証できそうな反転授業がにわかに注目されてきた。反転授業は，自宅などの自主学習で知識やスキルを獲得し，教室では発展的な課題に取り組むことを基本とする（図4）。これまで，反転授業の実現は困難であったが，ICT活用スキルの進展と普及に伴い教材の共有化も進み，授業前にeラーニングなどで学習してくることが可能になった。教室での活動を効果的にするためには，授業までに指定した教材で学習してくることを義務付けることが肝要である。また，事前学習の確認テストについては，期間中であれば満点を採るまで何度で

もチャレンジ可能にすると学習効果の向上が期待できる[13]。

教室の対面授業では，より知識やスキルを深化させるために，協同学習方法を利用した授業を行う。授業

図4 反転授業を導入したときの例

中に学習者同士話し合う機会を多く設けるためには，ペアワークやグループワークにおけるブレインストーミングやジグソー学習法などの方法は有効である。基本的には，対面授業では必要最低限しか情報を与えない。教師はファシリテータとして，学習の進行を支援する。学習者から質問された場合も議論の方向やヒントを示す程度にして，学習者間の教え合い，学び合いを重視しながら，学習者の気付きを導くように心がける必要がある。

LMSを利用すると，授業前学習の学習履歴や進捗状況を教員は随時把握できる。学習者がeラーニングに慣れるまでは，時々クラス全員の履修状況を授業中に提示して履修や出欠状況を説明する。特に，授業前学習時間などが明確に記録されていることを自覚させると，きっちり学習してくるようになる。

反転授業は，学習時間の確保に対してはかなり効果があるが，主体的学びとして，内容を広げ，深化させるためには，普通教室では限界がある。インターネット検索可能なPCの整備されていない普通教室で，反転授業として対面授業で知識やスキルを深化させるかどうかは科目内容に依存する。既に基礎的な知識やスキルを持っており，意見交換や振り返りを通して深めることができる場合，例えば，防災教育の他，道徳やタイムマネージメント及びキャリア教育などは，専門用語の解説をある程度補足するようにすれば有効に利用できるだろう。

引用・参考文献資料

1）ケースメソッド研究会：創造するマネジャー：ケースメソッド学習法，白桃書房 (1977).
2）Shulman, L."Toward a Pedagogy of Cases", Case Methods in *Teacher Education*, edited by Shulman, J. H., *Teachers College*, Columbia University Press, 1992.
3）佐藤三郎：人間関係の教授法，明治図書 (1969).
4）Clawson, J.G.S. and Haskins, M.E., *Teaching Management：A Field Guide for Professors, Consultants, and Corporate Trainers*, Cambridge University Press, (2006).
5）安藤輝次：学校ケースメソッドの理論，奈良教育大学教育実践総合センター 研究紀要 Vol.17(2008), pp.75-84.
6）中央教育審議会答申：新たな未来を築くための大学教育の質的転換に向けて 〜生涯を学び続け，主体的に考える力を育成する大学〜, (2012-8-28).
7）溝上慎一：アクティブ・ラーニング導入の実践的課題，名古屋高等教育研究, 7, (2007), pp.269-287.
8）安永 悟：活動性を高める授業づくり－協同学習のすすめ－，医学書院 (2012), pp.89-108.
9）高年次 PBL- 岡山県立大学情報工学部情報システム工学科：www.cse.oka-pu.ac.jp/pbl.html より引用。
10）安永 悟：実践・LTD 話し合い学習法 Learning through Discussion, ナカニシヤ出版 (2006).
11）川野 司：教師のためのケースメソッドで学ぶ実践力，昭和堂 (2012).
12）米満 潔，田代雅美，久家淳子，河道 威，穗屋下 茂：ICT 活用と協同学習手法を融合したキャリア教育の実践的研究，佐賀大学全学教育機構紀要, 佐賀大学全学教育機構，第 3 号 (2015), pp.167-179.
13）穗屋下 茂，河道 威，大塚清吾：ネット授業科目を用いた反転授業の試み，日本リメディアル教育学会 第 7 回九州・沖縄支部大会＆初年次教育学会交流会 (久留米大学), (2014), pp.20-21.

あとがき

　デジタル表現技術者養成プログラムは，特定の教育プログラムであるが，いわば副専攻に当たる。主専攻では，所属する学部の学科等で専門を学ぶ。副専攻では主専攻の専門以外に，もう一つの専門を学ぶことになる。例えば，経済学部の学生が経済に関する専門な知識やスキルを身につけるとともに，このプログラムで先端的デジタルコンテンツデザインに関する知識とスキルを身につけることができる。また，このプログラムでは，単なるデザインやスキルを身につけるだけでなく，主体的に学ぶ姿勢の重要性を気付かせることに重きを置いている。その結果，卒業後これらのダブルスキルを活かした仕事に挑戦することができる。

　このプログラムの修了研究のテーマのひとつとしてドキュメンタリー制作があり，このテーマを選択した4名の学生を，2014年8月に東日本大震災の被災地に連れて行き，見て，聞いて，感じたものをドキュメンタリー作品に仕上げ，さらに，それを映像教材として何かできないか試みた。その時の学生の成長の様子を，1名の大学院生が記録した（第2章）。

　本来，ドキュメンタリー制作は，制作者の狙いとするストリーに従ってシナリオを書き，必要と思われる現地に赴き（ロケハン），その時の調査内容を基にして本番の撮影を行い，場合によっては再度訪ねて再収録を行い，納得した映像に仕上げていくのが一般的な作業手順であろう。しかし，筆者らは，時間と経費の都合から，ほぼぶっつけ本番で収録を行った。そのため，撮り漏れも多く，重要な部分や場所の映像が無いなど，作品の仕上がりに大きな影響があった。ただ，筆者らの今回の目的には，学生の成長や意欲の向上もあった。学生は戸惑いながらも挑戦し，完璧とはいかないまでもドキュメンタリー作品を制作し，本学で開催している第3回コンテンツデザインコンテストにも出品す

るなどした。大きな成長があったと実感できた。

　現在，大学に限らず小・中学校，高等学校でも防災教育の徹底化が行われつつある。それも，自ら考えさせて，有事の際，適切に判断できる能力の育成が求められている。そのような状況において，本書の第 4 章で示した文章版と映像版の教材は防災教育に非常に役立つと思われる。また，「3.11 東日本大震災」を後世に伝える一つのコンテンツになると思う。

　はじめは，佐賀大学及び大学間連携共同教育推進事業「学士力養成のための共通基盤システムを活用した主体的学びの促進」の連携大学でのみ利用する予定であったが，もっと広く公開して，利用してもらう方向に方針を転換し，語り部の皆様方に，承諾を得ながら，DVD 版（映像版）教材の制作と書籍の出版にこぎつけた次第である。そのため，作業量が膨大な量になり，佐賀大学 e ラーニングスタジオのスタッフに多大な協力をいただいた。この場を借りて，感謝申し上げたい。読者の皆様も，防災教育にうまく利用していただき，この先大災害が生じたときに備えるための教材の一つになれば幸いである。

　最後に，本書を発行するにあたり，語って頂いた内容をほぼそのまま許諾していただきました語り部の皆様および所属される組織の皆様方に感謝申しあげます。また，本書の制作・発行において，尽くお世話にになった五絃舎の長谷雅春氏に心より感謝の意を表す。なお，本研究の一部は平成 26 年度科学研究費補助金（基盤研究（B）一般，研究課題名「e ラーニングと協同学習を効果的に利用して反転授業を促す教育改革の研究」）の補助により行ったことを記す。

2015 年 11 月

監修者

執筆者紹介（執筆順。なお＊は編者）

穂屋下 茂＊（ほやした しげる）
　　執筆担当：はじめに，第1章，第4章，おわりに，第3章文字起こし
　佐賀大学全学教育機構教授・博士（工学）

古賀崇朗＊（こが たかあき）
　　執筆担当：第1章1.1節
　佐賀大学eラーニングスタジオ（教務補佐員）

米満 潔＊（よねみつ きよし）
　　執筆担当：第1章1.7節
　佐賀大学eラーニングスタジオ（教務補佐員）

河道 威（かわみち たけし）
　　執筆担当：第2章2.2節
　佐賀大学eラーニングスタジオ（教務補佐員）

久家淳子（くげ じゅんこ）
　　執筆担当：第2章2.4節
　佐賀大学eラーニングスタジオ（教務補佐員）

中村隆敏（なかむら たかとし）
　　執筆担当：第2章2.5節
　佐賀大学文化教育学部教授・博士（学術）

監修者紹介
穂屋下 茂（ほやした　しげる）
　佐賀大学全学教育機構教授・博士（工学）
　大学 e ラーニング協議会会長
　日本リメディアル教育学会前会長

（主要業績）
・穂屋下 茂, 他 1 名：第 5 章 e ラーニングによる教養教育と生涯学習,『大学 e ラーニングの経営戦略〜成功の条件〜』東京電機大学出版局（2005），pp.95-128.
・穂屋下 茂, 他 3 名：第 1 章 全国の大学対象のアンケート実施とその結果,『大学における学習支援への挑戦〜リメディアル教育の現状と課題〜』ナカニシヤ出版（2012），pp.2-28.
・穂屋下 茂：主体的学びを促進する大学教育環境の構築, リメディアル教育研究, 日本リメディアル教育学会, 8-1 (2013), pp.1-4.

でんでんむし

3.11 東日本大震災を伝える
～ケースメソッドで防災教育を～

2015年11月25日　第1刷発行

監修者：穂屋下 茂
編　者：穂屋下 茂・米満 潔・古賀崇朗
発行者：長谷雅春
発行所：株式会社五絃舎
　　　　〒173-0025　東京都板橋区熊野町46-7-402
　　　　Tel & Fax：03-3957-5587
組　版：Office Five Strings
印　刷：モリモト印刷
ISBN978-4-86434-053-3
Printed In Japan　検印省略　ⓒ　2015